幼儿园综合主题活动
设计技巧与优秀案例

（第二版）

周立莉　赵旭莹◎主编

图书在版编目（CIP）数据

幼儿园综合主题活动：设计技巧与优秀案例／周立莉，赵旭莹主编．—2版．—北京：中国轻工业出版社，2022.6（2025.7重印）

ISBN 978-7-5184-3851-8

Ⅰ.①幼… Ⅱ.①周… ②赵… Ⅲ.①活动课程－学前教育－教学参考资料 Ⅳ.①G613

中国版本图书馆CIP数据核字（2021）第280639号

保留所有权利。非经中国轻工业出版社"万千教育"书面授权，任何人不得以任何方式（包括但不限于电子、机械、手工或其他尚未被发明或应用的技术手段）复印、拍照、扫描、录音、朗读、存储、发表本书中任何部分或本书全部内容，以及其他附带的所有资料（包括但不限于光盘、音频、视频等）。中国轻工业出版社"万千教育"未授权任何机构提供源自本书内容的电子文件阅览、收听或下载服务。如有此类非法行为，查实必究。

责任编辑：牟　聪　　　责任终审：李建华
策划编辑：吴　红　　　责任校对：刘志颖　　　责任监印：吴维斌

出版发行：中国轻工业出版社（北京鲁谷东街5号，邮编：100040）
印　　刷：三河市鑫金马印装有限公司
经　　销：各地新华书店
版　　次：2025年7月第2版第4次印刷
开　　本：787×1092　1/16　印张：19.5
字　　数：200千字
印　　数：13001—15000
书　　号：ISBN 978-7-5184-3851-8　定价：66.00元

读者热线：010-65181109
发行电话：010-85119832　　010-85119912
网　　址：http://www.chlip.com.cn　　http://www.wqedu.com
电子信箱：1012305542@qq.com
版权所有　侵权必究
如发现图书残缺请与我社联系调换
251112Y1C204ZBW

本 书 作 者

主编： 周立莉　赵旭莹

编委： 薄　乐　陈　如　崇光寅　崔晓晨　崔悦萌
　　　　戴金畔　丁　琪　窦亚婷　付莹莹　寇雨虹
　　　　李　雪　刘思纯　裴春蕊　乔　欢　任佳月
　　　　宋　娇　佟立娜　王艳玲　魏迎迎　徐　影
　　　　张晨晖　周佳琳　周　晴　朱金岭

（按姓氏拼音排序）

第二版前言

2018年11月，中共中央国务院颁布的《关于学前教育深化改革规范发展的若干意见》（以下简称《意见》）指出："办好学前教育、实现幼有所育，是党的十九大做出的重大决策部署，是党和政府为老百姓办实事的重大民生工程，关系亿万儿童健康成长，关系社会和谐稳定，关系党和国家事业未来。"办好学前教育，是全体幼儿教育工作者肩负的初心和使命；构建促进幼儿身心快乐、健康成长的幼儿园课程，是办好学前教育的重要途径。《意见》的颁布为幼儿园课程的建设指明了发展方向，为我们站在幼儿的视角重新审视以综合主题活动为教育实施途径的探索、研究和实践指明了方向。

2022年2月，我国教育部颁布了《幼儿园保育教育质量评估指南》，以促进幼儿身心健康发展为导向，聚焦幼儿园保育教育过程质量，围绕办园方向、保育与安全、教育过程、环境创设、教师队伍等五个方面制定了具体的评估体系，强调"坚持以促进幼儿身心健康发展为导向"，将"坚持儿童为本"作为基本原则，勾画了有质量的幼儿园保教的基本样态，这为学前课程实施者在科学合理地制订教育计划、组织实施各项活动的实践探索中做出了专业指引。

在《3—6岁儿童学习与发展指南》（以下简称《指南》）颁布10年之际，本书进行了修订再版，非常具有纪念意义。本书的第一版自2014年发行以来，得到幼儿教育工作者的广泛关注与支持。这让我们备受鼓舞，同时引发我们不断思考：如何面对幼儿园教师在教育实践中的真问题，引导教师践行《指南》《幼儿园教育指导纲要（试行）》（以下简称《纲要》），通过综合主题活动等多种教育途径，将研究幼儿、研究课程落在实处？

在修订的过程中，我们持续关注一线教师在贯彻落实国家对学前教育改革发展的新要求中的实践问题，深入探究综合主题活动的内涵和教育价值，进一步强调"幼儿为本"的课程实施理念，特别补充了综合主题活动的发展历程、综合主题活动的理论基础、幼儿年龄特点对综合主题活动内容的启示、综合主题活动的环境创设、综合主题活动的观察与支持策略等内容，力图帮助教师树立科学的课程观，将"相信每一个幼儿都是积极主动、有能力的学习者"的教育理念落实在综合主题活动的课程实施中。本书从综合主题活动的理论基础与核心概念、目标制定、活动内容、组织与实施、观察与支持、活动评价及优秀案例等多个角度，阐述了幼儿园综合主题活动的相关理论与实践，系统地阐述了综合主题活动设计与指导的全过程，呈现出教师研究幼儿、研究教学、研究课程的智慧结晶。

幼儿园综合主题活动的教育和教学研究最终指向幼儿园保教质量的提升，促进师幼全面健康地发展。在此，感谢参与本书编写的北京市大兴区第七幼儿园、北京市六一幼儿院、中国科学院第三幼儿园、武警总部机关幼儿园的老师们。他们始终坚持以综合主题活动进行教学，凝聚了对幼儿全部的爱和对教育工作的赤诚之心，并在设计与实施综合主题活动的过程中付出了自己的智慧与艰辛。

《幼儿园综合主题活动——设计技巧与优秀案例》（第二版）记录着我们对幼儿园课程实施的实践研究历程，展示了幼儿园教师对学前教育事业的热爱和不断追求卓越的工作精神。随着学前教育改革不断创新与发展，对幼儿园保教质量的实践研究工作也将不断深化推进，相信会有更多的幼儿园教师热情地投入教育实践研究，为幼儿的快乐健康发展、幼儿园向高质量迈进付出努力。

编者

2022年2月22日

第一版前言

《幼儿园综合主题活动——设计技巧与优秀案例》这本书是以幼儿园开展综合主题活动为基础总结而成的。书中主要收集幼儿园一线教师开展综合主题活动的优秀案例，是教师研究幼儿、研究教学的智慧结晶。

在本书的撰写过程中，编者更加关注各种活动中的热点、难点问题，更加贴近教育教学工作实际，更注重用理论去解决实践中遇到的问题。全书分"理论篇"与"实践篇"两个部分。理论部分以幼儿园综合主题活动的概述、设计的目标与内容、组织与指导、评价为切入点，较为系统地阐述了综合主题活动设计与指导的全过程。实践部分所使用的评价表格、框架图、不同年龄段的典型案例等均来自教师的教学实践，意在说明综合主题活动的操作方式，具有一定的指导性。相信广大幼儿教育工作者能以此书为鉴，设计开发出更多适宜幼儿年龄特点和发展水平的活动。

编撰本书时，编者遵循《幼儿园教育指导纲要（试行）》和《3—6岁儿童学习与发展指南》的精神，遵循幼儿的发展规律和学习特点，珍视幼儿生活和游戏的独特价值，充分尊重和保护其好奇心和学习兴趣，创设丰富的综合主题活动教育环境，合理安排一日活动，以最大限度地支持和满足幼儿通过直接感知、实际操作和亲身体验获取经验的需要。我们也期待借由此书，能够带给广大幼教同行新的教育思考，更希望得到大家的指教。

透过综合主题活动内容，可以清晰地看到，综合主题教育教学研究的最终指向是促进幼儿园教育事业发展，促进师幼全面健康地发展。在此，感谢参与本书编写的北京市大兴区第七幼儿园、北京市六一幼儿院的教师以及其他幼儿园的教师，她们始终坚持以综合主题活动进行教学，凝聚了对幼儿全部的爱和对幼儿教育工作的赤诚之心，并在设计与实施中付出了自己的智慧与艰辛。

竹杖芒鞋，筚路蓝缕，记录着研究者的艰辛；雁过留声，雪泥鸿爪，印证着耕耘者的足迹。《幼儿园综合主题活动——设计技巧与优秀案例》在一定程度上展示了幼儿园教师工作理念的高度、研究的深度，这本书既是一个总结，又是一个新的开始。随着幼儿园教科研工作的深入推进,相信会有更多优秀的教育成果问世。

编者
2013年10月10日

目 录

第一章 幼儿园综合主题活动概述 ·· 1
  第一节 幼儿园综合主题活动的发展历程 ·· 2
    一、20世纪二三十年代幼儿园课程变革与综合主题活动的发展 ··· 4
    二、20世纪50年代的幼儿园课程变革与综合主题活动的发展 ······ 5
    三、20世纪80年代以来的幼儿园课程变革与综合主题活动的
        发展 ··· 6
  第二节 幼儿园综合主题活动的理论基础 ·· 8
    一、陈鹤琴课程思想 ·· 8
    二、张雪门课程思想 ·· 9
    三、皮亚杰的儿童认知发展理论 ·· 11
    四、维果茨基的最近发展区理论 ·· 11
    五、加德纳的多元智能理论 ·· 12
  第三节 幼儿园综合主题活动的核心概念 ······································ 12
    一、幼儿园综合主题活动的含义 ·· 13
    二、幼儿园综合主题活动的特点 ·· 13
    三、主题活动设计的原则 ·· 16

第二章 幼儿园综合主题活动的目标 ·· 17
  第一节 幼儿园综合主题活动目标的概述 ······································ 17
    一、幼儿园综合主题活动目标的依据 ···································· 17
    二、幼儿园综合主题活动目标的取向 ···································· 23
  第二节 幼儿园综合主题活动目标的制定 ······································ 26
    一、幼儿园综合主题活动目标的结构 ···································· 26
    二、幼儿园综合主题活动目标的表述 ···································· 27
    三、幼儿园综合主题活动目标制定应注意的问题 ················ 28

第三章 幼儿园综合主题活动的内容 ……………………………………31
第一节 幼儿园综合主题活动内容选择的原则 ……………………………32
一、反映社会发展，有利于幼儿长远发展 ……………………………32
二、符合幼儿的年龄特征，关注幼儿的认知水平 ……………………32
三、引发幼儿兴趣需要，激发幼儿探索欲望 …………………………33
四、对应《指南》《纲要》目标，不堆砌各领域内容 ………………34
五、引发幼儿主动学习，促进学习品质发展 …………………………35
第二节 幼儿年龄特点对综合主题活动内容的启示 ……………………36
一、小班幼儿年龄特点及对综合主题活动内容的启示 ………………36
二、中班幼儿年龄特点及对综合主题活动内容的启示 ………………38
三、大班幼儿年龄特点及对综合主题活动内容的启示 ………………41
第三节 幼儿园综合主题活动内容的来源 ………………………………43
一、幼儿发起的综合主题活动内容的来源 ……………………………44
二、教师发起的综合主题活动内容的来源 ……………………………49

第四章 幼儿园综合主题活动的组织与实施 ………………………………55
第一节 综合主题活动的实施过程 ………………………………………55
一、根据问题分析幼儿 …………………………………………………55
二、结合主题分析幼儿 …………………………………………………57
三、预设主题活动思维导图 ……………………………………………57
四、主题活动的开展 ……………………………………………………60
五、主题活动反思与记录 ………………………………………………69
第二节 综合主题活动的实施原则 ………………………………………71
一、主体性原则 …………………………………………………………71
二、活动性原则 …………………………………………………………72
三、探索性原则 …………………………………………………………72
四、生活性原则 …………………………………………………………73
五、发展性原则 …………………………………………………………74
六、差异性原则 …………………………………………………………75

第三节　综合主题活动的环境创设 ……………………………………………… 75
　　　　一、空间环境 ……………………………………………………………… 75
　　　　二、主题墙饰创设 ………………………………………………………… 76
　　　　三、区域环境创设 ………………………………………………………… 82
　　　　四、生活环境创设 ………………………………………………………… 88
　　第四节　综合主题活动的指导建议 ……………………………………………… 89
　　　　一、支持性的学习氛围 …………………………………………………… 89
　　　　二、支持性的师幼互动关系 ……………………………………………… 90
　　　　三、教师在主题活动实施中的常见问题及策略 ………………………… 93

第五章　幼儿园综合主题活动的观察与支持策略 ………………………………… 97
　　第一节　幼儿园综合主题活动的观察内容 ……………………………………… 97
　　　　一、观察要点 ……………………………………………………………… 98
　　　　二、观察的核心经验 ……………………………………………………… 100
　　第二节　幼儿园综合主题活动的观察方式 ……………………………………… 104
　　　　一、观察方法 ……………………………………………………………… 104
　　　　二、观察路径 ……………………………………………………………… 106
　　第三节　幼儿园综合主题活动的观察记录 ……………………………………… 109
　　　　一、观察记录的方式 ……………………………………………………… 109
　　　　二、观察记录的原则 ……………………………………………………… 133
　　　　三、观察记录书写应注意的问题 ………………………………………… 137
　　第四节　幼儿园综合主题活动的支持策略 ……………………………………… 139
　　　　一、解读幼儿 ……………………………………………………………… 139
　　　　二、教师支持 ……………………………………………………………… 145

第六章　幼儿园综合主题活动的评价 ……………………………………………… 165
　　第一节　综合主题活动评价的概述 ……………………………………………… 165
　　　　一、评价的作用 …………………………………………………………… 165
　　　　二、评价的类型 …………………………………………………………… 166

第二节　综合主题活动评价的基本原则 ·· 177
　　一、综合性原则 ·· 177
　　二、发展性原则 ·· 177
　　三、客观性原则 ·· 178
　　四、全面性原则 ·· 178
第三节　综合主题活动评价的方法及实施 ·· 178
　　一、作品取样系统 ·· 178
　　二、幼儿观察记录表 ··· 186
　　三、表格的常见应用 ··· 189
第四节　综合主题活动中教师及幼儿的发展评价 ·································· 192
　　一、幼儿发展评价 ·· 192
　　二、教师的自我评价 ··· 196

第七章　综合主题活动案例精选 ·· 199
案例1　小班综合主题活动"我的好朋友" ·· 199
案例2　中班综合主题活动"运动真快乐" ·· 214
案例3　大班综合主题活动"我们的图书朋友" ····································· 225
案例4　小班综合主题活动"可爱的蜗牛" ·· 235
案例5　中班综合主题活动"走，去散步！" ··· 255
案例6　大班综合主题活动"我要上学啦" ·· 282

参考文献 ··· 297

第一章

幼儿园综合主题活动概述

　　2018年11月，中共中央国务院颁布的《关于学前教育深化改革规范发展的若干意见》（以下简称《意见》）指出："办好学前教育、实现幼有所育，是党的十九大做出的重大决策部署，是党和政府为老百姓办实事的重大民生工程，关系亿万儿童健康成长，关系社会和谐稳定，关系党和国家事业未来。"其中第二十七条意见强调"注重保教结合"，具体包括："坚持以游戏为基本活动，珍视幼儿游戏活动的独特价值，保护幼儿的好奇心和学习兴趣，尊重个体差异，鼓励支持幼儿通过亲近自然、直接感知、实际操作、亲身体验等方式学习探索，促进幼儿快乐健康成长。"办好学前教育，是全体幼儿教育工作者肩负的初心和使命；构建促进幼儿身心快乐、健康成长的幼儿园课程，是办好学前教育的重要途径。《意见》中的指导精神为幼儿园课程的建设指明了发展方向。

　　当前我国的幼儿园课程改革提倡课程统整化，强调以幼儿为本的整体性课程。《指南》指出："关注幼儿学习与发展的整体性。儿童的发展是一个整体，要注重领域之间、目标之间的相互渗透和整合，促进幼儿身心全面协调发展，而不应片面追求某一方面或几方面的发展。"综合主题活动是幼儿园课程实施的形式之一，是幼儿园日常的教育教学活动，是贯彻落实《指南》《纲要》精神、实施课程改革的具体表现。综合主题活动的教育形式，是实现幼儿园保教质量提升的关键，体现了幼儿园新的儿童观、教育观和课程观，即以幼儿为主体，以主题的形式呈现整体性的教育内容，充分统整各种教育资源，调动幼儿积极主动地探究感兴趣事物的特征，建构自身的经验，形成良好的个性，实现全面发展。

第一节 幼儿园综合主题活动的发展历程

幼儿园综合主题活动是幼儿园课程实施的一种形式，其发展历程与幼儿园课程的发展有着密切的关系，研究幼儿园综合主题活动的发展历程，需要从幼儿园课程的变革进行追溯。我们对早期教育课程的发展做一个简单的历史回顾，有益于加深对幼儿园课程、幼儿园综合主题活动的理解。

德国教育家福禄贝尔创办了世界上第一所幼儿园，建立了比较完整的幼儿园教育体系。作为一名哲学家，福禄贝尔受到费希特、谢林、克劳泽等人的哲学思想的影响。他相信理念可以抽象地产生，经验可以启发理念，但不会创造理念。作为一名教育家，福禄贝尔又受到裴斯泰洛奇、卢梭、夸美纽斯等人的教育思想的影响。基于这样的背景，福禄贝尔所提倡的教育体系既强调人的发展，又强调教育应适应自然，并带有宗教的神秘主义色彩。福禄贝尔的幼儿园课程被设计用以帮助儿童理解人、神和自然之间的关系。他设计的"恩物"就体现了这种关系的统一性和多样性。这就是说，"恩物"不是被用以帮助儿童理解物体的物理属性，而是理解它们所代表的抽象意义。

意大利教育家蒙台梭利认为，知识是人通过感官收集信息而获取的。在蒙台梭利设计的课程中，感官训练具有突出的地位。她认为，通过系统的和多方面的感官训练，儿童能够与外部世界直接接触，发展敏锐的感觉和观察力，而这些正是幼儿高级智力活动和思维发展的基础。蒙台梭利设计的教具材料，将儿童的感官区分开并进行专门的训练，以帮助儿童通过对感觉经验的比较和排序形成敏锐的感觉和观察力。

福禄贝尔和蒙台梭利都懂得适合儿童发展的教育方案对于学前儿童是重要的，但是，他们不是简单地发展这一方案。这两个教育方案反映的是两位教育家对知识性质的不同的哲学思考，期望使儿童更富有知识。

进步主义教育家们将知识看成是隐含在经验之中的，儿童通过游戏、艺术和语言表征等活动重构知识。进步主义思想在相继出现的开放教育、综合性一日活动、方案教学、瑞吉欧教育体系以及其他许多课程方案中都有所体现。

在20世纪，人们较多地将儿童发展理论作为早期儿童课程的基础，而较少关注有关知识的理论。在20世纪早期,儿童研究运动与早期儿童教育紧密相连,儿童研究运动的奠基人霍尔曾极力鼓励早期教育工作者从以哲学理念为基础的儿童观转向以经验研究为基础的儿童观。

在进步主义幼儿园运动的早期阶段,行为主义理论曾被用于幼儿园课程,行为习惯的训练成为幼儿学习的基本内容。到了20世纪四五十年代,基于成熟理论的儿童发展观被幼儿教育工作者们接受,他们为幼儿提供安全的、具有支持性的环境,使儿童在游戏等活动中能自由地发展能力。心理动力理论对幼儿园课程也产生过重要的影响,例如,游戏被看作儿童情绪宣泄的中介,因此课程被设计成为儿童提供温暖的教育环境,以支持儿童的自然成长,并为儿童提供情绪表达的出路。20世纪60年代以后,一些新的儿童发展理论和学习理论被用于早期儿童教育,许多早期教育课程在皮亚杰、斯金纳等人的理论影响下发展起来。到了20世纪80年代,教育工作者们强调儿童发展理论,将儿童发展作为发展幼儿园课程的唯一依据。

由于幼儿园课程过分强调儿童发展,诸多弊端日益显现,人们开始关注社会文化对学前儿童教育的重要性。幼儿园课程重视儿童发展,也强调了社会文化和知识性质等方面。斯波代克在20世纪80年代中期提出:"在考察幼儿园课程时,除了儿童发展方面以外,文化背景方面和知识方面也应该被作为判断课程价值的依据。没有一种课程只根据其中的一个方面就可以被看作有价值的。"

近些年来,在社会文化历史学派维果茨基理论等学说基础上发展的社会建构理论对幼儿园课程产生了越来越大的影响。此外,后现代主义、后结构主义、女权主义等理论也对幼儿园课程产生了影响。

在我国,幼儿园课程在不同的历史时期曾有过不同的含义。在20世纪二三十年代,我国的幼儿教育工作者受进步主义教育思想的影响,将幼儿园课程看作幼儿在幼儿园活动中的经验。例如,张雪门认为,幼儿园课程"就是给三足岁到六足岁的孩子所能够做而且喜欢做的经验的预备"。又如,张宗麟认为:"幼稚园课程者,由广义地说之,乃幼稚生在幼稚园一切之活动也。"再如,陈鹤琴强调,幼儿园应该给予儿童充分的经验,应该以儿童的自然环境和社会环境为中心组织幼儿园课程。

20世纪50年代以后,我国借鉴苏联的做法,对幼儿园课程采取中央集中管理的方式。幼儿园课程较多关注儿童知识和技能的获得以及课程预设目标的实现，这与国家计划经济的模式是相适应的。到20世纪80年代初，随着国家由计划经济向市场经济转化，幼儿园课程开始较多关注儿童的经验和课程的过程价值。

纵观中外早期教育课程发展的历史，可以看到，幼儿园课程既有与其他各级各类课程关注社会文化和知识性质的相同之处，也有不同于其他各级各类课程的特点。相对而言，幼儿园课程更注重儿童发展。[1]

在我国幼儿园教育的发展历程中，幼儿园课程变革主要有三次，分别发生在20世纪二三十年代、50年代和80年代至今，特别是我国改革开放政策极大地促进了幼儿园课程变革。幼儿园综合主题活动作为课程实施的一种形式，也随着幼儿园课程变革而发展和变化。

一、20世纪二三十年代幼儿园课程变革与综合主题活动的发展

20世纪初，我国的幼儿园开始建立。当时我国的幼儿园教育主要照搬外国的教育模式，先效仿日本，后效仿西方。福禄贝尔、蒙台梭利和杜威等人的教育思想和主张相继对当时的幼儿园课程产生影响。

在此阶段对我国教育有深刻影响的是杜威的思想。杜威的教育主张包括：提倡科学与民主精神，尊重儿童的个性，反对教师的权威与知识灌输，注重教育的生活化和社会化等。杜威的教育思想和主张对中国的教育（包括幼儿园课程变革）产生了重要的影响。

当时我国的一些教育家（如陈鹤琴、陶行知、张雪门等），接受并引进了来自西方的一些教育思想，他们洞察到当时幼儿教育照搬国外所带来的弊病，提出通过课程改革使儿童教育科学化、本土化的主张。1923年，陈鹤琴创办了南京鼓楼幼稚园，提出幼稚园课程以大自然、大社会为中心，实施单元教学，主张采用游戏为主的方式开展教育，注重儿童的直接经验。1927年，张宗麟创建了南京燕子矶幼稚园，探索如何创办"中国的、贫民的、省钱的"乡村幼稚园。他提出"以生活进程"代替幼稚园课程，从乡村儿童的生活实际出发编订生活进程。张雪门依据杜威的"教育即生长""做、学、教合一"思想，自1931年起开始"行为课程"的

---

[1] 朱家雄. 幼儿园课程的理论与实践[M]. 上海：华东师范大学出版社，2010.

研究。

1929年9月，当时的国民政府教育部颁布的《幼稚园课程标准》，源于陈鹤琴主持的南京鼓楼幼稚园的课程实验，规定幼稚园的课程包括音乐、故事和儿歌、游戏、社会和常识、工作、静息及餐点。课程不按学科分类，而是以儿童的生活活动来进行，学科服从活动的主题，以活动主题为中心组织课程。

幼儿园课程在理论上确认了儿童的主体性，认定了课程应来源于儿童的生活和经验，课程内容应以自然和社会为中心，课程的编制应是整体的、相互联系的，而不是割裂的。这一时期的课程实施强调了幼儿的主体性和教学内容的整合性。正如，陈鹤琴提出的"整个教学法"，是把儿童所应学的东西整个地、有系统地教儿童学。这种教学法把各科功课打成一片，时间是灵活的，教材是以社会和自然为中心的，教育内容是以儿童的生活和心理为依据的。形式虽偏向于单元结构，但教学内容围绕活动主题推进并渗透各学科的内容。例如，商务印书馆于1939年3月出版的《南京鼓楼幼稚园一年教学的记录》，记录了"秋天的收割"活动中教学活动的安排，具体包括：讨论秋天有什么收获，认识常见的几种谷类、瓜类、豆类等并了解其对我们的益处，了解农人的生活，到园地收获瓜类，用收获的菜种种植白菜等（常识活动）；画南瓜，给萝卜涂颜色，剪贴南瓜、葫芦，编织，种菜等（工作活动）；开展《拔萝卜》《兔子偷瓜》故事表演，唱《葫芦娃》儿歌等（故事和儿歌活动）；进行动物竞走、松鼠抢窝等活动（游戏活动）；利用开蔬菜、水果店游戏认识蔬菜、水果字卡，记日记，读《我们的蔬菜》文章等（读法活动）；数水果，讲加法故事等（数法活动）。[1] 在这个案例中，具体的教学活动从内容上都是围绕"秋天的收割"的主题进行的，教学活动的场所灵活、时间灵活、内容灵活，贴近幼儿生活和自然。

二、20世纪50年代的幼儿园课程变革与综合主题活动的发展

在新中国建立初期，包括教育在内的各领域都选择了"以俄为师"的路径，在教育全面学习苏联的背景下，幼儿教育也全盘接受苏联的理论和实践经验。20世纪50年代初，教育部邀请了苏联的幼儿教育专家来我国讲学，并推广苏联的

---

[1] 南京幼儿师范学校. 一切为儿童——陈鹤琴儿童教育文选[M]. 南京：南京出版社，1992.

幼儿教育经验。由此，我国引进了"作业"，通过作业对幼儿进行系统的教学。自1951年起，在苏联专家的指导下，我国政府发起了幼儿园课程的变革，统一制定了《幼儿园暂行规程（草案）》和《幼儿园暂行教学纲要（草案）》，并于1952年3月和7月正式颁布和实施。文件规定了幼儿园教养活动的各个科目以及各科目的教学纲要，强调科目本身的科学性和逻辑性，强调教师的主导作用，提出有目的、有计划地组织幼儿活动，将教育贯穿于幼儿在幼儿园的一日生活中。

在这一时期，幼儿园课程的变革还体现在对杜威的实用主义教育理论和儿童中心主义的批判，同时涉及对陶行知的"生活教育"理论和陈鹤琴的"活教育"理论的批判。在这一时期，我国的幼儿教育不再使用"课程"一词，实际上反映的是苏联教育学对课程的狭义理解，即把课程看作学科，通过幼儿园各科的教学，对幼儿实施教育，逐渐形成幼儿园学科课程体系，并一直延续到20世纪80年代初。

从20世纪50年代起逐渐形成和发展的幼儿园学科课程，对我国幼儿园课程的影响是根深蒂固的。例如：以教师为中心、以教材为中心、以课堂为中心的幼儿园课程，以分科教学为主，统一化的集体教育忽略了儿童之间存在的个体差异，无益于儿童的个性和创造性的发展。课程实施的实践中仍以教师为主体，教学活动按固定的教材进行，教学场所以课堂为主，并没有体现教育内容、教育过程、教育手段综合的、围绕主题的具体实施轨迹。

在这一时期，虽然《幼儿园教育纲要（试行草案）》强调了通过游戏、上课、劳动、娱乐、日常生活等各种活动完成教育任务，但教师们的惯性思维和观念陈旧。

三、20世纪80年代以来的幼儿园课程变革与综合主题活动的发展

在20世纪80年代，幼儿园课程变革是在我国的经济、政治、文化和社会变革以及实施改革开放政策的大背景下发生的。当时国外的各种儿童发展理论和教育理论，如蒙台梭利、杜威、布朗芬布伦纳、布鲁纳、皮亚杰等人的理论和思想广泛传播；我国近现代教育家的思想（特别是陈鹤琴的教育思想）再次受到重视，这些都为80年代以来的幼儿园课程变革提供了理论背景。

20世纪80年代以来的幼儿园课程变革是从"民间"自发进行的实验开始的，比较有影响的有"幼儿园综合主题教育"等，主要针对的问题就是幼儿园学科课程过分强调系统的单科知识和技能的传授，忽视各学科间的内在联系，忽视儿童

自身的活动和直接经验。1981年，教育部颁布了《幼儿园教育纲要（试行草案）》，规定了幼儿园教育的内容包含生活卫生习惯、体育活动、思想品德、语言、常识、计算、音乐、美术等八个方面，并强调通过游戏、上课、劳动、娱乐、日常生活等各种活动完成教育任务。1989年，《幼儿园工作规程（试行）》（以下简称《规程》）颁布了。自此，幼儿园课程的变革转变成由国家行政力量主导和推动的"自上而下"的改革。《规程》以当时在幼儿园教育实践中普遍存在的三中心（教师中心、教材中心和上课中心）的状态为靶，要求幼儿教育工作者实现从单纯的知识灌输、技能训练到培养能力、发展智力的转变，进而研究幼儿各方面的协调发展，关注点从考虑教师如何教变为研究幼儿在教育过程中如何从被动受教育者转变为主动发展者。

为了进一步深化幼儿园课程变革，教育部于2001年颁布了《纲要》。《纲要》中强调：幼儿园教育要以幼儿发展为本，尊重幼儿的人格和权利，尊重幼儿身心发展的规律和学习特点，以游戏为基本活动，保教并重，关注个别差异，促进每个幼儿富有个性的发展；幼儿的学习与发展是一个主动建构的过程，幼儿园教育应注重幼儿自主性的发挥与发展，幼儿园课程要为幼儿提供整合的、情景化的、生活化的经验。《纲要》的颁布将幼儿园课程改革的理论与实践研究推向新的探索阶段，更多的国内学前教育学者关注教育内容、教育形式、教育方法整合的幼儿园课程的探索，很多幼儿园开始尝试综合主题教育课程模式。例如：冯晓霞教授认为，主题活动就是指"一段时间内围绕一个中心内容所组织的教育教学活动"。[1] 虞永平教授认为，每个主题都有一个内核（组织中心），并具有拓展链。[2] 朱家雄教授认为：通过主题方式开展的教育活动是实现综合性课程的一种方式……较高结构化的综合主题课程旨在以主题为载体，将各种情况下的知识和技能融为一体；较低结构化的综合主题课程则是以儿童自我探索和发现式学习为主的课程，旨在以主题为出发点，扩展与主题有关联的问题和概念。[3] 这一时期的课程研究和实践更加关注课程建构与幼儿园保教质量提升的关系，基本打破了原有的以学科教学为主的课程实施形式。

---

[1] 冯晓霞. 幼儿园课程［M］. 北京：北京师范大学出版社，2001.
[2] 虞永平. 论幼儿园课程中的主题［J］. 学前教育研究，2002（6）.
[3] 朱家雄. 幼儿园课程的理论与实践［M］. 上海：华东师范大学出版社，2010.

2010年颁布的《国家中长期教育改革和发展规划纲要（2010—2020年）》和《国务院关于当前发展学前教育的若干意见》（国发〔2010〕41号），将学前教育改革推向新的高潮。《指南》就是为贯彻落实两部文件而制定的，并于2012年正式颁布和实施。《指南》中着重强调，要充分认识生活和游戏对幼儿成长的教育价值，严禁"拔苗助长"式的超前教育和强化训练。成人不应用一把"尺子"衡量所有幼儿等先进教育理念，对防止和克服学前教育"小学化"现象提供了具体的方法和建议。在学习贯彻《指南》的过程中，幼儿园课程的核心也在发生着变化，越来越关注"幼儿为本"，从对教师"教"的研究逐渐转向对幼儿"学"的研究。幼儿园综合主题活动作为幼儿园课程实施的重要途径，也在经历着观念的更新和变化，从关注"学什么"逐渐开始转向幼儿"怎样学"，将儿童视角、儿童需要、儿童发展作为综合主题课程设计与实施的关键因素。

第二节 幼儿园综合主题活动的理论基础

幼儿园综合主题活动作为幼儿园课程的重要组成部分，在设计与实施的过程中必须要依据前人研究和教育学、心理学理论。

一、陈鹤琴课程思想

中国教育家陈鹤琴先生针对幼儿园课程的编制提出了十大原则，其中指出"课程应是连续发展的，而不是孤立的"。在编制课程时，对于事物的研讨要有系统，注意事物发展的规律，以及事物与事物之间的联系，不能将一件一件的事物孤立起来，使儿童对事物的发展得不到一个整个的概念。陈鹤琴先生强调，儿童不是"小大人"，而是具有独特的生理、心理特点，具有学习能力的积极个体。他提倡"做中学，做中教，做中求进步"。[1]

20世纪20年代初，陈鹤琴先生针对当时幼儿教育的弊病，提出了我国幼稚园发展的15条主张，系统地阐述了他关于幼稚园教育（特别是幼稚园教育课程）的

---

[1] 南京幼儿师范学校. 一切为儿童——陈鹤琴儿童教育文选[M]. 南京：南京出版社，1992.

观点。他的15条主张具体是：

1. 幼稚园是要适应国情的；
2. 儿童教育是幼稚园与家庭共同的责任；
3. 凡儿童能够学的而又应当学的，我们都应当教他；
4. 幼稚园的课程可以用自然、社会为中心；
5. 幼稚园的课程须预先拟定，但临时可以变更；
6. 幼稚园第一要注意的是儿童的健康；
7. 幼稚园要使儿童养成良好的习惯；
8. 幼稚园应当特别注重音乐；
9. 幼稚园应当有充分而适当的设备；
10. 幼稚园应当采用游戏式的教学法去教导儿童；
11. 幼稚生的户外活动要多；
12. 幼稚园多采用小团体的教学法；
13. 幼稚园的教师应当是儿童的朋友；
14. 幼稚园的教师应当有充分的训练；
15. 幼稚园应当有种种标准，可以随时考查儿童的成绩。

陈鹤琴先生的15条主张概括了他对幼稚园课程的基本思想，体现了他重视生活和重视儿童的课程价值取向。

陈鹤琴先生的教育思想对综合主题活动的启示：综合主题活动要具有整体性、连续性，围绕核心问题的探究活动要具有系统性和关联性，使幼儿获得围绕某一主题的整体认知和经验的建构。综合主题活动要从幼儿出发，关注幼儿的年龄特点和理解水平，要为幼儿的动手、感知、操作、体验提供更多通过"做"获取经验的机会。

二、张雪门课程思想

张雪门先生提出"行为课程"，并将其解释为："生活即教育。五六岁的孩子们在幼稚园生活的实践，就是行为课程。"行为课程"从生活而来，从生活而开展，也从生活而结果，不像一般完全限于教材的活动。幼稚园实施的行为课程应注意幼儿实际行为，举凡扫地、抹桌、养鸡、养蚕、种植花草蔬果等，只要幼儿能自己做的，都应该给幼儿机会去做。唯有从行动中所获得的认识，才是真实的知识；从行动中所发生的困难，才是真实的问题；从行动中获得的胜利，才是真正制驭环境的能力"。

张雪门先生针对幼儿园课程提出："课程须和儿童的生活联络；是有目的的有计划的活动；事前应有准备，应估量环境，应有相当的组织，且须有远大的目标；各种动作和材料，全须合于儿童的经验能力和兴趣；动作中须使儿童有自由发展创作的机会；各种知识、技能、兴趣、习惯等全由儿童直接的经验中获得。"张雪门先生特别强调："要有直接经验做根基，才能吸收间接经验，才能把间接经验当作了自己的经验，才能支配这一种经验。"对于"直接经验"的解读，张雪门先生举例说："譬如给儿童研究玫瑰花，不应用画片，也不应该用言语，更不应该用文字，应当使儿童和玫瑰花相接触，用他们的鼻子嗅花的香，用他们的眼睛看花的色彩和形态，用他们的小手抚弄花的滑度和温度，用他们的舌尝花的味。经过多数感官的联络获得了玫瑰花的观念以后，再隔绝他种感官，用一种感官（例如蒙目嗅花）使之认出来，才能得到玫瑰花正确的深刻印象。"

张雪门先生确定了一些幼稚园课程编制的原则：

(1) 整体性原则。幼稚园课程不能像小学以及大学一样分成国文、数学、地理、生活等学科，各有各的时间，各有各的统属；而应打破学科的界限，让各种科目都变成幼儿整体生活的一面，构成一种具体的整个活动。

(2) 偏重直接经验原则。直接经验具有生动、切实的特点，与间接经验相比，显得零碎和低层次。中小学课程多偏重于间接经验的传递，而幼稚园课程应以直接经验为主。

(3) 偏重个体发展原则。教育既要适合儿童身心发展的需要，也要培养儿童成为符合社会需要的人，而在幼稚园阶段，教育则应偏重个体发展。

张雪门先生的教育思想对综合主题活动的启示：要重视幼儿的直接经验（作为学习的根基），《指南》中也提到"幼儿的学习是以直接经验为基础，在游戏和日常生活中进行的"。综合主题活动在设计之初就要思考能否满足幼儿获得直接经验的需求，在实施的过程中要关注尽可能多地让幼儿通过多种感官的感知、动手操作、充分体验来建构新的经验。

三、皮亚杰的儿童认知发展理论

认知发展理论是著名发展心理学家皮亚杰提出的,被公认为20世纪发展心理学上最权威的理论。所谓"认知发展"是指个体自出生后在适应环境的活动中,对事物的认知及面对问题情境时的思维方式与能力表现,随年龄增长而改变的历程。皮亚杰认为,儿童的认知是在已有图式的基础上,通过同化、顺应和平衡等机制,不断从低级向高级发展的一个建构过程。[1] 儿童的发展是主动的过程。儿童的发展是其认知结构主动建构的过程,儿童通过自己的主动活动来探索和认识现实世界。环境在儿童发展中起着重要的作用。

皮亚杰的理论对综合主题活动的启示:教师在综合主题活动中要为幼儿提供有准备的、物化教育目标的物质环境,重视幼儿主动学习的过程。教师要多为幼儿提供与各种环境、材料互动的机会,让幼儿在动手动脑的各种活动中建构认知经验。

四、维果茨基的最近发展区理论

最近发展区理论是由苏联教育家维果茨基提出的儿童教育发展观。他认为学生的发展有两种水平:一种是学生的现有水平,指独立活动时所能达到的解决问题的水平;另一种是学生可能的发展水平,也就是通过教学所获得的潜力。两者之间的差异就是最近发展区。维果茨基的研究表明:教育对儿童的发展能起到主导作用和促进作用,但需要确定儿童发展的两种水平。也就是说,最近发展区是儿童在有指导的情况下,借助于成人帮助所能达到的解决问题的水平与独自解决问题所达到的水平之间的差异,实际上是两个邻近发展阶段间的过渡阶段。教学应着眼于学生的最近发展区,为学生提供带有难度的内容,调动学生的积极性,发挥其潜能,超越最近发展区而达到下一个发展阶段的水平,然后在此基础上进行下一个发展区的发展。

维果茨基的理论对综合主题活动的启示:教育既要关注幼儿的主体性发展,又要关注教师的主导作用。在综合主题活动中,教师要敏锐觉察幼儿的兴趣和需

---

[1] 周宗奎. 现代儿童发展心理学 [M]. 合肥:安徽人民出版社,1999.

要，判断幼儿的已有水平，依据预期的发展目标提供有效的支架，激发幼儿的积极性，引导幼儿主动探究和自主学习。优秀的教师能够通过有效引导，不断让幼儿在获取新经验的过程中上新的"台阶"，激发幼儿应对挑战、不怕困难、坚持不放弃的良好品质。

五、加德纳的多元智能理论

多元智能理论是自20世纪80年代中期以来风行全球的国际教育新理念，是由美国当代著名心理学家和教育学家加德纳于1983年在《智能的结构》一书中首先系统地提出，并在后来的研究中得到不断发展和完善的人类智能结构理论。该理论认为，智能是解决某一问题或创造某种产品的能力，而这一问题或这种产品在某一特定文化或特定环境中是被认为有价值的。就其基本结构来说，智能是多元的，每个人的身上至少存在七项智能，即语言智能、数理逻辑智能、音乐智能、空间智能、身体运动智能、人际交往智能、自我认识智能；智能的分类也不仅仅局限于这七项，随着研究的深入，会鉴别出更多的智能类型或者对原有的智能分类加以修改，如加德纳于1996年提出了第八项智能——认识自然的智能。[1]

加德纳的理论对综合主题活动的启示：教师应关注幼儿多方面智能的发展，为幼儿提供多种学习途径，支持幼儿在参与活动中选择适合自己的、自主的、多样化的活动过程，尊重和接纳幼儿表现出的个体差异，并且因材施教。同时，在选择和制定综合主题活动的过程中，要先了解幼儿的实际水平，关注不同幼儿的感受和表现，采取多样化、适宜的形式实施活动。

第三节 幼儿园综合主题活动的核心概念

"主题"从字面理解是指文艺作品中或者社会活动等所要表现的中心思想，泛指主要内容。幼儿园综合主题活动作为教育内容的一种组织形式，是围绕一个核心话题展开的、指向五大领域的系列活动。厘清综合主题活动的概念，对幼儿园

---

[1] 加德纳. 多元智能[M]. 北京：新华出版社，1999.

教师设计和实施适宜的综合主题活动有重要意义。

一、幼儿园综合主题活动的含义

幼儿园综合主题活动是幼儿园课程实施的形式之一，一直被幼儿园广泛应用。幼儿园综合主题活动应如何界定呢？齐放认为，幼儿园主题活动主要是指幼儿园综合课程中围绕某个中心开展的、具有一定时间跨度的、不具有理论倾向的一系列教育教学活动的集合体，是以主题为组织中心的幼儿园课程表现形式。[1] 南京师范大学教育科学学院虞永平教授提出，主题活动意指课程的某一单元、某个时段多要讨论的中心话题，通过对这些中心话题的讨论，以及对中心话题中蕴含的问题、现象、事件等的探究，使幼儿获得新的、整体的、联系的经验。北京教育科学研究院早期教育研究所徐明老师提出，主题活动是指在一段时间内，教师和幼儿围绕一个核心话题（即主题），开展多种活动的过程。由此可见，幼儿园综合主题活动与领域教学活动最明显的区别在于，活动的内容是围绕一个中心话题展开的、通过多个关联活动组成的、渗透多个领域目标的、让幼儿获得整体新经验的一系列活动的过程。

例如，在中班主题活动"轮子转转转"中，通过"各种各样的轮子""轮子是怎么来的""轮子为什么是圆的""轮子的作用""做个小轮子""好玩的轮胎游戏"等一系列活动的开展，教师引导幼儿以生活中常见的轮子为中心话题，与幼儿共同观察轮子的特点，探索轮子的用处，了解滚动的原理，活动中分别渗透科学领域、艺术领域、社会领域、语言领域的诸多目标，幼儿获得了对轮子的多种角度的认识和了解，并将经验迁移和运用到生活中。

二、幼儿园综合主题活动的特点

（一）整合性

幼儿园的主题教学活动不是单一指向一个内容、一个时段、一个领域或一个环节，而是体现为多领域、多内容、多形式的整合活动。这里谈到的"整合"，一方面是指活动形式的整合，如主题活动与区域游戏的整合、主题活动与生活教育

---

[1] 齐放. 幼儿园主题活动课程理论与实践研究[M]. 长春：东北师范大学出版社，2005.

的整合、主题活动与户外游戏的整合等。在一个主题活动的进行过程中，班级的墙饰环境和区域活动材料经常随主题活动的推进而不断变化。

例如：在小班"衣服"的主题活动中，美工区开设了"服装设计室"，角色区开设了"服装店"；在大班"朋友"的主题活动中，美工区增设了"制作朋友卡"，角色区开辟了"好朋友悄悄话小屋"等。

"整合"的另一方面指向不同领域教育内容的整合。例如，在小班"衣服"的主题活动中，包含以下内容：

我喜欢的衣服展览会

男孩和女孩的衣服

给娃娃穿衣服

爸爸妈妈的衣服和我的衣服

我们设计的小衣服

衣服上有什么

不同用处的衣服

漂亮衣服秀

……

在"衣服"的主题活动中，活动内容涉及不同领域，如：社会领域的内容有"我喜欢的衣服展览会""不同用处的衣服"；健康领域的内容有"给娃娃穿衣服"；科学领域的内容有"爸爸妈妈的衣服和我的衣服"（比较大小）、"衣服上有什么"（探索观察）；艺术领域的内容有"我们设计的小衣服""漂亮衣服秀"等。所有的活动虽然所属领域不同，但都围绕幼儿熟悉的"衣服"进行，体现了主题内容的整合性。此外，在"衣服"的主题活动中，活动区域开设了"美丽服装店""小小服装设计室"，娃娃家中增设了很多大小不同、样式不同的衣服，供幼儿尝试穿脱。在生活环节中，教师利用午睡环节、户外活动环节和来园、离园环节，有意识地引导幼儿学习正确穿脱衣服、叠衣服等，这是主题活动与区域游戏、生活活动整合的体现。

（二）连续性

因为主题活动要围绕一个中心话题开展多个不同的教育活动，因此往往需要一周以上的时间，大班的一些大型主题活动因其内容的丰富性甚至会延伸到一个月的时间。由一个个独立的教育活动组成的整个主题活动呈现出有机的内在联系，具有连续性和推进性，这是主题活动与一些综合活动的区别。

例如，在大班"朋友"的主题活动中，依次开展了"我们都是不同的""我的好朋友""写给朋友的信""帮助朋友""我们一起做""朋友之交"等活动。在有关"朋友"的讨论话题中，幼儿从认识自己与他人的不同开始，学习观察自己的好朋友，夸奖自己的好朋友，再体验帮助朋友的方法，与朋友共同协商做事，总结和梳理好朋友之间的交往方法等，逐步在主题活动中深入认识，提升经验。整个主题活动由浅入深，幼儿从关注自己开始逐步学会客观评价他人、掌握交友方法，活动呈现出连续性和推进性的特点。

（三）灵活性

主题活动从设计到实施的过程都是灵活的。在设计和生成主题活动的过程中，来源相对灵活。活动的来源既可能是幼儿近期感兴趣的话题，也可能是幼儿日常活动中的一个问题、一种行为。预设好的主题内容也有可能根据幼儿的兴趣和需要扩充或减少内容。因此，对于实施主题教育活动的教师来说要求较高，教师需要细致地观察幼儿，深入地了解幼儿，熟知各领域的发展目标，在实施的过程中才能融会贯通，灵活运用。

（四）综合性

一般主题活动往往有不同的侧重点，有的侧重于认知学习，有的侧重于情感体验，有的侧重于技能练习，但都不会割裂，更多的时候是综合的。在一个主题活动中，往往有语言领域的内容、艺术领域的内容或社会领域的内容，指向不同领域目标的活动都以主题中的核心话题展开且相互关联，充分体现主题活动的综合性。

三、主题活动设计的原则

（一）活动性原则

"活动是连接主体与客体的桥梁"。从幼儿的特点分析，幼儿本身就是好动的，有与生俱来的好奇心和求知欲。当幼儿进行活动时，幼儿作为活动的主体，凭借自身现有的条件，主动地作用于活动的对象（环境中的人和物），同时对来自客体的信息有选择地接受和反映，建构自己对外部世界的认识体系。主题活动要作为载体实现幼儿个体因素（主体）与环境因素（客体）的相互作用，使幼儿的发展成为现实。教师在设计主题活动时要全面地考虑幼儿的生理和心理活动需要、实践活动需要、人际交往活动需要等因素。

（二）目标性原则

主题活动的目标是《指南》《纲要》的具体化，是确定和选择主题活动内容的依据，对整个主题活动过程起着指向作用。教师在追随幼儿兴趣的基础上，结合《指南》《纲要》中的发展目标生成综合主题活动。但主题活动的设计不能完全依赖于幼儿的兴趣，教师需要在把握教育目标的基础上预成主题活动。

（三）发展性原则

《幼儿园快乐与发展课程》中提出：幼儿的发展一方面是当前获得充分发展，每天有进步；另一方面是，当前的发展应该是未来发展的基础，有利于他们将来的发展，有利于他们入学以后的学习，有利于他们终身的可持续发展。幼儿的发展不是被动地接受外界影响的过程，而是以幼儿自身为主体的个体因素与环境因素互动的过程。维果茨基在关于儿童心理发展与教育的观点中提到，教学要走在发展的前面。主题活动的设计应当是幼儿目前能够有效学习的，而不是无意义的，或是适合他们今后要学习的，否则就是浪费幼儿的时间和精力。因此，促进幼儿有效发展的主题活动一定能通过教育目标、教育内容对幼儿构成适宜的挑战，在幼儿的"最近发展区"内调动幼儿主体与周围环境相互作用。因此，教师需要敏锐地觉察到幼儿的兴趣和学习需要，提供支架，引发幼儿主动探索和学习。

第二章

幼儿园综合主题活动的目标

幼儿园综合主题活动是整合幼儿园各领域教育的重要形式，体现各学科的相关性和综合性，这种联系的线索不是学科，而是幼儿的发展目标。因此，制定科学、合理的主题活动的目标，选择适宜的、为达成目标服务的内容成为实施主题活动的关键因素。

第一节 幼儿园综合主题活动目标的概述

幼儿园综合主题活动需要教师依据教育目标、课程目标、近期目标等各层级目标的要求，结合幼儿的实际发展水平和需要，按照一定的教学目标、教学内容，有计划、有目的地组织班级幼儿开展多种形式的学习，引导其获得有益的学习经验。

一、幼儿园综合主题活动目标的依据

幼儿园教育目标的制定受到若干因素的制约，最主要的因素是社会和幼儿。社会的要求和幼儿身心发展的规律是确定幼儿园教育目标的主要依据。幼儿园综合主题活动的目标也是如此。

（一）依据国家纲领性文件要求制定目标

1. 依据《规程》

《规程》是我国第一部规范幼儿园内容管理的规章，1989年颁布试行稿，1996年正式颁布。在过去的30多年中，《规程》不仅在加强和规范幼儿园管理中发挥了重要的作用，也成为深化幼儿园教育改革、提升保教质量的重要指导性文件。随着经济社会的发展，教育改革不断深入，学前教育事业发展迅速，幼儿园教育

的内外环境和条件也发生了巨大变化。因此,《规程》需要在新形势下进行调整,在2016年3月1日,《规程》的修订版出台了,不断推进幼儿园内部管理和办园行为的规范化,不断促进幼儿园保教质量的提升。

中央教育科学研究所刘占兰在解读新《规程》中提道:根据幼儿园教育活动在实施中被窄化理解、等同于集体教学和以往的上课等一些问题和偏差,新《规程》进一步明确了"幼儿园应当为幼儿提供丰富多样的教育活动",扩展了教育活动的概念,突出了教育活动的丰富性、灵活性和多样性。在新《规程》中,儿童已经成为主体的儿童,教育正在成为对个体具有发展适宜性的教育。幼儿园教育不仅重视了幼儿在童年的快乐生活,也关照了幼儿的后续学习和终身发展。

《规程》的第二十八条明确指出:"幼儿园应当为幼儿提供丰富多样的教育活动。教育活动内容应当根据教育目标、幼儿的实际水平和兴趣确定,以循序渐进为原则,有计划地选择和组织。教育活动的组织应当灵活地运用集体、小组和个别活动等形式,为每个幼儿提供充分参与的机会,满足幼儿多方面发展的需要,促进每个幼儿在不同水平上得到发展。教育活动的过程应注重支持幼儿的主动探索、操作实践、合作交流和表达表现,不应片面追求活动结果。"

教师在设计综合主题活动、制定教育目标时,要深入贯彻《规程》的精神,从幼儿为发展主体的角度思考教育目标的适切性。

2. 依据《指南》

《指南》是教育部颁布的纲领性文件,可指导幼儿园和家庭实施科学的保育和教育,促进幼儿身心全面和谐发展。《指南》描述了幼儿在五大领域的学习与发展目标,提出了教育建议,具有指向性和可操作性,对幼儿的发展评价也提供了参照标准。《指南》中提出了实施的四条基本原则,即:①关注幼儿学习与发展的整体性;②尊重幼儿发展的个体差异;③理解幼儿的学习方式和特点;④尊重幼儿的学习品质。上述四条基本原则对引导教师转变教育观念,以"幼儿为本"实施教育行为,研究和尊重幼儿,支持幼儿快乐、健康、富有个性的发展有极大的促进作用。

《指南》中五大领域的学习与发展目标,是教师设计、实施、评价综合主题活动的重要依据,教育目标的确定也基于此。

3. 依据《纲要》

《纲要》是教育部为进一步贯彻第三次全国教育工作会议和全国基础教育工作会议精神，落实《国务院关于基础教育改革与发展的决定》，推进幼儿园实施素质教育，全面提高幼儿园教育质量，自2001年9月颁布和试行的。

《纲要》中指出："幼儿园的教育内容是全面的、启蒙性的，可以相对划分为健康、语言、社会、科学、艺术等五个领域，也可做其他不同的划分。各领域的内容相互渗透，从不同的角度促进幼儿情感、态度、能力、知识、技能等方面的发展。"《纲要》按五大领域的角度呈现，每个领域以目标、内容与要求、指导要点等三个结构呈现。《纲要》中明确指出："幼儿园的教育活动，是教师以多种形式有目的、有计划地引导幼儿生动、活泼、主动活动的教育过程。""教育活动的组织与实施过程是教师创造性地开展工作的过程。教师要根据本《纲要》，从本地、本园的条件出发，结合本班幼儿的实际情况，制订切实可行的工作计划并灵活地执行。""教育活动目标要以《幼儿园工作规程》和本《纲要》所提出的各领域目标为指导，结合本班幼儿的发展水平、经验和需要来确定。""教育活动内容的选择应遵照本《纲要》第二部分的有关条款进行，同时体现以下原则：（一）既适合幼儿的现有水平，又有一定的挑战性。（二）既符合幼儿的现实需要，又有利于其长远发展。（三）既贴近幼儿的生活来选择幼儿感兴趣的事物和问题，又有助于拓展幼儿的经验和视野。""教育活动内容的组织应充分考虑幼儿的学习特点和认识规律，各领域的内容要有机联系，相互渗透，注重综合性、趣味性、活动性，寓教育于生活、游戏之中。""教育活动的组织形式应根据需要合理安排，因时、因地、因内容、因材料灵活地运用。"

在幼儿园综合主题活动设计与实施中，教师在制定教育目标时要遵循《纲要》中对教育活动的各项要求。

4. 依据国家颁布的学前教育改革发展的文件

2018年11月，中共中央国务院印发了《意见》（中发〔2018〕39号），这是新中国成立以来，第一次以党中央、国务院名义专门印发学前教育改革发展的文件，是党中央、国务院立足新时代、心系发展大局、情牵民生福祉的重大战略决策，具有里程碑意义。各省市也相继出台《关于学前教育深化改革规范发展的实施意见》，认真贯彻中国共产党第十九次全国代表大会做出的"办好学前教育、实现幼有所育"的重大决策部署,坚定不移地朝着公益普惠安全优质的方向发展学前教育。

《意见》中的第八条"提高幼儿园保教质量"明确指出:"注重保教结合。幼儿园要遵循幼儿身心发展规律,树立科学保教理念,建立良好师幼关系。合理安排幼儿一日生活,为幼儿提供均衡的营养,保证充足的睡眠和适宜的锻炼,传授基本的文明礼仪,培育幼儿良好的卫生、生活、行为习惯和自我保护能力。坚持以游戏为基本活动,珍视幼儿游戏活动的独特价值,保护幼儿的好奇心和学习兴趣,尊重个体差异,鼓励支持幼儿通过亲近自然、直接感知、实际操作、亲身体验等方式学习探索,促进幼儿快乐健康成长。开展幼儿园'小学化'专项治理行动,坚决克服和纠正'小学化'倾向,小学起始年级必须按国家课程标准坚持零起点教学。"

在开展幼儿园主题活动中,教师在制定教育目标时必须关注《意见》中提到的"通过亲近自然、直接感知、实际操作、亲身体验等方式学习探索""克服和纠正'小学化'倾向"等要求,确保幼儿在综合主题活动中快乐健康发展。

(二)依据社会要求和社会发展的相应变化制定目标

我国幼儿园教育必须为社会主义现代化建设服务,要把幼儿培养成社会需要的人,培养成在未来能积极地参与社会生活,参与政治、经济、文化活动,为社会和人类的发展做出贡献的人。因此,幼儿园的教育目标不但要适应人类社会现今的发展水平,适应我国社会主义现代化建设的发展水平和基本国情,而且必须随着社会的发展相应地变化,具有前瞻性。由此可见,幼儿园综合主题活动的目标制定也要在遵循以上要求的基础上,将宏观的社会要求具体化到一个个真实的、真正促进幼儿有效发展的主题结构化的实践活动中。

例如,北京市海淀区苏家坨镇幼儿园教师为培养大班幼儿初步的归属感设计了"我爱我家乡"主题活动。此活动以幼儿所在的幼儿园、社区为中心,扩展到周围快速发展的苏家坨镇地区,开展了游览特色景区、体验特色游戏项目、共同讨论感受、共同梳理介绍内容、一起制作宣传海报、尝试宣传家乡美等一系列活动,使幼儿在主题活动过程中加深了对家乡的热爱,体验了合作、协商等交往技巧,增强了解决问题的能力和自主学习的能力。

（三）依据幼儿的发展需求制定目标

社会要求的满足要通过幼儿的发展来实现，因此幼儿园综合主题活动目标的制定需要建立在对幼儿身心发展特点和规律的认识的基础上。皮亚杰的儿童认知发展理论指出：儿童的发展是主动的过程，环境在儿童发展中起重要作用，活动是儿童发展的基本途径。对于主题活动而言，教师需要了解幼儿的发展规律，熟悉幼儿的发展需求，在日常生活中善于观察幼儿，理解和接纳幼儿的学习方式，认同幼儿的活动特点，关注幼儿的已有经验以制定教育目标，从而使幼儿在有效的学习中获得发展。

例如，北京市海淀区明天幼稚集团第十幼儿园在大班幼儿即将毕业时开展的"我的毕业纪念册"主题活动中，教师关注到幼儿因即将离开幼儿园、离开三年朝夕相处的同伴而依依不舍的情感，通过主题活动为幼儿舒缓和充分表达内心的感受创造机会和条件。在主题活动目标中制定了以下内容：①积极主动参加活动，能够与周围人积极交往，乐群合作，养成自主、合作、勇敢、不怕困难的品质；②注意倾听，能够围绕一个话题进行讨论，清晰并连贯地表述自己的想法、做法和愿望；③发现问题，提出问题，解决问题，在观察、比较、探究中养成细心、专心、耐心的品质，形成爱思考、爱提问的习惯；④萌发喜欢上小学的愿望，做好进入小学的心理准备。主题活动的内容以三个部分推进：第一部分为"美好的时光"，引导幼儿回忆在幼儿园里的美好生活；第二部分为"离园进行时"，结合离园活动中的离园准备、制作通讯录等开展活动；第三部分为"未来的展望"，引发幼儿对小学的了解和期待。

（四）依据幼儿独特的学习方式制定目标

《指南》中明确指出："幼儿的学习是以直接经验为基础，在游戏和日常生活中进行的。"我们在践行中应坚持把游戏作为幼儿园教育的基本活动，不断尝试游戏与生活活动、教育活动的有机整合，不断探索课程游戏化。研究者在各地调研中发现，当前幼儿园仍然存在"小学化"倾向的现象，究其原因与教师教育观和幼儿学习观有关，即过于重视集体教学中"教"的作用，而忽视了幼儿主动"学"的价值，忽视了对幼儿独特的学习方式的理解和认知。

学习是指幼儿因经验引起的心理倾向、能力、行为的比较持久的变化。幼儿是学习的主体，他们的学习是渗透于生活和游戏中的自然化、多样化、愉快而有意义的过程。幼儿的学习通过他们与环境的相互作用而实现。从皮亚杰的认知发展理论得到启发，幼儿阶段的儿童不适合从事以文字、符号为主要媒介的学习。《指南》在实施要点的第三条"理解幼儿学习方式和特点"中提出"最大限度地支持和满足幼儿通过直接感知、实际操作和亲身体验获取经验的需要，严禁'拔苗助长'式的超前教育和强化训练"。因此，幼儿园综合主题活动中的幼儿学习必须采取活动化的感知、探究、发现的建构方式。教师制定的综合主题活动目标，必须建立在研究幼儿学习特点、尊重幼儿学习方式的基础之上，努力尝试适合幼儿的操作学习、模仿学习、交往学习、合作学习，积极引发幼儿主动发展性的学习。

教师在制定教育目标时，不仅要从"教"的角度关注幼儿学习方式，也应从"学"的角度理解幼儿学习方式，即尝试分析幼儿眼中的学习方式是怎样的。陈贝贝在《5—6岁幼儿的学习观研究》[1]中提到，通过对幼儿的访谈了解到，幼儿眼中的学习方式包括倾听式学习、观察式学习、操作式学习。倾听式学习是指幼儿通过听觉器官对声音的感知而进行的学习，幼儿倾听的对象主要是教师。观察式学习是指幼儿通过视觉活动而进行的学习，在观察之后往往还伴随模仿。观察的对象主要是自然界的动植物、同伴和成人的言行、教师出示的图片和视频等。操作式学习是以手部动作对物体的控制而实现的学习活动。幼儿所指的操作一般是画画、做手工、串珠子等与教师提供的材料互动的活动内容。陈贝贝的研究表明，在集体活动中"听"教师讲课和"看"教师示范是幼儿的主要学习方式。由此可发现，教师在集体活动中以操作和游戏为主的活动方式远不及"讲授"运用得多。因此，教师在设计综合主题活动时，应为幼儿提供更多可以直接感知、实际操作、亲身体验的机会，以直接经验为基础的学习活动应作为幼儿的主要学习方式。在制定教育目标时，教师也需要关注适宜幼儿的学习方式在学习活动中的适宜运用。

---

[1] 陈贝贝. 5—6岁幼儿的学习观研究[D]. 南京：南京师范大学，2020.

二、幼儿园综合主题活动目标的取向

（一）幼儿园综合主题活动目标应指向幼儿学习品质

2012年，我国颁布的《指南》从国家教育政策层面明确指出"重视幼儿的学习品质"，因此幼儿园教育活动的设计与实施，必须实现从关注幼儿学习什么到关注幼儿怎样学习的转变。《指南》中明确指出，"幼儿在活动过程中表现出的积极态度和良好行为倾向是终身学习与发展所必需的宝贵品质。要充分尊重和保护幼儿的好奇心和学习兴趣，帮助幼儿逐步养成积极主动、认真专注、不怕困难、敢于探究和尝试、乐于想象和创造等良好学习品质"。通过对《指南》的进一步分析，可将学习品质分为两个维度：一是指向幼儿学习内在动力的积极态度，包括好奇心、学习兴趣；二是指向幼儿学习外显行为的良好行为倾向，包括积极主动、认真专注、不怕困难、敢于探究和尝试、乐于想象和创造。

幼儿园综合主题活动的教育目标与幼儿学习品质的培养有机整合，可以从以下内容思考：

（1）好奇心。幼儿园综合主题活动应从幼儿感兴趣的内容出发，让幼儿随着围绕主题的探究学习不断深入，对每个活动内容充满期待、乐在其中，并不断获得成功感和满足感。这种成功感将进一步激发幼儿对后续的学习活动产生好奇，产生参与活动的主动性。因此，教师在制定综合主题活动目标的过程中要关注情感目标，以真正激发幼儿的好奇心。

（2）学习兴趣。在综合主题活动中，幼儿通过多种感官的感知体验和多样化的动手操作活动，获取新经验，获得成就感和满足感，激发主动参与活动的兴趣。幼儿在活动中与同伴交往、合作、协商，提升有益的经验，通过与同伴和教师的互动获得归属感、价值感，进而产生对各种活动的期待和学习兴趣。教师在确定综合主题活动的目标时，要注重引发幼儿的学习兴趣。

（3）积极主动。每个幼儿都有积极参与活动的愿望，希望在活动中找到自己的"位置"，教师在制定综合主题活动的目标时，要注重培育每一个幼儿的自信心，为幼儿的学习提供主动参与、主动发现、主动探索、主动交往与合作的机会。

（4）认真专注。幼儿在做自己感兴趣、能"驾驭"的事情时认真、专注的表现最为显著，教师在制定综合主题活动的目标时要关注能够引发幼儿学习热情和行为的内容，准确分析幼儿的最近发展区，制定符合幼儿年龄特点、难度适宜的教育目标。

（5）不怕困难。幼儿在综合主题活动中会经历不同层级的感知、探索、发现，遇到各种问题和困难，一次又一次地完成任务，教师需要引导和支持幼儿解决问题，跨过难点，获得新经验。因此，综合主题活动的教育目标应有适宜的难度和挑战性。

（6）敢于探究和尝试。综合主题活动是围绕幼儿感兴趣的一个主题内容进行多角度探索和发现的。在一次次探索、尝试、体验的过程中，幼儿会积累新的经验，各方面能力会获得提升。教师在制定综合主题活动的目标时要从激发幼儿探究和尝试的角度进行思考。

（7）愿意合作与分享。在综合主题活动中，幼儿的每一次经历和每一个发现都是与同伴共同获得的，并且他们愿意与同伴、教师、家长分享所获得的经验。因此，综合主题活动可以给幼儿带来更多合作和分享的机会和条件。教师在制定目标时，要关注对幼儿合作、分享等积极行为的引导。

（8）乐于想象和创造。综合主题活动整合多个领域发展的特性，开展的活动类型多种多样，幼儿在感知体验、探索发现的过程中，有很多个人和集体的创造性学习经历，幼儿的经历是其想象力和创造力发展的途径。

（二）幼儿园综合主题活动目标应基于幼儿经验

幼儿园综合主题活动的教育目标要从幼儿经验获得的角度来思考。《纲要》中明确指出：幼儿园教育内容的选择要符合幼儿的现实需要，要贴近幼儿的生活来选择幼儿感兴趣的事物和问题。美国教育家杜威提出，应重视儿童经验的价值，儿童的经验和兴趣是教学的起点，是儿童不断生长的条件，它提供了发展的可能性，显示了发展的内在动力。他提出"教育即经验的改造"，表明教育的作用就是帮助处于受教育过程中的个体在原有经验的基础上不断进行改造，从而获得新的经验。因此，课程的组织必须基于儿童的需要和经验，并通过这种课程使儿童能够发挥主动性和创造本能。幼儿园如果无视幼儿的兴趣和经验来制定课程内容和目标，那么会造成幼儿只是僵死地、机械地获得与幼儿生活和经验不相关的知识和技能，这不利于幼儿学习兴趣的提高，也不利于幼儿参与主题活动的主动性的提高，同时易导致教师盲目追求幼儿获得知识和技能的学习，而忽视幼儿的学习特点，出现"小学化"倾向。

综合主题活动的教育目标应重视幼儿经验的价值，把幼儿从机械的、孤立的知识认知中解放出来，基于幼儿的经验，分析幼儿的现有水平，将综合主题活动的教育目标与幼儿的经验有机结合，把抽象的知识、技能的学习与幼儿的直接感知、实际操作、亲身体验的活动相结合，以促进幼儿在综合主题活动中不断建构新经验而获得发展。

例如，北京市清华大学洁华幼儿园的大班幼儿在日常游戏中常常会追着同伴踩影子，并以踩到对方的影子为乐，躲的幼儿会想办法不让对方踩到。教师看到孩子们玩得不亦乐乎，便开展了"有趣的影子"主题教育活动，让孩子在自主探索影子奥秘的过程中，感受这种司空见惯的现象中蕴含的科学美、艺术美，全面拓展发现问题、解决问题及团队合作学习的能力。该综合主题活动的目标是：①在丰富的活动中了解影子的各种现象，并能自主、合作探究影子形成的原理；②通过对影子的核心经验的探索，拓展科学、艺术、语言、社会等方面的认知与能力；③尝试团队合作发现问题、分析问题、解决问题。

（三）幼儿园综合主题活动目标应重视幼儿视角

随着学前教育改革的不断深入，教师也在不断尝试转变教育观念，对"幼儿为本""儿童视角"等观念的理解愈加深入，表现在重视幼儿生活和游戏的价值，重视幼儿周边教育环境的营造。然而幼儿园综合主题活动作为主要的教育途径之一，从内容选择到目标制定仍然多以预成为主，教师基于自身对幼儿学习的理解来设计综合主题活动，容易忽视从幼儿的角度来理解学习。因此，教师在制定综合主题活动的目标时，应有意识地提醒自己多从幼儿视角出发，学会倾听幼儿的声音，了解幼儿对学习的真实看法，透过幼儿的眼睛去理解他们的学习，为幼儿的发展搭建适宜的"支架"，以促进幼儿在综合主题活动中主动学习，积极建构新经验。

例如，北京市海军总医院幼儿园的小班幼儿在一次进餐的环节中，对鸡蛋产生了强烈的好奇，并提出自己的问题："老师，鸡蛋里面怎么有个硬硬的揪揪？"这个问题随后引发了孩子们热烈的自由讨论。为了回应孩子们的兴趣，教师在活动区域内投放了很多关于蛋的书籍，其中孩子们特别喜欢的一本书就是《最奇妙的蛋》。通过阅读，孩子们对蛋的兴趣越来越高，教师为满足幼儿探究的需要开展了"奇妙的蛋"主题活动，并制定了激发幼儿探究愿望的主题活动目标。活动目标是：①认识常见的下蛋动物，能注意并发现蛋是多种多样的；②能够仔细观察蛋，并发现其内外部明显特征，尝试用绘画、语言的方式记录下来；③能用多种感官或动作去探索蛋，观察鸡蛋的变化；④学会关心、照顾小鸡，初步了解生命的意义。

《指南》中提出，幼儿的学习是幼儿通过自己特有的方式与周围环境互动的过程，是幼儿主动地探索周围社会环境、自然环境、物质世界的过程。幼儿的学习应该是主动发现性学习，而不是被动接受性学习。综合主题活动应充分利用幼儿周围的社会环境、自然环境、物质世界来选择活动内容，从幼儿的最近发展区出发来确定教育目标，以激发幼儿的主动发现性学习，充分调动幼儿的动作学习、言语学习和情感学习。

第二节 幼儿园综合主题活动目标的制定

教育目的是构成教育实践活动的第一要素和前提，没有目的的教育活动是不存在的。教育目标是教育目的的亚目标，是表达教育目的的主要形式。幼儿园综合主题活动目标是各领域教育目标的具体化。

一、幼儿园综合主题活动目标的结构

陈平、吴君民指出：教学目标是一定的主体依据一定的教育目的和课程标准目标，选取一定的教学内容、策略方法、教学模式、评价标准，经过一定的教学程序而达到的预期学习成果。教学目标是教师的主观愿望和客观教学实际的统一。[1] 幼儿园教育目标是教育目的在幼儿园阶段的具体化，是幼儿园人才培养的规格和要求，而主题活动目标是落实《纲要》《指南》中各领域目标的具体化。

教育目标按照范围可划分为五个层次：第一层次是国家、地方层面的幼儿园课程目标；第二层次是幼儿园层面的课程目标；第三层次是班级层面的课程目标，是幼儿园各年龄段目标结合本班幼儿具体情况的产物；第四层次是指导一个单元

---

[1] 陈平，吴君民. 增强目标意识，提高课堂教学的有效性[J]. 中学生物学，2011(8)：11-12.

活动的目标，单元既可以是主题活动的单元，也可以是教材的某单元；第五层次是指导一个教育活动的目标。由此可见，主题活动目标作为第四层次的目标，在制定时需要在实践总目标的基础上充分考虑、科学把握幼儿情感、态度、能力、知识和技能等多方面的发展情况。主题活动目标将作为确定主题内容、活动方式、组织形式、指导方法、环境创设的依据。

二、幼儿园综合主题活动目标的表述

幼儿园综合主题活动目标作为幼儿园教育目标的第四层次，与教师的教学活动紧密相连，是幼儿发展的具体指向。因此，恰当地表述综合主题活动的教育目标既是实现幼儿发展的基本保证，也是提高教师专业能力的重要途径。

（一）幼儿园综合主题活动目标表述的要素

教育目标包含幼儿在情感态度、能力、知识技能等多方面的发展。华东师范大学黄瑾教授在《幼儿园教育活动设计与指导》一书中，将认知学习目标、情感学习目标、动作技能学习目标从动词的表述上进行具体分析，值得我们学习和借鉴。

◆ 编写认知学习目标行为动词举例：

知识——列举、说出……

领会——分类、叙述、解释、选择、归纳……

分析——分类、比较、对照、区别……

综合——创编、设计、提出、总结……

……

◆ 编写情感学习目标行为动词举例：

接受或注意——知道、接受、注意……

反应——陈述、回答、列举、完成……

乐意参与并做出评价——听从、表现、帮助、选择、接受……

对现象或行为做出判断并接受——区别、评价、判断、比较……

……

◆ 编写动作技能学习目标行为动词举例：

知觉能力——选装、接住、移动……

　　　　　动作技能——演奏、使用、操作……
　　　　　……

（二）幼儿园综合主题活动目标表述的方法

在幼儿园综合主题活动中，各领域的活动内容不是割裂的，而是有侧重地相互渗透、有机结合，在表述主题活动目标时要注意整合性和针对性，而不是单一地表述某个领域的教育目标。在表述的逻辑上，首先应该表述的是知识技能目标，并以领域内容为轴心，将相同领域的目标放在一起；其次是能力目标，在表述时要将相关能力具体化，与主题活动的核心紧密联系；最后是情感态度目标，在表述时要横向考虑整个主题活动的目标指向，从相对宽泛的角度进行表述，但应避免过于笼统而失去主题活动本身的价值。

例如，北京市六一幼儿院"有趣的测量"大班主题活动的目标有以下内容：①掌握用自然物测量的基本方法，愿意与同伴交流自己的经验；②能在测量的过程中自己发现问题并尝试与同伴合作解决问题；③对测量活动感兴趣并尝试将其运用到生活中解决实际问题。

该主题活动是围绕测量活动进行的科学探究活动。在目标的制定上，第一个目标表述的是知识技能目标，说明了在该主题活动中幼儿所要学会的测量技能和知识；第二个目标是能力目标，指出了该主题活动主要培养幼儿的问题解决能力和合作能力；第三个目标是情感态度目标，引导幼儿对学习产生兴趣并在幼儿掌握测量方法后鼓励幼儿在生活中用测量方法尝试解决实际问题。

当然，在综合主题活动的目标表述中并没有固定的形式，也并非一定要将知识技能目标、能力目标、情感态度目标都罗列出来，教师可以针对主题活动的核心内容灵活地加以表述。

三、幼儿园综合主题活动目标制定应注意的问题

（一）要具体、可操作，不要过大、过空

幼儿园各层次的教育目标，从低到高越来越抽象、概括、笼统。在阐述相对具体的主题活动目标时，要做到具体、明确，具有可操作性，能表现主题活动所预期的核心目标，调控主题活动的内容及进展。在实际工作中，教师比较习惯直接从

《纲要》《指南》或教学参考书上摘抄目标，缺少细化目标的过程，导致主题活动目标过大、过空。

北京市大兴区第七幼儿园"幼儿园里的树朋友"中班主题活动目标的表述相对具体，实践操作性较强，从目标的表述中能清楚地了解该主题活动的核心内容及幼儿经验的发展点。活动目标是：①喜欢和树做朋友，对幼儿园里的树感兴趣；②能够主动提出有关树的问题，并能与同伴积极讨论；③感知大树的生长变化，简单了解树对人和环境的作用；④能积极与同伴一起探究问题，在探索过程中获得经验，并做简单的记录；⑤能利用树枝、树干、树叶等材料进行美工创作，关注其色彩、形态等特征。

（二）要角度一致，不要相互混淆

任何教学活动都是双边活动，既包括教师的教，又包括幼儿的学。因此，教育目标在表述上可以是从教师角度表述的培养目标，也可以是从幼儿角度表述的发展目标。培养目标应从教师角度出发，是教师期望幼儿通过教育获得的学习结果，在用词上多为"帮助""激发""要求""培养"等；发展目标应从幼儿角度出发，指出幼儿在学习后应该知道的和能够做到的，在用词上多为"学会""喜欢""说出""能够"等。《指南》中所表述的目标基本上都是从幼儿角度出发的发展目标。无论从哪个角度进行表述，都要前后一致和统一。

例如，北京市海淀区苏家坨镇幼儿园"我爱我家乡"大班主题活动目标是从幼儿发展的角度进行表述的，具体为：①感知自己家乡的美好，并喜爱自己的家乡；②在活动中遇到问题能积极想办法协商解决，并能与同伴友好合作；③能共同制订参观活动行程的计划并执行计划；④在宣传家乡美景的过程中敢于大胆、自信地与人沟通和表达。

（三）要清晰准确，不要呈现内容

相对完整的主题活动目标，需要涵盖主题活动本身的核心经验和情感态度的提升，在表述过程中要将目标简洁、清晰、明确地表达出来，层次要清楚，而不能将一些活动的具体内容、形式、手段都表述在目标中，否则很难反映出幼儿学习的结果，也很难用目标评价幼儿的学习。

（四）要围绕核心突出关键经验，不要过于松散

主题活动都是围绕一个话题进行的一系列教育活动，每个独立的教育活动都有各自的、更加具体的目标表述，因此主题活动目标作为教育活动目标的上位目标，就需要对系列的活动有相对的概括，而不能简单地将每个活动的目标罗列出来以代替主题活动目标。

例如，在北京市六一幼儿院"我和筷子做朋友"中班主题活动的目标制定中，教师在最初将目标表述为：①了解筷子的基本信息（由来、种类、特征等）；②激发幼儿的探索欲望，并从活动中感受到乐趣；③培养幼儿的动手操作能力，发展小肌肉的协调能力。

这样的目标表述就存在内容代替目标、整体表述过于笼统、层次结构松散等问题，建议教师将其调整为：①观察和欣赏不同的筷子，探索筷子的特点；②学习筷子的正确使用方法，并在生活中练习；③用不同的艺术表现形式表达对筷子的兴趣和喜爱。

调整后的目标能够围绕主题活动内容，突出通过主题活动幼儿应提升的核心经验，表述相对简洁、清晰，又不失可操作性。

第三章

幼儿园综合主题活动的内容

幼儿园综合主题活动是幼儿园课程的主要实施途径,也是幼儿学习和发展的主要途径,其内容要符合幼儿园课程的要求。《纲要》中指出:"幼儿园应为幼儿提供健康、丰富的生活和活动环境,满足他们多方面发展的需要,使他们在快乐的童年生活中获得有益于身心发展的经验。""幼儿园教育应尊重幼儿身心发展的规律和学习特点,以游戏为基本活动,保教并重,关注个别差异,促进每个幼儿富有个性的发展。"教育活动内容应"既贴近幼儿的生活来选择幼儿感兴趣的事物和问题,又有助于拓展幼儿的经验和视野""教育活动内容的组织应充分考虑幼儿的学习特点和认识规律,各领域的内容要有机联系,相互渗透,注重综合性、趣味性、活动性,寓教育于生活、游戏之中"。因此,幼儿园综合主题活动的内容要从幼儿的自身需要和感兴趣的事物出发,要从幼儿身处的现实生活和环境出发,要从幼儿的主体性出发。只有体现幼儿的兴趣和需要的综合主题活动,才具有核心价值并能促进幼儿快乐而有意义的发展。教师在选择综合主题活动内容的过程中,不能单纯地以"教"定"学",而是要关注眼前的、现实的、具体的幼儿,去观察、了解、理解、研究他们,才能做到在符合幼儿身心发展特点和兴趣需要的基础上,制定主题活动内容。

什么学习活动是对幼儿有价值的?如何选择有价值的综合主题活动内容以激发幼儿主动学习?南京师范大学虞永平教授谈到,比较学习内容相对价值的核心准则是:①是符合幼儿的需要和兴趣的,是顺应幼儿天性的;②是指向幼儿的全面、和谐发展的;③是学习内容必须能最有效地促进幼儿的发展,必须是经过适合幼儿身心的教学法加工能有效地为幼儿所掌握的;④是能直接地以幼儿感兴趣的方式呈现的。[1] 教师可以尝试依据这些准则,来衡量自己设计和制定的综合主

---

[1] 虞永平. 学前课程与幸福童年[M]. 北京:教育科学出版社,2012.

题活动内容对幼儿发展的价值。

第一节 幼儿园综合主题活动内容选择的原则

苏联教育家苏霍姆林斯基曾说:"自然界里许多美的事物,如果不事先指给孩子们看、讲给孩子们听,他们自己是不会留意的。"《指南》中指出,"幼儿的学习是以直接经验为基础,在游戏和日常生活中进行的""支持和满足幼儿通过直接感知、实际操作和亲身体验获取经验的需要",明确地表述了幼儿的学习方式和特点。综合主题活动内容的选择,既要以尊重幼儿的学习方式和年龄特点为前提,又要能够发挥促进和引领发展的功能。在选择主题活动的内容时,要遵循以下原则。

一、反映社会发展,有利于幼儿长远发展

幼儿园教育是贯彻国家教育方针、政策、文件,最终促进幼儿身心全面和谐发展,并为其终身可持续发展奠定基础的。幼儿园综合主题活动内容的选择需反映当前社会文化的发展进步,具有一定的时代性,这样才能培养出未来社会所需要的人才。主题活动内容的选择不仅要满足当前幼儿的发展,还要有利于幼儿今后的学习和发展,因此,综合主题活动特别强调整合性、连续性和综合性,强调整个综合主题进程中呈现的由浅入深、由易到难、由具体到抽象的推进过程。

二、符合幼儿的年龄特征,关注幼儿的认知水平

幼儿的学习是生活中的学习,是游戏中的学习。贴近幼儿生活,符合幼儿年龄特点的综合主题活动才是最适合幼儿的。

在综合主题活动内容的选择上,需要面对不同年龄班幼儿各自的年龄特点进行选择。小班幼儿因其明显的对情感呵护的需要、对成人的依恋、爱模仿、拟人化等特征,教师在设计主题活动时应从幼儿身边的具体事情中提取活动内容。例如,小班主题活动"我爱妈妈""好吃的水果""我喜欢的糖果"等强调贴近幼儿可感知、可触摸、可观察的具体内容。中班幼儿因其活泼好动、对规则感兴趣、活动性增强、爱玩、会玩等年龄特征,教师需要通过有一定挑战性的内容来吸引幼儿主动参与学习。例如,中班可以开展"蚂蚁一家""磁铁真好玩""蔬菜园"等能够

真实探究的主题活动。大班幼儿因其自控能力增强、合作能力增强、认知积极性增强、抽象逻辑思维能力开始发展等年龄特征，适合进行合作化的、共同学习的、通过认知活动概括和提升经验的主题活动。例如，大班可以开展"我们的运动会""春游进行时""好朋友"等主题活动。特别需要强调的是，在选择不同年龄班的主题活动内容之前，都要对本班幼儿的已有经验进行分析，在幼儿原有经验的基础上选择能让幼儿进一步提升经验、获得能力、满足其情感发展的主题活动内容。

三、引发幼儿兴趣需要，激发幼儿探索欲望

任何学习活动都离不开兴趣的动力，综合主题活动更是如此。综合主题活动是需要经历一段时间的系列活动，如果教师把握不好幼儿的兴趣，在综合主题活动的进程中很有可能出现幼儿兴趣转移或递减的情况，影响幼儿在综合主题活动中的积极性和主动性，那时幼儿的学习就成了被动的学习。首先，选择幼儿感兴趣的主题内容是保证综合主题活动有效开展的前提，这需要教师在生活中细致观察和敏锐分析，找到幼儿感兴趣的话题、问题，并将其作为主题活动的内容。其次，在综合主题活动的进程中，兴趣的保持是主题活动的必要条件，这需要教师采取适合幼儿的学习方式，激发幼儿的探究欲望，提供有准备的活动材料，不断吸引幼儿主动参与活动。此外，综合主题活动不是完全追随幼儿兴趣的生成活动，也不是不考虑幼儿兴趣的预成活动，而是分析幼儿的兴趣点、依据发展目标灵活调整的，或延长，或缩短。

例如，在北京市大兴区第七幼儿园"运动真快乐"中班主题活动中，教师预设的主题内容包括"有趣的户外场地""我们爱运动""欢乐运动会""室内运动"等四个子主题的内容。在实施过程中，教师发现幼儿对球类运动的兴趣更浓厚，探究欲望更强烈，于是在开展"有趣的户外场地"活动后，教师改变了原有的计划内容，为满足幼儿的兴趣点和探究需要，生成了新的内容——"各种各样的球""好玩的足球赛""好玩的球（室内）"。活动的具体内容调整为以探索球的多样玩法、进行足球游戏为主，提高幼儿的运动能力，使其在足球运动中体验玩球的乐趣。教师还与幼儿一起探索了在室内玩球的多种方法，以应对特殊天气时因不能进行户外活动而改为室内运动的需要。幼儿在活动中能够发挥自主性，积极

探索球的多种玩法，尝试发现问题，主动解决问题，在活动中不断建构新的经验，不断增强参与活动的主动性。

四、对应《指南》《纲要》目标，不堆砌各领域内容

幼儿园综合主题活动是教育目标实现的有效载体，教育目标是主题活动内容选择的重要依据，二者是相辅相成的。既可以根据目标生成主题活动，又可以根据幼儿的兴趣与目标进行对接。综合主题活动内容的选择要能对应《指南》《纲要》中各领域目标，但并不是一个主题活动中必须覆盖各个领域的内容。特别是数学活动和音乐活动因其学科的特殊性，在许多综合主题活动中都很难涉及，需要单独制订活动计划来完成目标。因此，综合主题活动内容应围绕主题核心目标确定，同时需要适度关注多领域的整合。

例如，北京市大兴区第七幼儿园"运动真快乐"中班主题活动主要是围绕健康领域目标开展的主题活动，针对幼儿因关注户外新玩具而引发的各种运动方面的问题，幼儿对户外玩具的多种玩法进行探究和尝试，了解一些简单的运动项目，认识一些简单的运动器材，并尝试利用这些器材进行运动，激发喜爱运动的情感和参与锻炼的积极性。这些活动能够鼓励幼儿积极参与体育锻炼活动，初步形成良好的运动习惯。同时幼儿能够在运动中学会简单的保护身体主要器官和自身安全的方法、技能，具有初步的自我保护意识和能力。在围绕核心目标进行活动的过程中，还有讲解球的玩法、制作宣传海报、装饰场地等活动，促进了幼儿多领域的发展（如语言表达能力、交往能力、艺术表现能力等）。

又如，在中国人民武装警察部队总部机关幼儿园"可爱的蜗牛"小班主题活动中，教师追随幼儿对小蜗牛的关注点展开活动内容，包括：蜗牛长什么样子？蜗牛喜欢吃什么？蜗牛喜欢住在哪里？蜗牛的便便为什么时红时绿？……综合主题活动的核心目标以科学领域为主，包括尊重和爱护小蜗牛的生命，初步了解小蜗牛的外部明显特征、生长变化、食性、生活环境等，在教师的引导下初步发展观察、简单记录等科学探究能力。除此之外，活动目标还包括愿意表达自己的想法，并能用语言、动作、绘画等多种方式呈现（语言、艺术等其他领域的发展目标）。

五、引发幼儿主动学习，促进学习品质发展

积极的学习品质有助于提升儿童的认知技能和学业成就。例如：儿童的好奇心有助于增加记忆力和理解力；儿童的兴趣可以持续预测其学业成绩；儿童的动机可以预测他们未来在多个领域的成绩；儿童的投入水平影响其工作的能力和成绩；具有良好的自我调节能力的儿童更有可能获得学业成功；在问题解决和完成任务上较为灵活的儿童，更会根据需要改变策略，从而提升学习成就。积极的学习品质对儿童社会性和情感领域的发展具有促进作用。有益于儿童发展积极学习品质的课程有四个特点：富有挑战性、学习内容有价值、与儿童兴趣和经验相联系、强调儿童的积极参与和社会交往。[1]教师在选择综合主题活动的内容时要关注是否有包含学习品质的活动，综合主题活动的实施是否关注幼儿学习品质的发展。

例如，中国科学院第三幼儿园"走，去散步！"中班主题活动源自幼儿每天的散步活动。"发现榆树上的榆钱""捡到一条金珠手链""一根被折断的树枝"都会成为幼儿自发的探究活动的起点。教师智慧地将这些内容作为教育契机，巧妙地设计问题来引导幼儿用自己的方法解决遇到的问题，为幼儿提供家长、其他班级教师等资源，创设主动交往的机会。在幼儿讨论解决问题的方法时，教师启发幼儿调动已有经验，提供材料来支持幼儿的想法和做法。孩子们发现了榆树，想办法摘到榆钱，制作美味的榆钱食物；发现了折断的香椿树枝，通过发现香椿树枝的特点，寻找幼儿园里的香椿树；发现了一条小金珠手链，通过广播站广播、制作海报等方法为小手链寻找主人。这些活动虽然对中班幼儿有一定的挑战，但用自己的方法解决问题的成功感受，让幼儿的自信心明显增强，更加相信自己是有能力的人。认真、专注、不怕困难、积极解决问题等良好的学习品质，在这样的活动中被逐渐培养起来。

---

[1] 希森. 热情投入的主动学习者——学前儿童的学习品质及其培养[M]. 霍力岩，等译. 北京：教育科学出版社，2016.

第二节 幼儿年龄特点对综合主题活动内容的启示

幼儿作为独立的人,在各年龄阶段有着不同的心理特点。无论是哪种途径的教育,都应在尊重幼儿的基础上,充分理解和把握幼儿的年龄特征,选择适宜的教育途径,实施促进幼儿身心健康快乐发展的教育。幼儿由于身心各方面的发展和生活范围的扩大,独立性有所增强,对周围的世界充满了好奇和探索的欲望,也初步产生了参加社会实践活动的愿望。然而,幼儿存在很多局限性:由于幼儿的能力有限,他们常常需要成人的帮助;由于知识经验的缺乏,他们仍然主要依靠具体形象的支持来认识外界事物;由于生理发展的限制,他们还不能很好地控制和调节自己的行为,长时间地保持注意力集中还很困难。因此,儿童渴望独立参加社会实践活动的新需要跟从事独立活动的经验及能力之间产生了重大矛盾。[1]幼儿园综合主题活动的内容选择、确定及实施,要充分尊重幼儿的年龄特点。

一、小班幼儿年龄特点及对综合主题活动内容的启示

小班幼儿刚从婴儿期步入幼儿期,还带有一些婴儿的"痕迹",由于身心发展迅速,他们又具有幼儿期的显著特点。

(一)小班幼儿动作发展快,个体差异明显

幼儿就是天生的运动爱好者——他们不停地移动、奔跑、跳跃。他们会愉快地参加跳舞、创造性律动、身体戏剧游戏,并且喜欢去户外。[2] 3—4岁幼儿身体动作发展迅速,但仍然不成熟、不协调,通常在精细动作发展和对准确性要求较高的方面,女孩更优于男孩。幼儿之间的个体发展差异很明显,主要与他们的先天身体素质、个性和家庭教养环境有关。

小班开展的综合主题活动要为幼儿提供尽可能多的活动机会和条件,形式灵活,尽量以游戏贯穿整个活动。当看到幼儿之间的发展差异时,要充分理解和接

---

[1] 林崇德. 发展心理学 [M]. 北京:人民教育出版社,1995.
[2] 科普尔,布雷德坎普. 0—8岁儿童发展适宜性教育 [M]. 刘焱,等译. 北京:中国轻工业出版社,2021.

纳，并为每个幼儿提供促进发展的支持和引导。

（二）小班幼儿靠行动来认知

幼儿初期的无意识记忆占优势，凡是幼儿感兴趣的、印象鲜明的、强烈的事物就容易被记住，让记忆服从于一定的目的仍有困难。在教育的影响下，有意识记忆才逐步发展起来。3—4岁幼儿正处于直觉行动思维到具体形象思维的过渡时期，具体形象性是主要特点。所谓具体形象思维，是指儿童的思维主要是凭借事物的具体形象或表象（即凭借具体形象的联想）来进行的，而不是主要凭借对事物的内在本质和关系的理解（即凭借概念、判断和推理）来进行的。例如，一个幼儿看到闹钟的指针每天嘀嗒嘀嗒地移动，就猜想里面可能有个小人在推着它走，甚至会拆开去看个究竟。[1] 这个阶段的思维特点让他们的认识在很大程度上依赖于行动。小班幼儿在行动前往往不能说出将要做什么，经常是做完之后看到结果，才说出自己做的是什么。

在选择综合主题活动的内容时，要选择适合小班认知水平的内容，强调生活化、自然化，有助于幼儿通过直接感知、亲身操作和真实体验等获取直接经验的方式获得有益的新经验。教师要充分理解和接纳幼儿"边做边说""先做后说"的典型行为，鼓励他们用动作、肢体语言来表达自己的感受和想法，获得参加活动的快乐体验。

（三）小班幼儿爱模仿

爱模仿是小班幼儿典型的行为特点，他们爱模仿教师、家长和同伴，在模仿中学习和发展，模仿可以成为他们学习的动机，也可以成为他们学习他人经验的过程。幼儿的模仿行为不一定都是消极的，他们也会在模仿的基础上加入自己的理解，并用自己的方式表达出来。

教师在确定综合主题活动内容时，需要关注到小班幼儿爱模仿的特点，选择并挖掘幼儿感兴趣的、身边事物的积极因素加以利用。教师也要理解和接纳幼儿的模仿行为，并规范自身的言行举止，努力创造积极的语言行为环境，为幼儿在

---

[1] 林崇德. 发展心理学[M]. 北京：人民教育出版社，1995.

日常生活中的模仿学习提供有益的对象。例如，在北京大学附属实验学校幼儿园"快乐的小手"小班主题活动中，教师围绕"小手真能干"开展了丰富的生活、区域、教学和家园活动，让幼儿充分体验到"自己的事情自己做"的成功感和自信心。幼儿在主题活动中经历的各种做事的过程主要以模仿学习为主，教师鼓励幼儿在模仿后积极尝试，提高幼儿的自主意识和动手能力。

（四）小班幼儿情绪作用大

儿童每天都在体验许多情绪。情绪贯穿于儿童的每一种活动中，由大大小小的事情所引起，也就是说儿童周围的人和事引发他们产生情绪。如何理解和表达自己的情绪并理解他人的情绪，是发展社会能力的关键因素。[1]之所以小班幼儿情绪作用大，是因为这个年龄期的孩子对情绪的理解和调控能力还不成熟，情绪反应变化也很快。

教师在选择综合主题活动内容时，要尽量从幼儿熟悉的、感兴趣的、有能力做到的角度出发，以增强幼儿的安全感和自信心。教师还应在理解幼儿的基础上体贴、关爱幼儿，帮助幼儿建立对班级、教师、同伴的归属感，鼓励幼儿向他人表达自己的情绪，认同幼儿的各种情绪都是真实正当的、对他们的发展都是有作用的。例如，幼儿可能在"我爱妈妈"的主题活动中，因想到妈妈而哭泣或情绪低落，教师要及时关注并安慰幼儿，用其他有趣的活动转移幼儿的注意，缓解情绪带来的行为反应。

二、中班幼儿年龄特点及对综合主题活动内容的启示

（一）中班幼儿活动水平明显提高，需要更为丰富充实的活动

中班幼儿与小班幼儿相比，动作能力明显发展，活动的积极性有了极大提高，探索的欲望更为强烈。他们经常活动的范围从班级内逐渐扩展到班级外、楼道的公共空间、户外场地及幼儿园周边、社区。

由于中班幼儿的活动空间扩大，可探索的区域也不断扩大，感兴趣的事物更

---

[1] 克斯特尔尼克，等. 儿童社会性发展指南——理论到实践[M]. 邹晓燕，等译. 北京：人民教育出版社，2009.

加多样，因此综合主题活动内容的选择范围，要随幼儿活动空间的扩展而不断丰富。例如"幼儿园的树""有趣的标志""帮助我们的人"等主题活动，就是为了满足幼儿在不断扩大的活动探索空间中产生的问题解决需要。

（二）中班幼儿自主性和主动性不断发展，需要宽松、安全的环境支持

中班幼儿语言表达、思维能力不断发展，主动性和自主性不断提高，有自己的想法，更愿意在活动中尝试运用自己的想法去解决遇到的各种问题，具备一定的参与活动的热情和能力，能提出自己的意见，参与简单的讨论，乐于通过努力完成自己选择的、感兴趣的活动。

在选择综合主题活动内容时，要营造平等、宽松的氛围和安全的环境，支持幼儿充分表达自己的想法和意见。在确定综合主题活动内容时，可以尝试与幼儿讨论，多听听他们的感受，了解他们的兴趣，评判他们的水平，让主题活动具有一定的挑战性，引发幼儿的自主参与和主动学习。

（三）中班幼儿游戏水平极大提高，需要不断扩展游戏空间

中班幼儿爱玩、会玩，能够自己选择游戏的主题，制定游戏的规则，愿意尝试多种玩法，创编新的游戏，游戏能力和游戏积极性都有较大发展。

综合主题活动的内容要具有可探索性和可游戏性，激发幼儿参与的积极性，吸引幼儿在活动中主动尝试、探索、交流和表达。例如：在"纸桥大挑战"主题活动中，幼儿对不同性质的纸进行探究，动手比较哪种纸桥最结实；在"有趣的沉浮"主题活动中，幼儿观察多种材料的沉浮现象，探索材料如何影响沉浮的变化；在"好玩的水"主题活动中，幼儿探索使用多种工具运输水的不同结果……这些主题活动游戏性强、变化多样、材料丰富、具有一定的挑战性和探索性，会吸引中班幼儿主动参与活动。

（四）中班幼儿同伴交往的需求与能力进一步发展，需要更广泛的社会交往机会

中班幼儿的社会性和交往能力不断发展，交往的空间也不断扩展。他们从小班时关注自我和身边的人，逐渐开始关注自我之外的人、事、物。他们的社会性规则行为还在发展中,虽然在日常交往中容易与同伴发生冲突,但仍然愿意尝试与同伴一起做事,同伴间的合作协商能力不断发展。

在选择综合主题活动内容时,可以创设更多让幼儿与同伴交流、协商、合作做事的机会和条件,鼓励幼儿尝试小组活动,引导幼儿听取他人的想法和意见,初步接纳与自己不同的想法和做法,发展合作做事的能力。由于中班幼儿开始关注自己之外的更多事物,可以开展"帮助我们的人""我的朋友""为幼儿园做事情""帮助弟弟妹妹"等综合主题活动,为幼儿体验共同做事、扩展交往空间提供适宜的支持。

(五)中班幼儿想象、创造能力不断提高,需要更丰富的表达与表现空间

中班幼儿思维更加活跃,敢想、敢说,想法更加多样,想象和创造能力不断提高。他们表达想法和创造的方式多种多样,语言、绘画、手工、故事表演、音乐、舞蹈等,都是表达想象和创造的途径。根据《指南》中关于"重视幼儿的学习品质"的内容,教师应重视培养幼儿的"乐于想象和创造"的良好学习品质。

综合主题活动的内容应顺应和促进幼儿想象力和创造力发展的需要,为幼儿多种方式的表达和表现提供更多的可能性。

例如,在中国科学院第三幼儿园"走,去散步!"中班综合主题活动中,有一个活动是"我要出本书"。活动的第一个环节是"猜一猜",幼儿要把小组的创意用动作表演出来。每个组的幼儿都用身体表演的方法来表现他们"准备出一本书"的设计意图,各组幼儿轮流表演,让其他人猜。第一组幼儿的表演开始:两个小朋友叠在一起趴在地上,上面的小朋友从下面的小朋友的背上翻下来,一个小朋友的脸朝下,一个小朋友的脸朝上。观看的小朋友很快就猜出他们表演的是一本书,他们在表演翻书的动作。第二组一共有五个小朋友,他们用叠罗汉的方式来表演一本平放的书,一个小朋友先趴在地上,然后其他四个小朋友依次爬到前面的小朋友的背上。观看的小朋友很快就猜出来,他们表演的也是一本书,是有好多页的厚书。孩子们以自己的方式用身体表达着对书的理解,丰富的想象力和有创意的动作出乎成人的预料,可贵的是教师为幼儿的表达和表现提供了有力的支持。

三、大班幼儿年龄特点及对综合主题活动内容的启示

大班幼儿处于幼儿期的最后阶段，同时处于幼小衔接阶段，在生理、心理方面都具有典型特点。

（一）大班幼儿活动的主动性提高，活动的计划性更强

大班幼儿随着思维水平逐渐提高，不再满足追随、服从成人的想法，有了更多自己的想法，并愿意将想法付诸行动，愿意参与活动设计、策划、组织、实施的全过程，愿意承担活动任务，在活动中体验成功的快乐。这些表现都说明，大班幼儿参与活动的主动性不断提高，活动的计划性逐渐增强。

在选择综合主题活动内容时，可依据大班幼儿的这些特点来扩展内容选择的角度，丰富主题活动的形式。在活动前期的内容选择阶段，教师要敏锐观察幼儿的兴趣和需要，鼓励幼儿参与主题制定的讨论，与幼儿共同制订活动计划，确定活动内容的可行性。教师要放手、放权，把活动、做事的机会留给孩子，教师的主要任务是收集材料，创设学习环境，寻找可利用的资源，为幼儿的活动做好支持和引导，让幼儿真正成为活动的主人。

（二）大班幼儿的自我控制能力不断提高

相较于中班幼儿，大班幼儿的神经系统成熟很多，自我控制能力明显增强。很多幼儿可以辨别是非，自己形成判断并适当约束自己的行为，自觉遵守保证他人安全、使人友好相处的行为准则，规则意识、坚持性也不断增强。这一阶段幼儿的自我管理能力也明显增强。

针对大班幼儿的这些特点，教师在确定主题活动内容时，要创设更多的机会，鼓励幼儿尝试有计划地做事、独立解决问题，做好活动中的自我管理，通过共同讨论来制定活动中、游戏中的规则，并自觉遵守这些规则，体验独立做事的成功感和认真负责的责任感。

（三）大班幼儿合作能力提高，更愿意与同伴合作做事

大班幼儿的注意广度有所提高，与同伴、成人交往的能力也有所增强。他们

不仅关心、关注自己的事情，也更加关心、关注周围同伴的活动，并在与同伴协商做事的过程中不断提高合作能力。他们能够提出自己的想法，也能够听取同伴的意见，通过讨论找到相对可行的做法并加以执行。

在选择综合主题活动内容时，教师要多为大班幼儿提供小组合作、与同伴共同分工、协商、研讨的机会，鼓励幼儿向同伴学习，一起讨论问题、解决问题。例如，在北京市海淀区唐家岭新城幼儿园"我的毕业典礼"大班主题活动中，对于在毕业典礼上表演什么节目、和谁表演、用什么道具和服装等，教师引导幼儿以分组的方式讨论和解决这些问题，继而产生了宣传组、舞蹈组、童话剧组等小组及相应的小组活动。幼儿自发结组并开始活动，在活动中各司其职：宣传组的幼儿负责设计毕业典礼海报，制作毕业典礼邀请卡，商量如何清楚地表达邀请内容，需要注意哪些细节等；舞蹈组的幼儿一起讨论跳什么舞蹈、选什么音乐、穿什么服装，并一起排练舞蹈动作和队形变化；童话剧组的幼儿一起制作道具，设计和练习表情、动作和情节……幼儿真正成为毕业典礼的设计者、执行者，在过程中体验着发现问题、解决问题，获得协商合作能力、语言表达能力、艺术表现能力等多方面的发展。

（四）大班幼儿思维水平提高，做事持久性增强，愿意接受挑战性任务

大班幼儿思维水平不断发展，虽然仍以具体形象思维为主，但抽象逻辑思维初步萌芽，在认识事物方面比中班幼儿更加深入。他们不仅能够感知事物表面的现象和特点，还能够进行初步的归纳和推理，主动探究事物之间的相关性、逻辑性特点。此外，大班幼儿开始尝试更加持久和深入的学习和探究，学习兴趣浓厚，一个综合主题活动往往能进行一个多月。

大班综合主题活动的内容范围更加宽泛和深入，主题内容适当丰富，主题进行的时间适当延长，内容更具有挑战性。可以围绕一个核心主题，通过几个子主题逐步展开活动，甚至可以由一个核心内容延伸出另一个相关的核心内容，继续学习和探索。

例如，中国人民大学幼儿园"我要上学啦"大班主题活动，分为"你好，小学""探秘小学""小学，我准备好啦""再见了，幼儿园"四个子主题。在"你好，小学"这一子主题下，教师关注幼儿的情绪变化，通过与幼儿讨论"要上小学，我的心情怎么样？""我担心的是什么？""关于小学我想知道什么"等问题，帮助幼儿对小学有初步的感受，同时关注幼儿的需求，为后续活动的开展做好铺垫。在"探秘小学"这一子主题下，教师充分理解和尊重幼儿的学习方式和特点，把入学准备的内容融入幼儿园的游戏活动和一日生活，切实开展实践活动。在参观小学前提前做好参观计划，了解参观流程，并记录上学路线；通过实地了解小学生的学习生活，总结小学与幼儿园的不同，了解小学的作息安排，为上小学做好相应的准备并找到应对变化的方法。在"小学，我准备好啦"这一子主题下，教师根据大班幼儿即将进入小学的特殊需求，围绕体能准备、生活准备、学习准备以及社会交往准备等关键内容，提出有针对性的帮助和指导。在"再见了，幼儿园"这一子主题下，教师充分尊重幼儿的想法，引导幼儿自行设计留给弟弟妹妹们的礼物，筹备毕业典礼等相关活动。

总之，综合主题活动内容的选择和实施，必须要尊重各年龄班幼儿的发展特点，符合各年龄班幼儿的发展水平和学习方式。教师要在理解、尊重、分析本班幼儿实际情况的前提下，依据发展目标，合理、恰当地做出内容选择，而不是凭教师的喜好和关注点而选择，或者"拿来主义"式直接使用通过不同途径获取的综合主题活动案例。

第三节 幼儿园综合主题活动内容的来源

幼儿园综合主题活动内容的来源比较广泛、自由，可以是幼儿发起的生成性活动，可以是教师发起的预成性活动，也可以是生成与预成相结合的活动。生成性活动与预成性活动相互结合，即先由幼儿发起生成性活动，随着主题活动的进展和幼儿发展的需要，教师设计内容以丰富幼儿的学习和经验的获得。另外，这种活动可能由教师预设的活动引发主题，在进展过程中幼儿的学习兴趣被极大调动，关注的内容越来越多、越来越广，教师追随幼儿的兴趣和需要生成后续的内容。"儿童的确是天生的学习者，但是他们要获得真正的学习和最佳的发展，还需要我们提供高质量的保育和教育。"[1]

---

[1] 科普尔，布雷德坎普. 0—8岁儿童发展适宜性教育［M］. 刘焱，等译. 北京：中国轻工业出版社，2021.

一、幼儿发起的综合主题活动内容的来源

教师若把儿童构想成"主导自己成长发展的主角"、积极的参与者,以及有能力、有自信的学习者,就会把儿童所知道的和所能做的当作规划和准备活动的依据,让儿童引导活动发展的方向。[1]这里提出的"幼儿发起",并不是指完全由幼儿设计和选择综合主题活动的内容,而是希望教师从两个方面去理解:一是教师在日常活动中善于观察幼儿、倾听幼儿,能够关注幼儿视角,发现并追随幼儿的兴趣和需要,从幼儿身边的事物和生活出发来选择适合幼儿理解能力和水平的综合主题活动内容。二是教师能够以经验的形式呈现学习内容,即幼儿的学习内容是通过他们能够理解的、感知到的、通过自主探究获取到的经验加以呈现,这是由幼儿的身心发展水平决定的。如何理解"经验"?我国教育家张雪门先生说:"经验不是特殊的东西,经验是和环境相接触而来的。要明白儿童的经验须从环境估量入手。儿童每天从早到晚,凡耳所听、目所见、手所触、鼻所嗅的都是经验。"[2] 3—6岁幼儿仍处于具体形象思维阶段,思维运算水平较低,还不能理解许多复杂和抽象的概念,因此,综合主题活动的内容一定得是他们身边的、生活中的、能够理解的、能够通过直接经验感受的,他们必须在活动中学习,通过动作来学习,在感知、体验、操作等具体活动中学习。

(一)源于幼儿在生活中感兴趣的事物

强烈的好奇心和求知欲是幼儿天生具有的特性。在幼儿园的一日生活和游戏中,幼儿与环境进行积极的互动,不断产生对各种事物的好奇和探究欲望。教师只要细心地观察幼儿,耐心地倾听幼儿,用心地理解幼儿,就能够及时发现幼儿感兴趣的事情、谈论最多的话题、关注的热点,而这些都有可能成为引发和生成综合主题活动的来源。

例如,兵器工业机关服务中心幼儿园"幼儿园的石狮子"大班主题活动,就是从幼儿感兴趣的园内一级文物——两尊石狮子开始的。有一天,在户外活动

---

[1] 伍兹,等. 儿童发起的游戏和学习——为无限的可能性而规划 [M]. 叶小红,译. 北京:中国轻工业出版社,2020.
[2] 戴自俺. 张雪门幼儿教育文集 [M]. 北京:北京少年儿童出版社,2009.

时，孩子们的飞盘不偏不倚地落在了石狮子的头上，他们围绕在石狮子旁正想着怎么把飞盘取下来，此时他们产生了好奇："这两头狮子为什么会在我们的幼儿园呢？""石狮子是怎么来的？"孩子们对幼儿园里的两尊石狮子产生了浓厚的兴趣，越来越多的孩子想了解石狮子的秘密。发现与探索永远围绕着孩子们，他们利用自己好奇的眼睛去观察周围的一切，用不同的眼光看待原本平淡无奇的事物。基于孩子们的兴趣和话题，教师决定借助于幼儿园里的资源开展主题活动。

随后，在与幼儿经过一番讨论后，教师结合大班幼儿的发展目标制定了主题活动目标：①能通过观察、比较的方法，采用测量、实验、调查等方法验证自己对石狮子的多种猜测。②能与同伴和教师一起合作设计"石狮子知多少"的调查计划，并能通过数字、图画、图表或其他符号记录。③能用多种工具、材料或不同的表现手法表达自己对石狮子的观察。④知道石狮子是中国特有的文物，萌发爱祖国的情感，为自己是中国人而感到自豪。幼儿围绕主题活动目标开展了一系列的探索活动：石狮子从哪儿来？怎样在石雕中区分公狮子和母狮子？石狮子有多高？怎样测量石狮子？另外，幼儿还制作了石狮子介绍册，绘制了石狮子故事书，并参与了保护石狮子的宣传活动……

又如，在北京市海淀区北部新区实验幼儿园开展的"节约粮食，光盘行动"倡议活动中，大班幼儿参观了"首都粮食博物馆"，对馆中陈列的大大小小的石磨产生了浓厚的兴趣。在观看用石磨进行粮食加工的纪录片后，幼儿围绕石磨自发地展开了讨论：石磨是怎么操作的？粮食都能磨出粉吗？石磨是谁发明的？用石磨可以加工哪些粮食？……参观活动结束后，幼儿萌发了在班里创设"我们的粮食博物馆"的想法。《指南》提倡"向幼儿介绍反映中国人聪明才智的发明和创造，激发幼儿的民族自豪感""多方面支持和鼓励幼儿的探索行为"。教师抓住这个良好的教育契机，同时满足幼儿交流及进一步学习的需要，"石磨真神奇"这一主题活动应运而生。

教师抓住幼儿的兴趣点，支持了幼儿的想法，在角色区开设了"粮食店"，为幼儿准备了各种粮食以及幼儿最感兴趣的石磨，鼓励幼儿持续探究石磨，激发主动学习的愿望。伴随着6月芒种、端午的来到，已经到了收获小麦的季节，趁着这个时节，教师和孩子们一起收割小麦、剥麦仁、磨面粉，最后做成面食。孩子们感受到了小麦从生长到被磨成面粉，最后变成美味面食的全过程，体会到了劳动的快乐，同时感受到了农民种粮食的辛苦，更萌发了节约粮食的意识。在活动中尝试用石磨将小麦磨出面粉的过程，满足了幼儿对石磨的探索。幼儿提出更多的问题：所有的粮食都可以用石磨磨成粉吗？用石磨磨出的粉可以直接做东西吃吗？石磨还可以磨出豆浆吗？……围绕孩子们的问题，教师为幼儿提供了多种粮食，鼓励幼儿尝试自己动手寻找答案。幼儿选择不同的粮食（花生、玉米、小麦）进行研磨，通过不断的尝试，幼儿发现大多数的粮食都可以通过石磨磨出粉，而像玉米等硬点的粮食需要更长的研磨时间，红豆在磨出粉时会有皮，而在刚磨完花生时，石磨上出现了一层滑滑的油，幼儿在动手感知中丰富了对粮食的诸多认知。

（二）源于幼儿对大自然的观察

幼儿善于观察事物的细微之处，乐于探索新鲜奇特的东西。在幼儿园的一日生活中，幼儿与园内的花花草草、各种树木等自然环境朝夕相处。在户外自由游戏时间，在午睡前的散步时间，幼儿都会自由地与幼儿园的自然环境发生有趣的互动。春天的小草、小花和蚂蚁，夏天雨后的小蜗牛、爬出地面的小蚯蚓、草叶上的小露珠，秋天黄叶子最多的那棵树、最先掉落的叶子，冬天的雪花和冻成冰的小水池……都会成为幼儿关注和探究的焦点。大自然中植物、动物的生长变化，带给幼儿多种多样的探索发现和学习机会，幼儿对大自然的自由观察、自主探究，都能成为综合主题活动取之不尽、用之不竭的源泉。

例如，北京市大兴区第七幼儿园"树朋友的变化"大班综合主题活动，就是因幼儿对园中各种树木的观察所引发的问题而产生的探究活动。"幼儿园有多少棵树？""哪棵树最粗？哪棵树最高？哪棵树最矮？""为什么一棵银杏树结果，另一棵银杏树不结果？"教师结合幼儿观察产生的问题，开展了一系列活动。

（三）源于幼儿对文学作品的喜好

幼儿喜欢听故事，爱模仿是他们的典型特点。当幼儿熟悉了很多文学作品中的情景和人物后，他们会自发地模仿故事中的对话和人物。中、大班幼儿常常在自发模仿游戏的基础上，围绕故事表演的需要进行更丰富的活动。如，在美工区制作表演服装，在语言区描绘故事场景，在表演区自编自演故事情节……当幼儿开始出现这些行为的时候，就是教师追随幼儿兴趣，结合多领域发展目标，生成主题活动的恰当时机。

例如，中国科学院第三幼儿园"西行游记"大班主题活动，就是源自幼儿对《西游记》的喜爱。在生活过渡环节中，有的孩子主动跟同伴分享自己听到的故事，有的孩子模仿《西游记》中的角色，还有的孩子哼唱《西游记》动画片中的《白龙马》主题曲等。教师关注到幼儿的这些表现，充分挖掘《西游记》中的教育价值，与幼儿讨论协商后，决定开展"西行游记"综合主题活动。通过分享《西游记》故事、收集并展示关于《西游记》主角的艺术作品和书籍、体验角色扮演、收集《西游记》的相关信息、制作西游法宝和道具、讨论与分享等一系列活动，幼儿的兴趣被充分调动起来，积累了与主题相关的大量经验。

又如：北京市海淀区唐家岭新城幼儿园小班幼儿在一次阅读活动中喜欢上了一本《神奇糖果店》的绘本。该绘本故事情节有趣，想象丰富，让孩子们忍俊不禁。孩子们在生活活动中经常自发地模仿故事中的语言和动作，有的幼儿在搬椅子的时候说："我吃了神奇大力糖，我的力气变大啦！"有的孩子在游戏中说："我吃了隐身糖，你们都看不见我啦！"教师发现孩子的兴趣点，结合小班幼儿健康领域目标的发展需要，设计了"神奇糖果店"综合主题活动。在活动中，教师创设幼儿喜爱的糖果店情境，引导幼儿收集不同的糖果，通过看、摸、闻、尝等多种感官感受用糖果进行多种游戏，引发幼儿探究糖果的兴趣，对糖果按照颜色、形状等进行分类，引导幼儿了解多吃糖对牙齿的危害，萌发爱护牙齿的健康保护意识，学习正确的刷牙方法等。

（四）源于幼儿身边关注的事件

幼儿对自己身边发生的事情非常敏感，幼儿身边的环境和人群中发生的事情会以不同的方式影响着幼儿，幼儿在环境中体验着人与人、人与物之间的关系，这也是幼儿的社会性逐渐发展的表现。《指南》中提出："人际交往和社会适应是幼儿社会学习的主要内容，也是其社会性发展的基本途径。幼儿在与成人和同伴交往的过程中，不仅学习如何与人友好相处，也在学习如何看待自己、对待他人，不断发展适应社会生活的能力。"当发现幼儿对身边的某些人、事、物感兴趣，并产生带有共性特点的语言沟通、交往行为等具体表现时，教师可以此作为教育契机，并开展相关的综合主题活动。

例如：大班幼儿在第二学期会面临即将入学的事情，每到四五月份，孩子们会越来越多地讨论有关"上学"的话题：小学是什么样的？小学生怎么上课？有没有玩的时间？没有新朋友怎么办？小学教师是不是和幼儿园教师一样好？书包里都放哪些东西？有多少作业呀？……孩子们每天都有许多要讨论的问题，还有的孩子把家长准备好的书包和学具带到幼儿园，家中有哥哥姐姐的孩子更是将自己看到的哥哥姐姐上学的情况讲给同伴听。有的孩子期待，有的孩子紧张，有的孩子开始担心。大班教师常常在这样的情况下，生成"我要上学啦""哈喽！小学！"等综合主题活动，通过系列活动帮助幼儿了解小学，组织幼儿参观小学，比较小学和幼儿园的不同，做好入学的心理准备，缓解入学焦虑。同时，教师在活动中为幼儿提供了充分的交流、分享、讨论机会，引导幼儿学习主动介绍自己，尝试认识新朋友的好方法，练习制订计划和有序做事，并且尝试独立解决生活、学习中遇到的问题等。

又如：在新型冠状病毒肺炎疫情后，幼儿园一直处于常态化防控阶段，幼儿的在园生活发生了些许变化，增加了更多的卫生、消毒等方面的要求，与幼儿有直接关系的就是每天的洗手环节。北京大学医学部幼儿园的大班幼儿在日常洗手过程中提出了疑问："洗手真的能洗掉小细菌吗？""细菌长什么样啊？"一个幼儿的提问引发出更多幼儿的讨论，有的说："细菌是看不见的。"有的说："如果不洗手，细菌被吃到肚子里，我们就得生病了。"教师及时抓住教育契机，经过和幼儿讨论商量，最后决定以"健康防病的秘密"为主题，充分借鉴北京大学医学部专家资源和家长资源，引导幼儿进一步了解微生物，知道如何预防病菌、保护自己，在日常生活中养成良好的卫生习惯。幼儿和教师在家长的支持下，做了"手上到底有没有细菌"的实验。幼儿分成两组，在户外活动后，一组幼儿直接在培养皿上擦涂手指，另一组幼儿按照"七步洗手法"洗手后，再在培养皿上擦涂手指。家长将两组培养皿拿到实验室中做恒温培养，第二天家长带来了实验结果，幼儿清楚地看到洗手和不洗手的细菌对比，明白了洗手的重要性。随后幼儿在家长的帮助下认识了显微镜，看到了各种微生物的样子，和家长一起收集生活中有用的微生物，做馒头发酵实验，最后将自己在活动中的认识和发现通过小组讨论用不同的方式表达、宣传出来，让更多的人知道健康防病的好方法。

二、教师发起的综合主题活动内容的来源

这里谈到的"教师发起",是指教师依据《指南》《纲要》中的发展目标,结合幼儿年龄特点,预设综合主题活动的结构和内容。预设的内容可以从幼儿园园本课程中积累的优秀主题活动案例中选择,也可以是教师依据本班幼儿发展水平而设计的。需要注意的是,无论是现成的优秀主题活动案例,还是新设计的主题活动案例,都需要结合幼儿兴趣和需要的变化及时调整和更新。也就是说,主题活动即便是预设好的内容,也不是在实施过程中一成不变的,而应在观察分析本班幼儿参与状态的过程中灵活调整,以调动幼儿主动参与的积极性,引发幼儿在活动中主动学习。

教师发起的综合主题活动以预设内容为主,主要从两个方面思考:一是当教师没有把握将幼儿的兴趣随机转化为综合主题活动时,可以借助于已有的优秀主题活动案例,对接本班幼儿的近期发展目标,结合幼儿的兴趣和实际发展水平来预设综合主题活动;二是当教师无法确定班级幼儿的兴趣点或者幼儿的兴趣点不明确时,可以从幼儿的发展需要切入,对接发展目标来预设综合主题活动。

(一)源于各学科领域内容

幼儿园课程一般围绕《指南》中的五个领域(即健康、语言、社会、科学、艺术)来实施,各领域目标往往是教师设计主题活动的基本来源。

例如:针对健康领域,大班有"我换牙了"主题活动、中班有"我运动我快乐"主题活动、小班有"多吃蔬菜身体好"主题活动;针对社会领域,大班有"帮助我们的人"主题活动、中班有"好朋友"主题活动、小班有"我爱我家"主题活动;针对科学领域,大班有"神奇的风"主题活动、中班有"颜色变变变"主题活动、小班有"图形宝宝"主题活动等。这些主题活动的内容都是通过来自各领域的核心目标而设计和实施的。需要注意的是,虽然内容选自某个领域,但在实施过程中不限于该领域,往往各领域在有所侧重的基础上综合发展。

(二)源于传统文化教育

中华优秀传统文化博大精深,凝聚着中华民族自强不息的精神追求和历久弥

新的精神财富。自中国共产党第十八次全国代表大会以来，党中央高度重视中华优秀传统文化的历史传承和创新发展。加强中华优秀传统文化教育，既是当务之急，也是百年大计、千年大计；既功在当代，也会泽及后世子孙、增进人类福祉。加强中华优秀传统文化教育，树立文化自觉，增强文化自信和价值观自信，用博大精深、源远流长的中华优秀传统文化滋养幼儿，引导幼儿做"自豪的中国娃"。

中华传统文化教育的内容多种多样，教师需要依据幼儿年龄特点和理解水平进行适当选择，不能盲目选择和使用。例如，剪纸、泥塑、年画、瓷器等艺术类，以及京剧、皮影戏、地方性戏曲等中国戏曲类中，都有幼儿能够理解的、有教育价值的内容，教师需要依据幼儿的年龄特点和发展水平，进行恰当的选择。

（三）源于常见节日和纪念日

中国的传统节日形式多样，内容丰富，是中华民族悠久的历史文化的组成部分。中国的节日有很强的内聚力和广泛的包容性，这与中华民族源远流长的历史一脉相承，是一份宝贵的精神文化遗产。中国的传统节日承载了丰富的文化内涵，大部分节日在先秦时期已初露端倪，到唐代已经从原始祭拜、带有禁忌神秘的气氛转为娱乐礼仪型佳节，节日变得欢快喜庆，丰富多彩，许多体育、享乐的活动内容出现，并成为一种流行的时尚。这些风俗一直延续发展，经久不衰。在中国的传统节日（如中秋节、端午节、春节、元宵节等）中有极具中国特色的节庆活动，蕴含着诸多可挖掘和利用的教育价值，幼儿应在节日中自主表达和表现，体会到中华传统文化的魅力。

此外，一些节日或纪念日也具有教育价值，可以成为主题活动的设计资源。如在"五一劳动节"前后，教师与幼儿一起观察和了解幼儿园中的劳动者、幼儿身边的劳动者，尝试体验他们的工作，感受他们的辛苦和不怕困难的精神。北京明天幼稚集团的大班幼儿在"五一劳动节"前开展了"我身边的劳动者"主题活动，并在活动中分组体验幼儿园各岗工作人员的工作。一组幼儿跟随幼儿园的保洁阿姨用墩布擦楼道，一组幼儿跟幼儿园门口的保安叔叔学习简单的搏击动作，一组幼儿跟随保健医生查看和记录各班小朋友的户外活动，一组幼儿在厨房里帮助厨师择菜，还有一组幼儿跟随园长站在幼儿园门口做晨间接待的小朋友。在体验一天后，幼儿纷纷表示："叔叔阿姨和老师的工作好辛苦呀！"经历了这样的活动之后，幼儿对身边的人产生了发自内心的尊重，爱护他们的劳动成果，萌发出对辛勤劳动之人的敬仰之情。

另外，"三八妇女节""学雷锋日""环保日""植树节""节水日"等节日和纪念日，也可以作为教育资源，并提供对幼儿发展有利的价值。

（四）源于家长和社区资源的利用

一些幼儿园位于大学、部队或其他社区中，幼儿每天在校园、社区、部队大院中生活，耳濡目染和感受着特殊的文化熏陶。社区资源和家长资源也可以成为综合主题活动内容的来源。

例如：飞天幼儿园的很多幼儿家长都是航天科技研究人员，从事着宇航员在太空的衣食住行的研究工作。该园幼儿受家长工作内容的影响，对航空知识的兴趣和了解多于其他幼儿园的幼儿。在2021年4月，长征五号B遥二运载火箭成功将天和号（这是中国空间站第一个也是最重要的一个舱段——核心舱）送入高度340～450千米的近地轨道。属于中国空间站的在轨组装建造大幕正式拉开。幼儿在观看了火箭发射的过程后，为祖国感到骄傲，为自己的爸爸妈妈感到自豪，由此萌发了"长大后，我也要当航天员"的梦想。他们向往太空生活，迫切地想要知道怎样才能当航天员，以及航天员的真实生活情况。孩子们开始通过读书、看电视、在网络上检索、询问爸爸妈妈等途径搜集自己想要了解的信息，但这些远远不能满足孩子们的探索需求，他们更想走进航天城，直接面对航天员，了解航天员的衣食住行，以及怎样才能当航天员。结合幼儿的探索需求，该园的综合主题活动应运而生。

又如：北京空军直属机关蓝天幼儿园地处空军大院，孩子们在三年的幼儿园生活中耳濡目染到的军营文化氛围，在每一名小朋友的心中都留下了深深的印象。孩子们对神秘的军营既熟悉又陌生，对军营有强烈的好奇心。军营文化中有很多优秀的品质与当前幼儿的发展需求相符合。例如，军人的坚强、勇敢和坚持，"闻令而动、行动迅猛"的执行力、"坚决完成任务"的责任感、"有我必胜"的信念等，都是宝贵的精神财富。他们做事迅速、认真、有序，这些宝贵的品质会为幼儿形成良好的学习品质、为将来的小学生活乃至终身发展打下基础。教师尝试从儿童视角出发，重视幼儿的参与和表达，通过与解放军官兵、军营生活的密切接触，帮助幼儿增加对军人职业的了解，培养爱解放军、爱空军、爱国家的积极情感，并为入学做好准备。由此，"我是小小兵"的综合主题活动产生了。通过活动的开展，幼儿能够进一步了解军营生活，增加对军人职业和军事知识的了解，培养热爱、崇敬、尊敬军人的情感。通过学习军人的活动，幼儿能够感知军营的整齐美，用多元方式表达自己的所思所感，提高自我管理能力，确定自己在生活或学习中的目标或任务，并且想办法完成。幼儿能够体验时间在完成任务中的重要性，建立时间观念和任务意识。通过各种军事游戏（军训、阅兵、远足等），幼儿能够发展体态体能，加深对空间、距离的感知，学习使用记录、比较等方法，学会辨识标记并用标记和符号做计划与记录。

（五）源于地域本土文化特色的影响

中国地域辽阔，民族众多，各地文化经过几千年的发展，带有鲜明的地方特色，并且具有中华文化的共性。地域文化主要表现在生态、民俗、传统、习惯等方面。地域文化是重要的课程资源，成为幼儿园教育领域的共识。围绕地域文化特色的幼儿园课程的理论研究和实践探索层出不穷。以其为基础构建幼儿园课程，设计综合主题教育活动，既是对中华优秀传统文化的传承，也为培养幼儿爱祖国、爱家乡、建立归属感提供了社会性发展的条件。

例如：北京市海淀区富力桃园幼儿园"美丽的北京我的家"大班主题活动，就源自幼儿在国庆假期后讨论并分享各自的旅游经历。很多幼儿谈到了北京的天安门、故宫、北海公园、天坛公园等名胜古迹。《指南》中提到，要用幼儿喜闻乐见的形式激发他们爱家乡、爱祖国的情感。教师抓住这个教育契机，为满足幼儿交流以及进一步学习的需要，形成了"美丽的北京我的家"主题活动，具体包括"我眼中的北京""独特的北京""我们一起去秋游"三个子主题。在主题活动的开展中，幼儿通过走访、参观、网络资料搜索等途径，了解北京的古迹、风俗、饮食、文化等方面的特点，在区域游戏中创建"老北京游戏区"，收集具有北京地域特点的陀螺、拨浪鼓、皮影、弹球、挑棍儿、小人书等，进行游戏体验。另外，幼儿还在建筑区搭建北京四合院，在表演区制作皮影并进行《三打白骨精》的皮影戏剧表演，在美工区玩剪纸、泥塑等。

又如：福建省福州市马尾实验幼儿园地处福州市马尾旧城区，毗邻马尾造船厂，为福建船政学堂旧址。该园在园本课程建构中充分挖掘附近的马尾造船厂及船政主题公园的教育价值。为了让幼儿充分感受马尾本土文化，教师和幼儿一起布置富有艺术气息的活动室，打造船政主题走廊等，将本土文化融入环境创设。在"了不起的船政学堂"主题活动中，幼儿通过参观、采访、交流等形式深入地了解当年的马尾造船厂，了解船政学堂的历史和成就，从而萌发爱家乡、爱科学、爱祖国等方面的情感。[1]

幼儿园综合主题活动是幼儿园课程的重要组成部分，从内容的选择到内容的实施，都要从儿童视角审视其价值。中国教育家陈鹤琴提出："幼儿园课程是儿童化的，不是成人化的。幼儿年龄很小，对于课程的编制，要照顾到儿童心理发展与能力，不要根据成人的经验，编制一些生硬、枯燥、高深的材料让儿童茫茫然不知所以然地得到一些糊涂、杂乱无章的知识。"教师在确定综合主题活动内容时，要尝试从关注幼儿"学什么"转变为关注幼儿"怎么学"，在走出"小学化误区"的改革过程中，促进幼儿主动学习、健康快乐发展。

---

[1] 林勤. 基于地域文化特色的幼儿园课程的现实基础和构建——以"了不起的船政学堂"主题活动为例[J]. 教育观察，2021，10(12)：7-10.

第四章

幼儿园综合主题活动的组织与实施

《指南》中指出:"幼儿的发展是一个持续、渐进的过程""幼儿的学习是以直接经验为基础",要"最大限度地支持和满足幼儿通过直接感知、实际操作和亲身体验获取经验的需要""帮助幼儿逐步养成积极主动、认真专注、不怕困难、敢于探究和尝试、乐于想象和创造等良好学习品质"。在幼儿园综合主题活动的组织与实施中,要遵循《指南》中对教师的要求和对幼儿的发展目标,以主题活动为桥梁,教师作为幼儿活动的支持者、合作者、引导者,促进幼儿在观察操作、探究尝试的过程中得到发展,养成良好的学习品质。主题教育活动实施者要"站在人和儿童的本性是'活动'的高度,把主题看成是'一段教育进程'。主题将不仅仅是存在于'观念状态'的可以分割的'计划''预期结果'或'经验',而是生成于'实践状态'的、无法分解的、整体的'教育'活动"。

第一节 综合主题活动的实施过程

在主题活动实施的过程中,首先要做好充分的前期准备,了解幼儿,了解主题,预设活动内容及流程;然后进入正式实施阶段,在这一阶段中教师要始终坚持以幼儿为活动主体,按照主题开展的基本结构循序渐进地进行各方面的主题活动,同时注重主题活动与幼儿、家庭、社会的多方向融合;最后,在主题活动结束后,教师要进行反思与记录,将主题活动开展过程中遇到的问题、教师的感悟、幼儿的发展进行梳理反思,为以后开展主题活动积累经验。

一、根据问题分析幼儿

在综合主题活动中,关于主题的最重要线索就是"兴趣"和"问题"。通过对幼儿提出的问题进行分析，教师可以获得对幼儿已有经验的了解，发现幼儿感兴趣的点，了解幼儿的心理活动和需求，使教师在开展主题活动前对幼儿有一定的了解，帮助教师预设主题活动目标及流程。

例如，在"你好，幼儿园！"小班综合主题活动中，教师在主题活动开展前，先统计幼儿对主题相关内容的感兴趣程度，然后结合问题分析幼儿，把握幼儿的年龄特点及已有经验。

一、主题背景

幼儿从亲人关心爱护的家庭环境转变到幼儿园这个陌生的环境，会或多或少地出现分离焦虑情况。在短短的时间里，他们的学习和生活将会发生重大的变化。为了帮助孩子们尽快适应学习和生活的变化，顺利地适应幼儿园，教师设计并开展了"你好，幼儿园！"小班主题活动。

（一）幼儿问题和关注度调查（见表4-1）

表4-1　幼儿问题和关注度调查表

幼儿问题	幼儿关注度
(1) 幼儿园里有什么？ (2) 我能玩什么？ (3) 谁跟我玩？	(1) 30名幼儿关注　81% (2) 27名幼儿关注　73% (3) 25名幼儿关注　68% 本班共37名幼儿

（二）关于问题的幼儿现状调查（见表4-2）

表4-2　幼儿问题调查表

幼儿姓名	幼儿园里有什么？	我能玩什么？	谁跟我玩？
泽贤	有教师	玩玩具	教师
辰月	有大滑梯	教师带我们做游戏	都跟我玩
思航	有我爱玩的玩具	玩玩具	我自己玩
奇缘	有桌子和椅子	玩球	教师和我玩
新叶	不知道	玩吹泡泡	用玩具玩
洛嘉	有教师和小朋友	我们玩游戏	小朋友

表4-2 幼儿问题调查表（续表）

幼儿姓名	幼儿园里有什么？	我能玩什么？	谁跟我玩？
依霏	我不想去幼儿园	唱儿歌	张洛嘉跟我一起玩
译聪	有书	看书	看书的时候自己看
耀天	有大树和小花	玩滑梯	教师
伊一	有教师	玩游戏	教师和小朋友
……	……	……	……

小结：通过调查，本班中的大部分幼儿对幼儿园生活有初步了解，个别幼儿的分离焦虑较严重，交往欲望有差异。

二、结合主题分析幼儿

（一）年龄特点

3—4岁幼儿开始具有最初步的对社会规则、行为规范的认识，有与其他小朋友一起活动的愿望。他们对父母有很强烈的情感依恋，对经常接触的人能够形成亲近的情感。他们的自我意识开始出现，但不会区分自己和他人的需求。同时，他们的情感、行为的冲动性强，自制力差，往往不能与人友好合作，常发生纠纷。

（二）已有经验

幼儿的社会交往范围有了一些拓展，他们喜欢与人交往，有了与其他小朋友一起活动的愿望；对父母有着很强烈的情感依恋，对经常接触的人也能形成亲近的情感；自我意识开始出现，能区分"你""我""他"。

三、预设主题活动思维导图

在开展主题活动的过程中，要重视幼儿的学习过程，但不能轻视学习结果，要重视幼儿的自我生成，但不能轻视教师的预设，要让幼儿成为学习的主人。在主题活动的组织与实施过程中，预设与生成显得尤为重要。教师需要提前根据一个研究主题进行活动预设，通过考虑主题特点、幼儿发展水平、学习规律、实际操作能力，在主题活动开始前做一个清晰、理性的思考和安排。教师不仅要为主题活动的实施设计基本框架，还要设想幼儿学习的基本框架，从而确保主题活动能为幼儿成长提供丰富的经验和价值。预设主题活动最大的特点就是目的性、计划性、可操作性强。预设不仅能使主题活动内容更符合幼儿实际，而且能让幼儿在主题活动中获得更多知识。

（一）主题活动预设意图

主题活动的预设是根据幼儿提出的感兴趣的问题，教师经过筛选，提炼出具有探究价值的核心问题，分析出幼儿的已有经验，结合发展目标制定具体活动内容。这种活动预设便于教师在开展主题活动中清晰地掌握幼儿的发展方向，同时能够有准备地迎接幼儿在自主探究活动中提出的生成性问题。

（1）预设幼儿，确定主题活动内容。预设幼儿比预设材料更为重要。对主题活动进行预设时，要着眼于全面、立足于个体、致力于主题，根据幼儿的兴趣、年龄特点设计弹性方案，为师生在主题活动过程中发挥创造性提供条件，营造幼儿想象的空间和自主建构的空间。

（2）预设目标，确定幼儿发展方向。预设教学目标是指预设教学活动所要达到的标准和境界。幼儿是学习和发展的主体，合理预设主题活动目标应该依据《指南》，从幼儿需要的角度出发，在幼儿最近发展区的基础上确定主题活动内容、预设主题活动目标。

（3）预设材料，支持幼儿自主探究。在预设主题活动材料时，教师、家长、幼儿可以一起收集与主题相关的资料，一起创设为幼儿所关注并能引起幼儿思考和探索的物质环境。可以在幼儿的玩具和周围环境中融入主题内容，也可以提前在区域中投放与主题相关的活动材料。

（二）预设的原则

在预设主题活动的过程中，教师应以幼儿为主体，凸显综合主题活动的核心经验，具体的预设原则有以下几条。

（1）推进式原则。综合主题活动是围绕问题逐一展开的。在预设活动时，应梳理好问题的来源与发展趋势，形成推进式的逐步发展态势，为幼儿一步一步地深入挖掘主题内容、深入探究实践奠定基础。

（2）综合性原则。综合主题活动是一种凸显幼儿发现问题、解决问题的活动形式，在主题领域的选择上没有侧重，五大领域均可采用探究式的主体形式。在具体主题活动的内容选择上应多元化，包含五大领域的教育内容，以促进幼儿的全面发展。

（3）最近发展区原则。幼儿的最近发展区是幼儿最有可能得到提升的空间。主题活动的预设要结合幼儿的年龄特点和已有经验，预设适合幼儿的活动内容，让幼儿在主题活动中得到收获，建立自信。

（三）思维导图呈现方式

在综合主题活动网络图的呈现上，以构建思维导图的方式组织与实施主题教育活动，改变分散型课程实施方式，突出主题的推进式发展，按照幼儿的问题层层推进活动，内容逐层拓展与深化，各环节层层递进。这样的活动跟随幼儿的兴趣与经验，而非各领域活动的拼凑。

例如："我们的图书朋友"大班综合主题活动（见图4-1）。

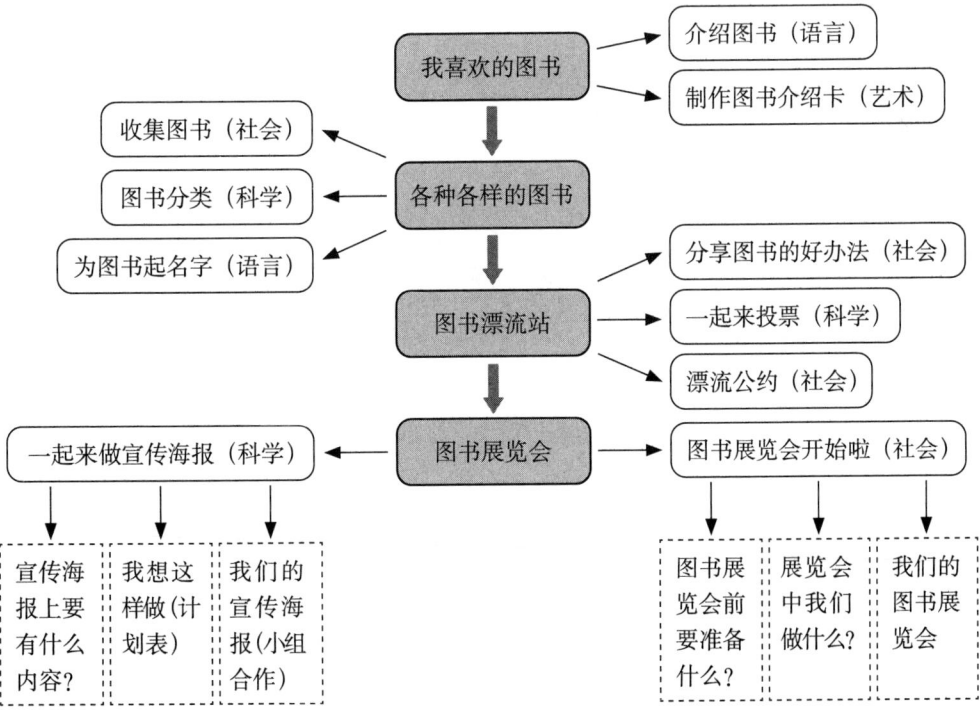

图4-1 "我们的图书朋友"主题活动网络图

从思维导图中可以清晰地看出主题活动的开展流程及内容，推进式的思维导图让教师更加明确主题活动的各部分内容，有效引导幼儿开展活动。

（四）注意事项

在进行主题活动的预设时，教师要注意时刻以幼儿为活动主体，发挥幼儿的自主性，让幼儿成为主题活动的主人。思维导图的预设能够帮助教师理清主题思路，但不是形成最终版本的主题网络图。在主题活动开展的过程中，通过跟随幼儿的兴趣和关注点，主题活动的内容随时可能发生变化，这些活动中的生成内容要与预设内容相结合，教师要灵活应对与把握，使主题活动更加完善。

四、主题活动的开展

主题活动在开展过程中伴随幼儿对主题相关内容的主动发现、自主探究和解决问题等方面，推动幼儿的自主学习和探究。综合主题活动的开展以探究为主要活动形式，融合其他多个领域，是促进幼儿全面发展的综合性活动。在主题活动的开展过程中，集体教育活动是主要的方式，同时以家长助教、亲子活动、社会实践为辅助方式。

（一）主题活动的基本结构

综合主题活动的开展主要分为五个步骤：问题导入、感知体验、自主探究、合作分享、反思回顾。这五个步骤体现了主题活动的线索，幼儿自主探究和解决问题，获得经验提升的过程。它们最直接地反映出综合主题活动的设计意图。

1. 问题导入

在主题活动中，有效的导入能够帮助幼儿迅速找到主题活动的切入点，营造良好的活动情境和氛围。在综合主题活动中，问题是主题活动开展的核心，吸引幼儿积极主动地参与活动，激发幼儿自主探究的欲望。以问题引发主题活动，凸显了综合主题活动中"发现问题，解决问题"的核心经验。以"我的区域我做主"中班综合主题活动为例，教师统计幼儿最感兴趣的问题，引导幼儿围绕问题进行谈论和猜想，带领幼儿一步步地进入主题活动（见表4-3）。

表4-3 幼儿问题调查表

幼儿姓名	中班与小班有什么不同？	中班为什么没有娃娃家？	我们可以创设什么角色区？
歆语	建筑区的位置变了。	可能是娃娃家的家具不够分给中班了。	我想创设一个冰激凌店，因为我喜欢吃冰激凌。
正航	自然角从窗户前边改到窗户后边了。	因为我们长大了。	开个家具城吧，里面有好多好多的家具，比建筑区好玩。
文祺	表演区的服装跟小班的不一样。	我们升中班了，是大孩子了，不能玩娃娃家了。	开个汽车加油站，给建筑区里的小汽车加油。
俊宇	班里的玩具好像比小班的种类多了。	娃娃家对于我们来说太幼稚了。	我想开个小餐厅，因为能吃到好吃的。
禹尧	小班的角色区是娃娃家，中班的我不知道。	可能是场地不够开娃娃家了。	要是能在小餐厅里吃好吃的，我也想开小餐厅。
瑞哲	中班没有娃娃家了。	小班的弟弟妹妹容易想家，所以他们有娃娃家。	开个小医院，给小朋友们看病。
梓睿	图书区有个大地毯和很多地垫。	建筑区把娃娃家的位置都给占领了。	我想开水果店，因为多吃水果身体好。
奕涵	班里挂的装饰变样子了。	我不知道。	开个店，卖汽车。
泽晨	中班在二层，小班在一层。	我哥哥是大班的，他们班好像也没有娃娃家了。	我也想开小餐厅，吃好吃的。
海瑶	中班有一个区是空的，什么都没有。	我也不清楚。	我想吃冰激凌。

小结：通过调查可知，班级中的大部分幼儿能够通过观察、对比，发现小班有娃娃家，而中班却没有。他们很好奇娃娃家去哪了，对此很感兴趣，并能通过交流、探讨，初步了解中班没有娃娃家的原因，对新的角色区产生共同探讨、创设的兴趣。这个主题活动的设计一开始就是从幼儿最感兴趣的点入手，幼儿们一起探究记忆中的小班与现在的中班有哪些相同与不同之处，大胆猜想"娃娃家去哪了"，进而教师鼓励幼儿共同创设新的角色区，通过创想、交流、投票等环节，使幼儿成为班级的小主人，加强幼儿对集体活动与班级环境创设的参与，符合他们

的兴趣与需要进行主题活动。

2. 感知体验

《指南》中明确提出:"幼儿的思维特点是以具体形象思维为主,应注重引导幼儿通过直接感知、亲身体验和实际操作进行科学学习"。由此可见,主题活动中的感知体验环节符合幼儿的学习特点,能够有效地帮助幼儿开展活动。例如,在"我们的图书朋友"大班综合主题活动中,幼儿通过体验感知,丰富了对图书的了解(见图4-2、图4-3、图4-4)。

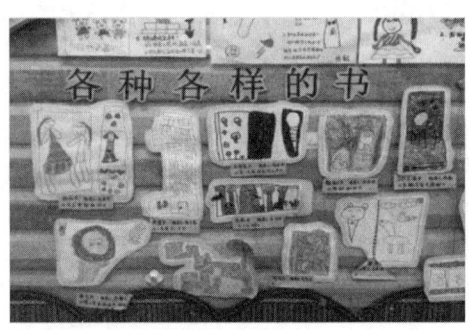

图4-2 主题墙饰

图4-3 实地感知　　　　　　　　图4-4 分享活动

在"我们的图书朋友"主题活动的开展过程中,孩子们自主寻找和收集了很多形式各样的图书,教师组织孩子们将自己收集的书带到班级中与同伴分享,丰富大家对图书形式的了解。幼儿在感知体验的过程中,了解立体书、翻翻书、折叠书、洞洞书等形式不同的书,并发现各种图书的最明显特点,为图书的种类命名,用图画的形式加以记录和呈现。

3. 自主探究

自主探究环节是幼儿充分发挥自主性的过程，是幼儿自主学习能力的体现。在这一过程中，幼儿是活动的主体，教师是幼儿活动的支持者、合作者、引导者，允许、鼓励、创造条件使幼儿与同伴互动，通过观察、思考、操作、探究的过程，实现自主探究活动的开展，从不同角度促进幼儿情感、态度、知识、技能等多方面的发展。

主题活动中的探索发现活动是一种具有开放性的低结构活动，教师根据幼儿群体的发展要求和个性经验，动态创设出个体、小组与集体三种不同的探索方式，鼓励幼儿从不同角度进行探索发现。

（1）个体探究是指在主题活动中，教师关注个别幼儿的探究兴趣，做到关注个体特征、因人而异，在探究中为幼儿提供具有层次性、多样性、个性化的探究材料。教师鼓励幼儿自主选择探究材料，主动提出问题、自主探索、发现问题，通过自己的体验和感受获得新经验。

在"我们的图书朋友"大班主题活动的开展过程中，幼儿产生了制作立体书的愿望，根据"挖土豆"的经历制作立体书。通过观看翻翻书、拉拉书、洞洞书等不同形式的图书，幼儿按照自己的想法大胆探究，围绕自己的作品分享自己的观点和经验，了解制作立体书的方法（见图4-5、图4-6）。这种学习方式能够在最大程度上满足幼儿的好奇心和探究愿望。

图4-5 了解立体书（1）

图4-6 了解立体书（2）

（2）小组探究是指在主题活动中，教师依据幼儿在个体探究中积累的经验，根据不同的特质需要，巧妙地安排小组活动。幼儿可以按照自己的兴趣、需要、愿望，自主选择活动的内容，自主选择喜欢的同伴并共同开展探究活动，较好地体现了小组合作学习的适宜性。

在制作立体书的活动中，孩子们不满足于制作一页图书，在图书区组成小组，共同制作一本立体书。他们一起讨论图书制作的内容和多种形式，并制订制作计划，根据自身的特长和能力商讨分工，最终一起合作制作一本《挖土豆》立体书。在材料选择、形式变化、动手操作的过程中，孩子们自主探究，形成小组探究学习的模式。幼儿在合作探究、交流的过程中，调整自己的认识，发现问题、分析问题、解决问题的综合能力得到了充分提高（见图4-7、图4-8）。

图4-7　合作探究（1）

图4-8　合作探究（2）

（3）集体探究是指在小组活动的基础上，教师针对幼儿的发展水平、已有经验与主题活动目标之间差距的价值判断，有计划、有目的地组织和开展集体活动的过程。幼儿通过在群体中的经验分享、合作、概括和提升，各种潜在能力得到充分挖掘。集体探究是幼儿与教师共同归纳、提炼新经验的过程。

在"我们的图书朋友"大班主题活动中，小朋友们带来了不同形式的图书，激发了他们想看书的愿望。于是，孩子们提出"大家都想看书怎么办？"的问题，根据问题积极想办法，最终达成一致意见。他们想参照图书馆的图书管理原则，明确借书要求、借书时间和还书时间。大家共同讨论、协商并投票，最终达成共识——创建班级图书漂流站。这种从个体探究到小组探究，最后归结到集体探究的学习方式，是幼儿能力循环上升的过程。在这个过程中，他们从最初的疑惑到最后的解答，以及知识的同化和顺应，从简单的交流互动到复杂的冲突协商，这种有效的学习不仅唤醒了幼儿的原有经验，他们也获得了新的学习经验（见图4-9、图4-10）。

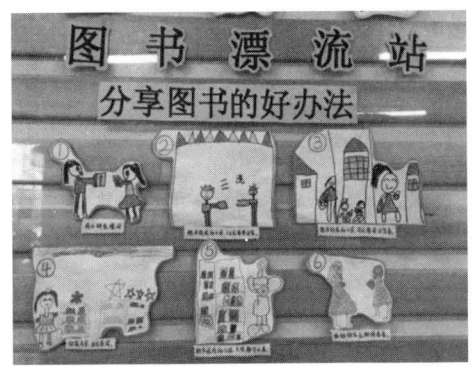
图4-9 主题墙饰

图4-10 小组探究

4. 合作分享

在主题活动的实施过程中，教师常常会根据不同的主题内容，设计出形式各异的合作与分享方式，这些方式将灵活运用于主题活动的各个环节中，能够对幼儿的阶段性学习起到概括和总结的作用，还能够拓宽主题活动，产生更大的生成空间。

在"我们的图书朋友"大班主题活动中，在主题活动开展的最后阶段，班级中的幼儿想把班里的奇特图书展示给全园幼儿。通过商讨，大家生成了一次图书展览活动。孩子们商讨活动方案，敲定活动形式，最终向全园幼儿展示图书、讲述故事、展示立体书的制作方法。通过图书展览会，主题活动中的重点部分得到了展示，不仅让全园幼儿了解了多种形式的图书，还让大家了解了立体书的制作方法。大班幼儿不仅梳理了自身在主题活动中的经验与收获，也让更多的幼儿对立体书有了较深的了解。在图书展览会中，幼儿体验了共同分享和学习的乐趣，进一步激发了幼儿对主题活动的兴趣（见图4-11、图4-12）。

图4-11 集体探究

图4-12 同伴分享

5. 反思回顾

在主题活动即将结束时，多种形式的分享和展示活动，不仅是对整个主题活动的小结，还是对主题活动结果的呈现，同时起着反思、聚焦、提升的作用。教师能在反思中归纳教学的得与失，做到取长补短；幼儿能在展示的过程中再次聚焦话题，提升经验，引出下一个研究话题。因此，反思回顾阶段是当次主题活动的尾声，也是新一轮学习的开始。

（二）主题活动延伸

1. 区域活动

区域活动在主题活动的开展过程中发挥着重要作用。做好区域活动材料的投放和指导，在主题活动目标下做好区域的设置，能够更好地促进幼儿的全面发展。

（1）主题目标下的区域设置。首先，应考虑的是区域环境的创设。教师应将班级主题活动与区域游戏相联系，使幼儿在游戏中完成活动目标，最大限度地发挥幼儿的主动性和探究性，并且在区域环境中体现主题活动的基本内容。因此，在区域环境创设中，应以主题活动为背景，创设适宜的区域情境，使幼儿在情境中学习，提供各种操作材料，让幼儿在体验、感受中自主学习、快乐游戏。

其次，应考虑的是主题目标下区域活动的开展。教师应根据主题活动的内容要求和幼儿的需要，创设与主题相符的区域，区域活动能够促成主题目标的完成，促进幼儿在主题环境下发展。

以"拯救大南瓜"中班主题活动中区域活动的开展为例：各个区域活动是一个有机的整体，教师以南瓜为主线，通过用贴画换南瓜食品激发幼儿参与活动的热情，幼儿可以根据贴画的个数来换取不同口味的南瓜粥和南瓜饼，教师以此鼓励并肯定幼儿的良好表现，使其获得成功的体验。通过外带业务，幼儿还可以用自己的贴画去换取相应的食物，并且将换得的食物带回家中与父母分享。在餐厅制作食品的幼儿可以感受到自我实现的成功感，还可以在小肌肉发展、团队合作、社会交往等方面得到不同程度的锻炼。巧巧手、五彩乐园的幼儿可以制作南瓜装饰画、餐券、南瓜纪念品来南瓜餐厅换取贴画，但是前提是需要服务生认为作品合格，如果服务生认为作品不够好，那么他们会提出相应的修改意见。通过观察，幼儿在图书区制作了《搬南瓜》《圣诞老人的礼物》《南瓜变变变》等自制图书，激发了更多小朋友的创作欲望。幼儿与爸爸妈妈收集了许多关于南瓜的资料，了解到南瓜属于葫芦科、南瓜的营养价值以及更多的形态。在切开南瓜后，幼儿发现南瓜里有种子，于是教师和幼儿一起将种子种到了自然角（在不同的环境下——有水的，没水的，盖上湿毛巾的，种到土里的），幼儿可以观察南瓜在不同环境中的生长情况。另外，教师可以通过区域活动的开展过程，评价幼儿的活动效果，促进幼儿的自主发展。

（2）主题目标下区域活动的指导。在区域活动中，教师应以引导者、参与者、合作者的态度进行指导，使自己融入幼儿的活动，满足幼儿在活动中的需要。因此教师在开展区域活动时，一定要把握好适时、适宜、适度的指导。

首先，教师要善于观察幼儿的活动表现。在区域活动中，教师要积极发挥主导作用，结合主题活动目标，进行有效的指导，帮助幼儿解决遇到的问题，并注意观察幼儿的言行举止，根据幼儿的表现进行逐步引导，推动幼儿深入学习，给幼儿创设更大的自主活动空间，让他们在自由宽松的气氛中游戏。

其次，教师要提供适当的支持。当幼儿遇到问题并求助教师时，教师应结合主题活动的开展现状，给予适当的帮助和支持，协助幼儿解决问题。对于幼儿的指导，教师要多用启发的方式，给幼儿解决问题留有空间，而不是把答案直接给幼儿，尽量让幼儿自主去探索、发现、解决，使幼儿真正成为区域活动的主人。

最后，教师的区域指导语言要有艺术性。幼儿在进行主题目标下的区域活动时，教师的指导语言要恰当，在不干扰幼儿活动的前提下，运用生动形象、富有趣味的启发性语言帮助幼儿解决问题。

2. 家园合作

《纲要》中指出："家庭是幼儿园重要的合作伙伴。应本着尊重、平等、合作的原则，争取家长的理解、支持和主动参与，并积极支持、帮助家长提高教育能力。"因此，在主题活动的实施阶段，家长可以参与的活动有以下几种。

（1）家长参与主题资料的收集。在收集资料的过程中，家长可以协助孩子完成资料收集工作，而不是代替幼儿完成，家长要把握资料的有效性和适用性。

（2）家长助教活动。教师可以在主题活动的准备阶段，对家长的情况做简单调查，建立家长智囊团，选择有能力的家长，或者根据主题活动需要请家长担任"教师"，对孩子们进行教育活动。家长进课堂，为我们的教育增添了新活力，不仅丰富了幼儿的知识经验和社会经验,也拓展了教师的教育方法,弥补了教师在思维方式上的局限性,使主题活动更加丰富多彩。

(3)亲子活动。亲子制作、亲子阅读、亲子美食大比拼、亲子运动会、亲子远足等,都是在主题活动的过程中经常开展的家长参与的活动形式。通过家长的广泛参与,主题活动会显得更加生动精彩。

(三)生成主题思维导图

幼儿是主题活动开展的中心。一方面,我们依据幼儿的兴趣、经验、需要,设计主题活动推进线索和网络图;另一方面,我们预设的网络图并不是固定的,而是根据幼儿的经验变化、新问题的产生而调整的。例如,在"运动真快乐"主题活动中,中班与小班的户外场地不同,教师根据幼儿的问题生成活动,跟随幼儿对户外场地的探索,以及各种玩具的玩法,计划开展一场运动会(见图4-13)。但在活动中,孩子们发现球有很多种,并且对足球产生了浓厚的兴趣,因此教师根据幼儿的需要和兴趣,生成了一系列对足球的探索活动(见图4-14)。

通过预设图(见图4-13)和生成图(见图4-14)的对比可以看出,在主题活动开展的过程中,教师跟随幼儿的兴趣点,以幼儿为主体,在主题活动中将原本设计的"我们爱运动"环节调整为更加具体的"各种各样的球",以球为主要运动材料,引导幼儿深入探究球的各种玩法,并鼓励幼儿与同伴进行合作游戏,在游戏的过程中发挥幼儿的主动性。

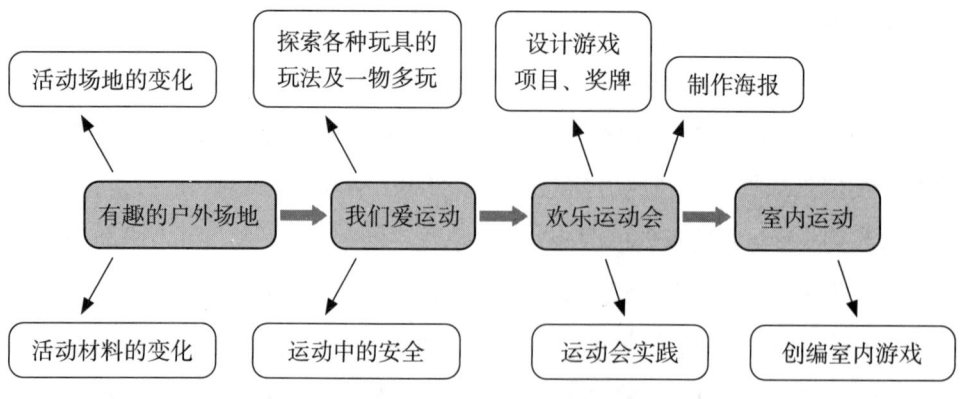

图4-13　主题活动预设图

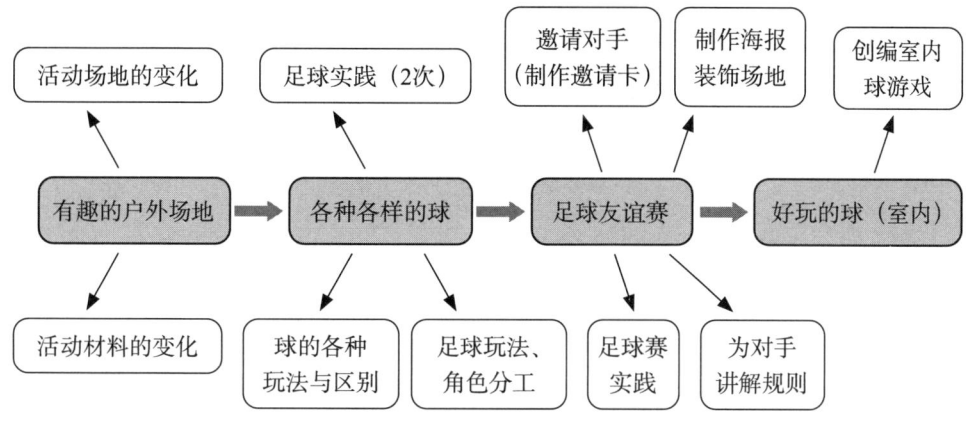

图 4-14 主题活动生成图

五、主题活动反思与记录

（一）主题活动反思

反思，就是思考已经过去的事情，从中总结经验教训。在综合主题活动结束后，教师要反思整个主题活动开展的各个环节，反思的内容主要有两个方面：一是幼儿在原有经验的基础上有哪些发展和提升；二是教师在主题活动的过程中使用的指导策略是否适宜，有哪些感悟或发展，以及主题活动还有哪些需要调整的问题等。

（1）反思幼儿的发展与提升。教师需要在观察、了解幼儿的学习水平、表现与结果的基础上进行反思，反思幼儿在主题活动开展过程中是否始终处于主动积极的状态，是否能够主动探究、实践操作、与同伴合作互动，是否获得了具有发展价值的有益经验。

（2）反思教师的策略与感悟。在主题活动开展的过程中，教师实行的教育策略影响着幼儿的发展及主题活动的开展。在反思中，要思考主题活动目标是否建立在了解本班幼儿现状的基础上，思考主题内容是否符合幼儿的现有水平且具有一定的挑战性，思考主题活动是否兼顾了群体需要和个体差异，使每个幼儿都获得发展和成功感。

例如，教师在"我的区域我做主"中班综合主题活动后，做出了反思：幼儿从小班升入中班后，对于新的班级、新的环境的好奇心特别大，他们一边观察着，一边探讨着"你看,这是拼插区,那是益智区,挨着窗户的是科学区和自然角……""老师,我们怎么没有找到娃娃家啊?"。通过这一系列的观察,幼儿能够发现小班的娃娃家在中班不见了,这便成为主题活动的来源。通过一系列的探究,幼儿知道"娃娃家"是给小班的弟弟妹妹玩的,升入中班后大家可以一起开创一个新的区域,体会做班级小主人的感觉。

在活动策略和形式上,针对幼儿对开创新的角色区的需要,教师主要采取交流讨论、投票选定、共同创设、游戏体验、再次交流讨论等形式,通过幼儿的观察、感受、讲述、探究来引导他们共同建设新的区域。在制定和创设的环节中,教师引导幼儿大胆创想、大胆表达、大胆设计,并尊重每一名幼儿的想法,引导他们用投票的方式选出了最想玩的角色区——"面包房"。他们为面包房起名字,其中最受幼儿喜爱的名字是"七彩面包房"。幼儿后期在活动区中的活动是用虚拟玩具实现的,这个阶段中的幼儿能结合自身的实际感受,将自己的想法与教师、其他小朋友分享,但是教师发现游戏材料不能支持幼儿充分探索,活动的过程中没有真实挑战……这些情况造成幼儿在活动区中的活动进行困难,教师再一次组织幼儿开展"我们想这样玩"的主题探究活动,使幼儿真正地成为班级的小主人。在主题活动开展的过程中,教师和幼儿都有了相应的提高。

- 幼儿的发展:
  - 幼儿的自主探究能力有了明显提高;
  - 幼儿对班级的各项活动有了初步的责任感;
  - 通过游戏活动,幼儿发展了主动观察、分析、解决问题的能力;
  - 幼儿有基本的规则意识,在活动中能合作;
  - 幼儿在活动后能主动与他人分享自己的劳动成果;
  - 幼儿能结合自己的实际生活经验,自主探究美食的制作方法。
- 教师的提升:
  - 教师支持幼儿进行探究活动的能力有很大提升;
  - 教师能有目的地观察幼儿,师幼互动方面有所提高;
  - 教师帮助幼儿梳理经验的能力、总结分享的能力逐步增强;
  - 教师对以幼儿为主体的探究式主题活动的把握更加清晰。

(二)主题活动资料整理

资料整理活动一般是在主题活动末期将活动过程中搜集的信息、图片、照片和视频,以及幼儿的记录等资料进行整理归类。这些资料为以后其他班级开展此类主题活动提供支持、积累经验。这一过程使幼儿认识到归纳整理的重要性,学会归纳整理的方法,养成梳理已有经验的好习惯。

例如,在"我们的图书朋友"大班主题活动末期,教师引导家长和幼儿一起制作主题画册,每个孩子都将自己在主题活动中收集的资料、成长的过程、活动的照片、制作的作品等进行整理、归纳、设计、粘贴,形成了完整的主题画册,便于幼儿及家长随时翻阅,记录幼儿在主题活动中的成长变化。

第二节 综合主题活动的实施原则

主题活动是围绕着一个主题,幼儿进行自主观察、探索周围现象和事物,再由教师给予适度的支持和指导的一系列活动。幼儿的发现、观察、思考、讨论、总结的过程为主题活动开展的过程。在综合主题活动实施中,我们应遵循以下原则。

一、主体性原则

主体性是幼儿园综合主题活动实施的要点,是幼儿活动的一个特征,表现为有目的、自主的活动,具有主体性、能动性和创造性的特点。自主性是指幼儿对自己的活动具有支配和控制的权利;能动性是指幼儿作为主体,能自觉、主动、积极地认识周围事物;创造性是能动性的最高表现。在幼儿园综合主题活动中,以教学实践为主体;在教学实践中,以教师为主体;在教师开展的活动中,以幼儿为主体。在开展综合主题活动的过程中,幼儿不仅是活动的主人,还可以自主选择、进行创造和生成活动,实现积极主动的成长。

例如,在"我的区域我做主"中班主题活动中,教师以幼儿的需求为主题推动活动的进展,不断生成新的活动内容。升入中班后,孩子们发现小班的娃娃家不见了,那么要开设什么活动区呢?孩子们通过讨论、投票,决定开设烘焙小厨房。在厨房开设初期,孩子们利用超轻黏土、废旧纸盒等材料制作蛋糕、面包等食物，玩得不亦乐乎。持续了一个月后，区域中的孩子逐渐减少，他们的兴趣也减弱了。根据这种现象，教师与孩子们再次讨论，孩子们提出想利用真正的食材进行制作。根据孩子们的兴趣与需求，教师和孩子们共同准备了所需的材料，进行了大胆的尝试。有了真正的食材，孩子们在区域中大胆创作、亲身体验，在游戏中的角色扮演意识更强烈了，同时体验到了制作美食的成功感。

二、活动性原则

儿童通过自己的游戏和活动建立和发展自己的世界，没有儿童的主体性就没有他们的发展。幼儿园综合主题活动的内容和方式直接影响幼儿的能力和个性的发展，幼儿的自主性、创造性必须在活动中得以发展和表现，离开了自主、自由的活动，幼儿就没有创造的可能性。因此，幼儿园综合主题活动的设计与实施应以幼儿的实践活动为基本活动，活动过程必须以幼儿为主体，充分体现活动性和主体性的紧密结合。

例如，"过冬的小麦"中班主题活动的重点是幼儿能够了解小麦的结构特点，知道小麦可以变成馒头，以及爱惜劳动成果，懂得珍惜粮食等。在此次探究过程中，由于是第一次种植，教师与孩子们遇到了很多困难。在遇到困难时，孩子们积极参与，在活动中积累经验，不畏艰难，勇于探索，锻炼了坚强的性格，并且养成了"遇到问题—思考问题—探索问题—解决问题—得出结论"等一系列探索习惯。这对幼儿以后的发展打下了良好的基础，幼儿在学习和探索过程中体验了收获、成功的喜悦。

三、探索性原则

探索是幼儿内在生命力的外部表现。幼儿的自发性探索活动是幼儿教育得以进行的起点和基础。幼儿的探索性是在游戏和生活活动中实现的。因此，幼儿综合主题活动强调活动形式的多样性和活动过程的灵活性，要根据幼儿的兴趣与需要，以实践研究的方式开展活动。

（一）灵活多样的教学形式

在主题活动开展过程中，教师带孩子们进行实践活动，每一个孩子的表现都被记录在教师的大脑里。即使幼儿散乱地坐着,他们也很专注。其实,学习不在于形式,而应注重效果。如何让幼儿在轻松的状态下深度学习,是教师在主题活动过程中应该思考的问题。

(二)善于等待的教学活动

教师带幼儿进行探索、观察时,要给他们发现、反思的时间,而不是急于给他们答案。例如,当孩子们仰起头看到蜘蛛网时说:"老师,蜘蛛网在天上。"教师没有否定,带他们继续寻找,他们又发现:"老师,蜘蛛网在树上。"……教师的等待给予幼儿更广阔的空间。在主题活动开展的过程中,我们要思考:怎样看到幼儿的发展?是不是教师的辛苦说教会剥夺孩子的成长过程和权利?什么活动是适合幼儿发展的活动?其实,教师应适当地等待幼儿成长,更关注幼儿的终身发展教育。

(三)体验式的探究活动

幼儿园综合主题活动注重挖掘、探索教育价值,开展操作、观察、合作、交往、探索等活动,注重直接的感知和亲身的体验,从中提取鲜活的素材作为教育内容。这是一种有效的教学方式,是实现"把时间还给孩子,把能力还给孩子,把健康还给孩子"的有效途径,是帮助孩子解决生活中问题的体验式学习,能够让孩子带着问题去思考,激发他们的学习兴趣。

例如,在"丰收的萝卜"中班主题活动中,教师反思了带幼儿进行探索的重要性:通过对综合主题活动的不断探索,孩子们的观察能力明显提高了,由最初观察2~3分钟到现在能够耐心观察5~10分钟,由最初的概括观察到现在能够观察到植物的细小部分。比如,孩子们在观察萝卜时会看到长出地面的萝卜说,"看,萝卜的身上有很多短线"等。孩子们每天都很愿意看看植物有没有新的变化。通过主题活动,孩子们的好奇心不断增强,变得爱问问题,并能够主动想一些解决问题的办法。他们在探索问题的过程中,变得勇敢、自信、大方,在主动探索的过程中,感受到了自己的进步。

四、生活性原则

儿童的生活具有生长性,儿童的教育具有生活性。对于幼儿来说,生活就是生长，就是发展。幼儿园综合主题活动以生活教育为核心，主题活动的内容和实施源于幼儿生活、贴近幼儿生活，并在幼儿生活中开展，关注幼儿表现和与之相应的生活经验，关注活动中幼儿的每一个问题、疑惑与困难。

例如，"好吃的大萝卜"小班主题活动的内容贴近幼儿的生活，幼儿对萝卜不陌生。他们有经验，所以非常愿意参与活动。看到种植园里不同品种的萝卜，孩子们产生了探究萝卜的想法和愿望。在活动中，教师应力求做到：在内容安排上，注意从日常生活经验入手，引导幼儿认识萝卜，如"说说平时我们吃过的萝卜"。通过观察、收获萝卜，再引导幼儿感知新的经验，获得新的知识——萝卜是长在地下的，叶子可以给兔子吃，我们吃的是萝卜的根部。在活动过程中，通过"观察萝卜—照顾萝卜—收获萝卜"，孩子们认识了萝卜的生长过程，活动内容十分贴近生活，易被幼儿接受。在活动尾声，幼儿和家长一起制作萝卜美食，再次激发幼儿喜爱萝卜之情。

五、发展性原则

发展是教育的核心议题和主要目标。幼儿园教育不仅要有利于幼儿当前的发展，还要为幼儿未来的可持续发展奠定基础。幼儿园综合主题活动的最终目标是促进幼儿快乐、全面发展。其中，幼儿的发展是课程的首要任务与核心任务。因此，教师在主题活动的实施过程中，既要注重活动对幼儿近期发展的影响，又要注重活动对幼儿长期发展的影响。

例如，在"我们的小学"大班主题活动中，教师指导幼儿在活动中成长，增强自我服务意识，培养自我管理能力。教师结合幼小衔接的实际情况，引导幼儿有意识地独立完成自己的事情。比如，教师多提供一些可锻炼的机会给幼儿，让他们逐渐能够独立完成被布置的事情，并开始学习整理自己的玩具、学具、书包等。在区域活动中，教师经常和孩子玩"上课"的游戏，幼儿听到铃声后就知道要上课了，会自觉地回到座位上就座，等待上课……当下课的铃声响起时，幼儿则离开座位、自由活动。通过教师与幼儿、幼儿与同伴间的互动游戏，幼儿能够知道小学生如何合理安排自己的课间活动，进一步培养时间观念，增强自我计划意识以及自理、自立能力，为幼儿的终身发展奠定基础。

六、差异性原则

即使是同一年龄段的幼儿,他们的发展也会存在很大的差异。这就需要教师根据幼儿的特点、兴趣、需要、水平,设计不同的教育活动、材料和方法,提出不同的教育任务和要求。教师要承认和尊重幼儿之间的差异,满足不同幼儿的需要,顺应不同幼儿的学习速度。差异性原则更加强调幼儿个体的学习形式,要求教师了解每一个孩子,并具备能将教育内容分解出不同层次的能力,针对每个孩子的不同表现施以相应的教学方法。

第三节 综合主题活动的环境创设

幼儿的认知、情感和社会性发展始终受环境影响,同时幼儿与环境相处的方式也直接影响教育的质量。意大利教育家蒙台梭利曾说:"在教育上,环境所扮演的角色相当重要。因为孩子从环境中吸取所有的东西并将其融入自己的生命之中。"《纲要》中提出:"环境是重要的教育资源,应通过环境的创设和利用,有效地促进幼儿的发展。"因此,我们可以看出,环境对幼儿以及课程具有重要性。班级是幼儿在园生活与学习的主场所,班级中的环境绝不是一种自然自发或随意设置的环境,而是教育者根据教育目标、着眼于幼儿身心发展需要而精心创设的"适宜"的教育条件。教育环境对幼儿的探究、发现、学习发挥着重要的作用。

一、空间环境

环境为幼儿提供真实可感的对象,以及学习和探究的基本条件。作为教师,我们应从儿童的视角出发,创设回归生活、追随自然的环境,支持幼儿的发现与探索。幼儿具有探究自然的天性,在与自然环境充分接触时,他们能够得到丰富的刺激,从而产生自己的思考、兴趣和问题。例如:"为什么蝴蝶的身上有这么多花纹?""为什么蝴蝶的两只翅膀上的花纹是一样的?""这棵树长芽了,为什么有的树还没长?""为什么有的树开花,有的树不开花?""什么花开的时间最长?"通过观察、探索、思考,孩子们用图画、图标等形式记录观察的发现和探究的过程与结果,了解不同生物的结构特征和生活习性,建构相关的经验。在"幼儿园里的山楂树"主题活动中，幼儿不断发现问题，预设解决方案，并实施求证，持续深入地探究"山楂在什么时间成熟？""为什么上面的山楂颜色更红？""怎么摘到上面的山楂？""怎样制作山楂干？""怎样帮助山楂树过冬？"等问题。在主题活动推进的过程中，幼儿发展了观察、推理、判断等科学探究能力，好奇、好问、实事求是等科学探究态度，以及积极主动、认真专注、不怕困难、敢于探究和尝试等学习品质。

因此，教师要充分利用已有的自然环境空间，引导孩子们观察和发现，产生问题，建构经验。

二、主题墙饰创设

主题墙是幼儿园教育环境创设的重要组成部分，能够有助于幼儿梳理和提升主题活动经验，促进幼儿思维的发展。

（一）主题墙创设原则

在主题活动中，主题墙为每个幼儿提供了一个表现、交流的平台，幼儿可以借助于这一平台展示个性化的自我。主题活动环境的每一个部分都应该展示幼儿的所思所想，激起幼儿的情感共鸣，使幼儿获得快乐的情绪体验，这样的环境才是有生命力的。因此，在综合主题活动的墙饰创设中，应遵循以下三条原则。

(1) 主题活动墙的设计应是主题发展线索的儿童化过程。

(2) 主题活动墙应支持幼儿主动学习，内容互动性较强，吸引幼儿不断探索新的问题。

(3) 主题活动墙要提炼和整合幼儿在主题活动中的表达和表现，帮助幼儿感悟所经历的学习过程，不断形成新经验，获得新方法。

（二）创设有价值的主题墙

主题墙一般是指幼儿园教室环境中的墙面。它主要是根据各班所开展的主题活动内容而设计和布置的。作为环境创设中的重要板块，"如何追随课程，创设幼儿真正喜欢又能互动的主题墙？"变成了大家讨论的焦点。为使主题墙具有教育价值，有效地促进幼儿的学习和发展，教师应创设不断与幼儿相互作用的主题墙，将主题墙与课程联系起来，并使幼儿真正成为环境的主人。

(1) 创设符合幼儿年龄特点的主题墙。在创设主题墙的过程中，教师应把握幼儿的兴趣和需求，根据幼儿的年龄特点以及课程需要，创设他们感兴趣的主题墙饰，同时不断融入有价值的教育内容，引导幼儿积极、主动、有效地学习，使幼儿获得符合其年龄阶段的关键经验。

(2) 创设平等参与的主题墙。陈鹤琴先生说过："环境的布置要通过儿童的大脑和双手。通过儿童的思想和双手所布置的环境可使他们对环境中的事物更加认识、更加爱护。"主题墙的创设往往以主题活动的开展为线索，在配合教育需要进行主题墙的布置时，教师可根据主题活动的开展需要，让幼儿积极参与构思、创作、安排，与幼儿共同创设与主题活动相关的墙饰，加强幼儿对墙饰创设的参与性。

(3) 创设内涵丰富的主题墙。教师要想幼儿持续关注主题墙，在创设时就应做到内容丰富、形式多样。除了展示与主题活动有关的文字资料、图片、照片、卡片、实物外，主题墙应更多地展示幼儿学习与探索的过程和对结果的记录，可增加活动调查表、活动趣闻以及与主题活动相关的幼儿作品。

(4) 创设有启发性的主题墙。在创设主题墙的过程中，不仅要考虑幼儿的年龄特点和经验，还要注意对幼儿的启发性教育，可将提出问题、解决问题的过程融入主题墙，让墙面设置具有"潜在学习的气氛"，充分发挥环境的暗示作用，激发幼儿的探索欲望。

(三) 各年龄班综合主题活动下的主题墙创设

1. 小班主题墙的创设

小班幼儿的思维特点是以直观的具体形象思维为主，动手能力不强，参与意识较弱，但年龄特征决定了他们对环境的认识是感性的、具体的、形象的，他们更容易对生活化、情景化的环境产生兴趣。所以教师既要从外观上考虑到小班幼儿的年龄需求，也要从内在的内容上寻求突破点，真正发挥小班主题墙的作用。

在"外观"上，教师可以根据幼儿的年龄特点，利用色彩鲜艳且生动形象的造型和充满趣味性、直观情景性的内容，创设能吸引幼儿注意力且安全的主题墙饰。在"内容"上，因为小班幼儿知识面窄，参与意识弱，所以在创设主题墙时，教师要从小班幼儿的能力和内在需求出发，针对正在进行的主题活动的相关内容进行创设，可以呈现整个主题活动的内容，也可以针对活动中的某个点进行创设，使幼儿能明白主题墙所表达的意思。因为幼儿园的活动是幼儿与环境相互作用、主动建构认知结构、获得发展的过程，所以教师还要引导幼儿参与主题墙的创设，呈现互动式的主题墙饰（见图4-15）。

图4-15 "能干的小手"主题墙饰

"我们的小菜园"主题墙饰主要是针对班级中所开展的"香香甜甜的玉米"主题活动以及幼儿拔萝卜的活动所创设的。在墙饰中，教师利用色彩鲜艳、生动形象的大玉米和萝卜图案吸引幼儿的注意，又通过拔萝卜的故事以及幼儿的亲身体验和部分主题活动内容的呈现，激发幼儿对墙饰的兴趣。此外，教师还在墙饰的下方创设了"数萝卜"的功能墙，幼儿能够练习一一对应以及"5以内数"的点数，增强了墙饰的互动性与操作性，使幼儿在欣赏墙饰时不仅可以进行"拔萝卜"故事讲述，还可以进行动手操作（见图4-16）。

图4-16 "我们的小菜园"主题墙饰

"我眼中的小菜园"主题墙饰是根据幼儿的年龄特点以及实际情况所创设的。小班幼儿刚入园,对幼儿园中的一切事物都感到陌生,所以教师带领孩子们参观幼儿园。当走到种植园时,孩子们对眼前的一片绿色很好奇,并提出了很多问题。教师在主题墙饰中呈现了孩子们的问题(如"这是哪儿?""小菜园里的牌子上写的是什么?")。孩子们产生了进一步探索的愿望,并且从问题入手进行研究,最后对种植园有了充分的了解。

"找春天"主题墙饰主要梳理幼儿寻找春天的过程和发现。通过寻找春天,幼儿发现春季是种植植物的季节。教师在此基础上,生成了"小种子在成长"主题活动及墙饰,激发了幼儿自主种植的愿望,丰富了幼儿的种植经验(见图4-17)。

图4-17 "找春天"主题墙饰

2. 中班主题墙的创设

中班幼儿的思维特点是以具体形象思维为主,通过感知觉以及各种操作活动来认识周围世界。他们对事物的认识是直接的、简单的和表面化的,对事物的操作和感知活动是其积累经验的重要方式。相较小班幼儿来说,中班幼儿已有了一些主题活动探究经验。在活动中,幼儿的参与性、动手操作性较强,因此他们对主题活动有着浓厚的兴趣。在确定中班主题活动时,教师常常会以幼儿的问题为出发点,因此在创设中班主题墙饰时,教师也应该以幼儿的问题为主线,利用绘画、手工制作等多种方式展现幼儿在活动中所遇到的问题、解决方法及活动过程,提高幼儿对墙饰的参与性,融入幼儿在生活中常见的废旧材料。由于中班幼儿的思维特点以及实际生活经验的限制,主题墙的创设往往源于幼儿的问题,但不会过于深入。

"我的南瓜朋友"主题墙饰以关于南瓜的主题活动为主线，呈现了从最开始拯救南瓜秧到收获、品尝中所遇到的问题及过程，幼儿利用橡皮泥、绘画、南瓜子粘贴画以及剪纸等形式进行了南瓜制作，并把部分作品通过主题墙进行了展示，加强了幼儿的参与性，以及墙面的互动性（见图4-18）。

图4-18 "我的南瓜朋友"主题墙饰

"我发现"主题墙饰由幼儿的问题——"这朵花为什么没有叶子？"引发。主题墙上呈现出幼儿解决问题的过程，首先幼儿围绕"这是什么花？"进行探索，然后在此基础上探索"迎春花为什么没有叶子？"……在墙面上呈现出幼儿通过观察寻找问题答案的独立解决问题的过程（见图4-19）。

图4-19 "我发现"主题墙饰

3. 大班主题墙的创设

大班幼儿在感知大量事物的基础上，逐渐能够整理、加工已有的知识经验，初步理解事物之间的内在联系，发现一些浅显的规律。同时，大班幼儿思维的主要特点仍以具体形象思维为主，抽象逻辑思维开始萌芽。但相对于中班幼儿来讲，大班幼儿思维活跃，动手及其他方面的能力都有所提高。这时的主题墙面布置对幼儿来说是一个思考、探究、参与的过程，是他们展现自我的平台。根据大班幼儿思维活跃、计划性强等特点，墙饰中还可以有计划、分类、对比等内容。与此同时，大班墙饰要注意图文并茂，并体现幼儿参与的痕迹。

"树朋友的变化"主题墙饰主要反映的是幼儿对主题活动的思考、探究、参与的过程以及探索的结果。在创设墙饰时，通过展示幼儿的猜想、探索过程，利用实物展示、分类以及统计等方式，展示幼儿对"幼儿园里有哪些树？"的问题（以及延伸出的一系列问题）的探索过程、结果以及相关经验，采用图文并茂的形式，对幼儿的整个活动过程及所获得的相关知识进行系统梳理。墙饰中所展示的内容以幼儿制作的物品为主，大大地提高了幼儿的参与性（见图4-20）。

图4-20　"树朋友的变化"主题墙饰

"花生熟啦"主题墙饰从收获花生入手，展示了收获、了解花生，以及利用花生进行手工制作的过程。通过照片和绘画的形式展示了对"如何收获花生？"问题的猜想以及收获、点数花生的过程。在收获花生后，通过图片的方式对花生的结构进行了展示，使幼儿进一步了解花生。在了解结构的基础上，在"花生怎样吃？"这一部分，利用图片、绘画与文字结合的形式呈现了幼儿的问题（见图4-21）。此外，利用一定的空间展示用花生皮制作成的画，展示孩子们收获花生的场景。幼儿和家长一起在家里利用花生仁、花生皮、完整的花生制作各种有趣的作品，充分展示了幼儿在活动中的探索，加强了幼儿对墙饰的参与性。

图4-21 "花生怎样吃"主题墙饰

"绿色银行"主题墙饰呈现了幼儿从挣钱到买蔬菜种子,再到种植、收获以及卖菜的全过程(是一个不断循环的过程)。幼儿和家长非常关心梦想田园(小菜园),大家一起种植了西红柿、黄瓜等,并且从中感受到了收获的喜悦。教师以幼儿的这个兴趣点为切入点。种植的第一步就是买种子,那么用什么买种子呢?教师、幼儿和家长在探讨后,产生了创建"绿色银行"的想法。幼儿在每月的第一周向"绿色银行"捐赠一些废旧瓶子、报纸等,然后将它们卖了,将所得的收入存入"绿色银行",以作为梦想田园的可支出资金。这个活动能够让幼儿从小树立环保和节约的意识,并且活动之间有连贯性。在用"绿色银行"中的可支出资金买种子时,幼儿会想"这是我们通过劳动所得的钱买来的种子",然后大家一起种种子,最后"品尝"劳动成果。幼儿收获的不仅是果实,更是内心理念的升华,形成了循环利用资源的意识(见图4-22)。

三、区域环境创设

皮亚杰提出:"儿童认知发展是在与周围环境的相互作用中积极主动建构的。"环境作为幼儿园教育的一种隐性课程,在开发幼儿智力、个性健康、自主发展等方面都发挥出独特的作用和功效,而活动区是幼儿每天所接触的,幼儿的身心发展、社会性、个性发展都受到它潜移默化的影响。因此,教师应充分认识活动区对幼儿发展的价值,为幼儿创设适合其发展的活动区环境。

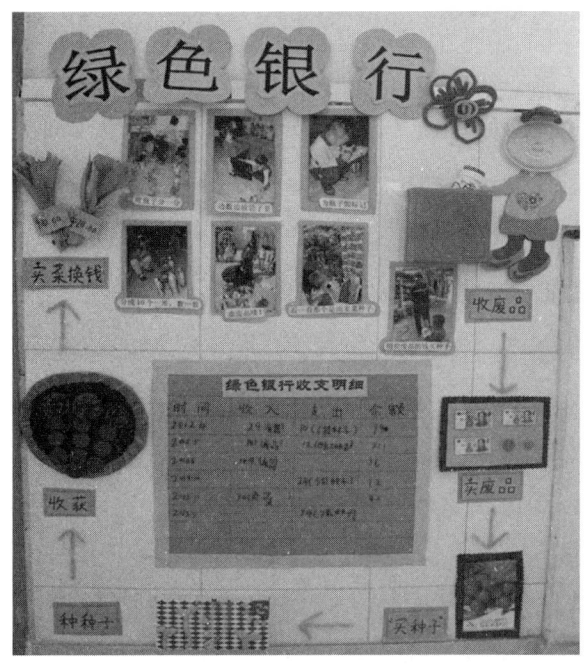

图4-22 "绿色银行"主题墙饰

（一）创设有价值的活动区环境

1. 区域环境符合幼儿的兴趣及需要

《纲要》中指出：教师要善于发现幼儿感兴趣的事物、游戏和偶发事件中所隐含的教育价值，把握教育时机，提供适当的引导。兴趣与需要是幼儿学习的动力，有了兴趣与需要，幼儿才会主动思考、主动学习，而少了兴趣，即使是重要的学习活动，幼儿也会觉得乏味。所以，教师应随时关注幼儿，了解幼儿的兴趣与需要。在创设区域环境时，要尊重幼儿的兴趣与需要，同时根据本班情况尽可能地创设一个宽松的环境，提供条件让幼儿在区域活动中有所动、有所思、有所想。

良好的环境是幼儿发展的基础。在创设区域环境时，要充分考虑环境的适当性与兴趣性、层次性与教育性、灵活性与多功能性。要使幼儿在区域活动时愿意玩、乐于玩，还要根据幼儿的个体差异提供区域材料，使不同水平的幼儿都有所发展。同时，要根据教学和游戏的需要进行适当的调整。

2. 区域环境的创设要与教育目标相适应

一个教育目标要用各种教育手段来完成，而良好适宜的环境能使幼儿在与其交互中得到潜移默化的教育，从而实现预期的教育目标。如，在"拯救大南瓜"主题活动中，各个区域活动是一个有机的整体，教师和幼儿以南瓜为主线，创设了"南瓜餐厅"，在美工区创设了"画南瓜"的墙饰，在自然角创设了"哪个南瓜种子先发芽？"的探究活动，在益智区提供了南瓜拼图等。这样使幼儿在环境中不知不觉地接触该学的知识，从而达到相应的教学目的，使教育目标进一步落实。

3. 区域环境要引发幼儿的探索与操作欲望

材料是区域的灵魂，幼儿在与材料的互动中发展，因此提供的材料一定要与幼儿的年龄特点、已有经验、能力和需求相适应，使幼儿在没有压力的环境中进行操作与探索，使幼儿感受到学习的乐趣，使其更积极地参与到活动中。

在投放材料时还应注意材料的趣味性、层次性和操作性。例如，小班幼儿以无意注意为主，先做后想也是幼儿的一大特点。因此，我们给幼儿提供的各种成品与自制玩具都应是形象生动、色彩鲜艳、具有操作性的材料，在提供材料时还应注意幼儿的个体差异，为幼儿提供不同难度的材料，从而满足不同能力层次的幼儿。

在遵循以上原则的基础上，材料的投放还要有计划、有目的，不要一次把材料都投放进去，以致一两个月不更换材料，导致幼儿参与区域活动的积极性减弱，从而阻碍区域活动的深入开展。应把材料按由易到难的原则，循序渐进、分批分次地不断更新，不断提高幼儿参与区域活动的主动性与积极性。

4. 区域环境要充分发挥幼儿的主体性

要引导幼儿成为环境的主人，引导幼儿对区域墙饰进行设计。教师可以把幼儿的想法和创意记录下来，及时与幼儿进行商讨，拟定计划。同时，教师应尽可能地多在区域墙饰中展现幼儿的作品，让幼儿做环境的主人。在进行区域环境创设时，教师还应充分利用室内的空间进行合理布局，使各区空间得到合理的利用。

（二）各年龄班综合主题活动下的区域墙饰创设

幼儿园的环境以满足幼儿的发展需要为目的。它充分发挥孩子的主体作用，调动孩子参与的积极性。墙面布置是幼儿园环境（尤其是教室环境）的核心，因此在创设活动区时，不仅要关注空间的安排与材料的投放，也要注重区域墙饰的创设。

1. 小班游戏化的区域墙饰

小班幼儿应拥有游戏化的一日生活。游戏是孩子的天性,是出于自己的兴趣和愿望,主动地进行活动。游戏也是幼儿主动学习的一种方式,是幼儿认识世界与快乐成长的途径。所以小班教师应创设游戏化的区域墙饰。这种游戏化的区域墙饰主要通过互动性游戏的手段呈现,让幼儿在游戏的过程中体验探索的乐趣,感受到探索后的成功。

图书区墙饰环境:在这个环境中,教师创设了可操作的故事墙,孩子们可以边操作边讲述故事,可操作的墙饰为幼儿的讲述提供了动态化的情境支持,引发幼儿主动回忆故事情节,或者基于自己的操作对情节进行简单改编。同时,墙饰中的鸭蛋是按扣式的,幼儿可以自己摘下来和扣上去,鸭妈妈的肚子也可以用拉链打开。这样的游戏环境吸引小班幼儿主动在看图讲述的基础上,完成点数的内容,同时促进小肌肉的发展(见图4-23、图4-24)。

图4-23 图书区墙饰(1)

图4-24 图书区墙饰(2)

2. 中班启发式的区域墙饰

随着年龄的增长,中班幼儿有了一定的自主探索的经验,但他们对事物的认识是直接、简单和表面化的,所以教师需要为幼儿呈现具有引导性的启发式区域墙饰。所谓启发式区域墙饰环境,就是指当幼儿进行新的区域活动时,为幼儿提供具有引导性的墙饰,使幼儿能够顺利地探索新的事物或在幼儿遇到困难时为其提供具有支持性、启发性的墙饰,引导幼儿继续进行探索。

角色区"美美餐厅"的墙饰环境:在这个环境中,教师创设了"蔬菜水果一家亲,蔬菜水果进我家""我们需要的工具,用时要注意""我们去买菜"的墙饰。其中,利用"蔬菜水果一家亲,蔬菜水果进我家""我们去买菜"的墙饰激发幼儿对美食活动的兴趣,体验与蔬菜互动的乐趣。利用"我们需要的工具,用时要注意"的墙饰,启发和引导幼儿了解制作美食所需要的工具以及相应的使用方法。在墙饰环境的启发下,幼儿在家中发现了"美美餐厅"中没有的工具,并逐一进行了探索。

角色区"饮吧"的墙饰环境:在"饮吧"的墙饰环境中,教师为幼儿创设了"如何使用榨汁机?"的启发式环境,幼儿根据教师的指导能够清楚地知道榨汁机的使用方法,并在教师的指导下尝试榨取蔬菜汁或水果汁。通过区域墙饰以及教师的引导,幼儿更加愿意接受新的事物(见图4-25)。

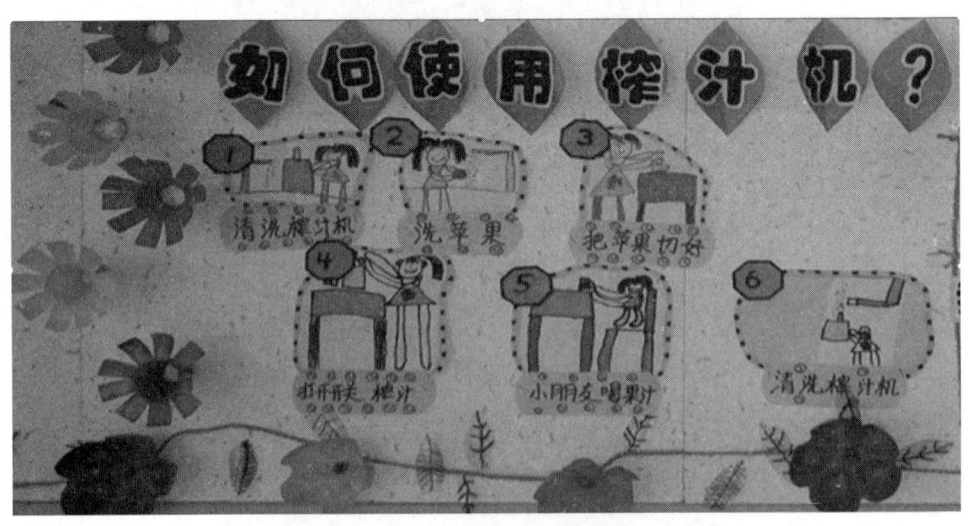

图 4-25 "如何使用榨汁机?"主题墙饰

3. 大班探究式的区域墙饰

大班幼儿喜欢进行自主探索，并且非常愿意接触新的事物，有自己解决问题的愿望，但有时无法自主解决新事物所出现的问题。所以教师需要为幼儿呈现探究式区域墙饰。所谓探究式区域墙饰就是在区域墙饰中呈现出幼儿所关注或遇到的问题，引导幼儿主动地进行探索、总结。

自然角墙饰环境：在墙饰中教师通过"豆豆的种类有哪些？""豆豆一天喝几次水？""什么时间喝水？"的问题引导幼儿对豆豆进行观察，让幼儿在问题的引导下，了解不同种类的豆豆，以及种养方式和它们的生长方式（见图4-26）。

图4-26　自然角墙饰

表演区是提高幼儿对音乐、故事等表演活动的兴趣的关键区域。在表演区活动中，教师会创设音乐表演、舞蹈表演以及故事表演等环境，通过材料提供、墙饰支持等，引导幼儿自主表演。例如，在幼儿基于《好喝的汤》创编的儿童剧表演中，墙饰中呈现出幼儿问题解决的过程："怎样选故事？""怎样定角色？""如何制作道具？""怎么演才能更吸引观众？"等（见图4-27）。

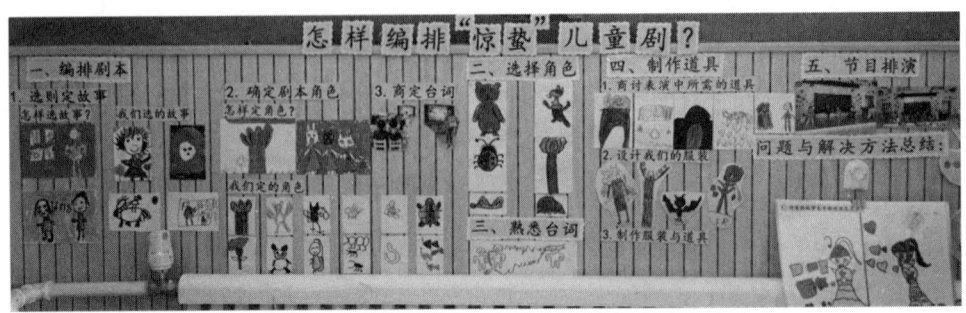

图4-27 表演区墙饰

四、生活环境创设

陈鹤琴先生曾说:"怎样的环境,就得到怎样的刺激,得到怎样的印象。"所以,要培养幼儿良好的生活习惯,就要从良好的生活环境入手。创设良好的生活环境,可使幼儿在与环境的相互作用中积累各种生活经验,产生相应的情感体验。同时,环境的创设有助于激发幼儿的情感,培养认知与能力,对孩子的行为起着提醒与暗示的作用。

针对幼儿不爱喝白开水的现象,教师创设了"饮水"环境:一方面在集中喝水环节,教师会通过播放轻音乐、碰碰杯等创设宽松的环境氛围;另一方面,教师创设了"我为小树浇浇水"的生活墙饰,小树上有每个孩子的照片,幼儿喝完水后可以在自己的照片上插一个小竖棍,代表"我为小树浇了一滴水",激发幼儿主动喝水的意愿。同时,为引导幼儿排队接水,教师除了在地面贴小脚丫标识外,还在墙饰中设计了小蜗牛排队喝水的情景,给予幼儿隐性指导,通过环境的提示,让孩子的行为变成自主的行为(见图4-28)。

图4-28 "我为小树浇浇水"主题墙饰

总之，班级的教育环境对幼儿的探究、发现、学习发挥着重要的作用。教师应把物质环境变成探究性教育环境、"会说话的环境"，突显环境的隐性价值，最大限度地激发幼儿的探究潜能，让环境的创设和利用成为幼儿课程的内容，真正融入幼儿的生活。

第四节　综合主题活动的指导建议

幼儿园综合主题活动的过程离不开教师的指导。那么，教师如何在主题活动实施过程中发挥主导地位，尊重幼儿的主体地位？这是我们在这一节中需要理解的内容。幼儿园综合主题活动是在教师的指导下开展的，并在教师的指导下逐步提升活动的整体水平。下文是幼儿园综合主题活动的指导策略。

一、支持性的学习氛围

幼儿园综合主题活动中的教师支持性氛围，就是支持性环境的创设，也就是为幼儿营造良好的精神环境。在这种环境下，教师和幼儿共同分享、控制整个活动及学习过程。教师能够在幼儿自主探索时所需要的自由与为幼儿安全活动所受到的限制之间达成一种平衡。教师为幼儿提供的材料建立在幼儿的兴趣之上，能够促进幼儿的学习。在支持性氛围中，幼儿经常自主发起或生成各种学习活动。当组织幼儿进行集体活动或区域活动时，教师会考虑幼儿感兴趣的目标和内容。

在支持性氛围中，教师在活动中是幼儿的合作者，和教师一起探究学习就是一种奖励。教师会随时鼓励幼儿的发现，当幼儿遇到问题时，教师能够和幼儿一起解决问题。在支持性环境下活动，幼儿自由自在，与同伴交往时充满了信任，他们共同研究材料，分享探究成果，互相交流。

支持性氛围的创设对幼儿的发展具有积极的促进作用：幼儿能够发展独立性和主动性，增强自信心，学会信任他人，形成同情心及关心他人的行为，通过谈论等方法解决与同伴之间的纠纷，形成积极的人际关系；教师能够增进对幼儿发展的理解，尊重幼儿的想法，从发展的角度看待幼儿的行为……

例如，"种子的世界"中班主题活动就是从幼儿的问题入手，教师尊重幼儿的发现，跟随幼儿的兴趣开展活动。秋天马上就要来了，在小菜园里，洋洋走着走着发现地上有几粒小种子,他马上捡起来,叫来了旁边的小伙伴们,你一言我一语地讨论了起来。"你说这是什么种子?""小树的种子吧。""不对不对,这是小花的种子。"听着他们的大胆猜想,教师走了过去,问道:"那我们有什么办法才能知道这是什么种子呢?"萌萌马上说:"那我们把它们种在土里,长大了不就知道了嘛。"孩子们都很赞成这个主意。教师支持幼儿的决定,并引导幼儿自主寻找种植工具,在种植园里进行种植。同时,教师鼓励幼儿形成约定,每天在户外活动时照顾小种子,浇水并记录小种子的生长变化。在教师的支持下,幼儿能够进行持续性的照顾与观察,用自己的方法得出结果。

二、支持性的师幼互动关系

在幼儿园综合主题活动实施过程中,要通过支持性的师幼互动关系,完成主题活动的各个阶段目标。

(一)教师和幼儿共同把握活动进程

教师和幼儿可以互换角色,尝试彼此担当的任务,每个人都有主题进程的决定权,随时可以发表自己的观点。如,在主题活动的讨论环节,可以请幼儿担任主持人,提出讨论话题等。

主要策略有:当幼儿邀请时,教师以幼儿分配的角色进入幼儿游戏,并尊重幼儿的指导;把自己当成一个学习者,向幼儿学习;给幼儿一些自主支配时间的权利,安排一些时间和事情由幼儿自我管理。

例如:在"我们一起游戏吧"中班主题活动中,教师将各区域活动连接成一个有机的整体,以运动游戏中的小人为主线,通过与幼儿一起动手操作,进行科学实验,并以幼儿搜集的故事资源为媒介,激发孩子参与活动的热情。根据幼儿的需求,教师与幼儿进行合作学习,协助幼儿适时更换、补充区域材料,使幼儿在操作游戏中获得成功的体验,激发幼儿积极参与户外游戏的兴趣。

(二)关注幼儿的兴趣

在自己设定的目标和兴趣的引领下,幼儿的学习效果最好。

教师关注幼儿兴趣的几点建议:密切关注幼儿的兴趣,站在幼儿的角度看问题，与幼儿的家长分享幼儿的兴趣，围绕幼儿的优势和兴趣制订计划。

例如：在"我眼中的种植园"小班主题活动中，教师根据小班幼儿刚入园对幼儿园的事物比较好奇的情感，生成主题活动。因为小班幼儿对幼儿园里的一切事物都很陌生，所以教师决定带领孩子们参观幼儿园。当走到"种植园"时，孩子们对眼前的一片绿色很好奇，不由得说："这是哪儿？""怎么有这么多菜？"孩子们对种植园提出很多问题，说明他们对种植园感兴趣，所以教师带领孩子们开始了对种植园的探索之旅。

（三）和幼儿建立真实的关系

综合主题活动下的学习活动是一种社会性活动。幼儿只有信任教师，觉得教师是真诚的，才会敞开心扉，与教师展开双向的学习活动。每个教师都是独特的，用自己的方法与幼儿相处，得到幼儿的信任。

教师与幼儿创建互动关系的几点建议：与幼儿分享兴趣点，专心地回应幼儿的话题，给每个幼儿具体的反馈，诚实地回答问题等。

在幼儿园综合主题活动中，教师与幼儿是平等合作的关系，幼儿的心情放松了，才会把真实的行为和语言展示在教师面前，教师才可以观察到幼儿的表现，分析幼儿的能力水平及情感变化，并针对每个孩子的发展现状实施教育对策。因此，教师和幼儿建立真实的关系，得到幼儿的信任，是开展好主题活动的前提。

（四）和幼儿一起游戏

教师一旦真实地参与幼儿的游戏，就会得到一种快乐和满足感。通过游戏，教师还可以了解幼儿的想法和需求。教师和幼儿一起游戏的前提是：观察、理解幼儿的游戏。当幼儿画了一个黑色的太阳时，教师要了解幼儿的真实想法，并给予肯定。

例如，在"种子的世界"中班主题活动中，孩子们在等待小种子发芽的过程中，充满了期待和渴望，总想快点儿知道种子长出来是什么样。他们不知道种子在土壤里需要一段时间才能发芽。有一个孩子按捺不住，偷偷地把土刨开，寻找小种子。教师发现后，没有制止孩子的行为，而是和他一起寻找小种子。然后，他们发现小种子刚拱出一点头儿。教师和孩子一起观察，并决定把小种子重新埋起来，让它慢慢长大。为了保护幼儿的探究愿望和对种子的期待心理，教师引导幼儿一起尝试通过肢体动作来表演小种子发芽和生长的过程，一起用绘画的方式画出心中所期待的种子长大的样子。

（五）帮助幼儿解决冲突

幼儿在活动中经常会发生一些冲突，教师要分析问题产生的原因，根据原因使用恰当的方法解决幼儿的冲突。教师合理解决冲突的过程，也是幼儿学习社会交往的过程，因此，教师要选择解决问题的合理方式。

解决幼儿冲突的步骤：

- 及时制止伤害事件的发生。
- 认同幼儿的感受。
- 引导事件相关者共同讨论。
- 根据事实重述问题。
- 讨论解决问题的办法，选择其中一种方法。
- 平息幼儿之间的冲突。
- 后期持续关注。

在主题活动开展过程中，孩子们都有自己的想法，而且愿意坚持自己的想法是对的，并做进一步验证。有时孩子们会发生争执与纠纷，教师应该给予他们充分的独自解决问题的空间。

例如，在"拯救大南瓜"大班主题活动中，当孩子们发现南瓜后，大家都想尝试用自己的办法把南瓜从护网里救出来，家伟和齐齐同时想出把南瓜切开的方法。家伟说："是我先想到的，我来切。"齐齐说："是我先想到的，应该我来切。"他们俩争执起来，引来了很多孩子的围观。这时教师把争执的问题抛给了孩子们，让他们想办法解决，有的孩子说"两个人一起切"，有的孩子说"先让齐齐切，再让家伟切"，还有的孩子说"让老师切吧"……孩子们讨论起来，最后大家一致认同"两个人一起切"。齐齐和家伟同时把手伸进护栏，可是南瓜的皮太硬了，两个人都没有切开，然后他们请教师帮忙。在南瓜被切开后，他们两个人各抱一块儿，开心地笑了。在解决这个冲突的过程中，教师尊重幼儿的感受，并将问题抛给孩子,让他们讨论解决措施,最后请幼儿尝试解决冲突。教师在后期持续关注主题活动,齐齐和家伟成了好朋友,而且对每一次活动都很投入。

三、教师在主题活动实施中的常见问题及策略

(一)新教师在主题活动实施中的常见问题及策略

问题一:面对生成性问题,手足无措

在开展主题活动的过程中,新教师在面对幼儿的生成性活动时,往往抓不住重点,不知道该怎么引导幼儿在活动中自主探究,使主题活动没有亮点。

策略:①生成性活动要求教师具备专业知识和技能,以及专业道德、专业意识、专业精神、专业审美情趣和教育能力。②教师在生成性活动中扮演多种角色。首先是惊异者,强调教师不是对幼儿、对生活熟视无睹的局外人,而是有着惊异心态与眼光的教育者,是时刻准备发现惊异之处的教育者;其次是解放的"思"者,强调教师对教育前提的思考,必须追问某种教育目标、内容、方法在幼儿成长中的价值和意义;最后是生成者,强调教师为自我教育者、生长者、成长者。

问题二:无法突出幼儿的自主性,容易形成高控局面

新教师在组织和开展问题探究式综合主题活动时,由于经验不足,对幼儿的年龄特点和已有经验不够了解,容易出现高控幼儿的现象。为了完成预设目标,在引导幼儿时会出现提出封闭性问题、直接告知答案等行为,阻碍幼儿发挥自主性,以及参与主题活动的机会。

策略:①与幼儿充分接触,多听、多看、多说,充分了解幼儿,走近幼儿。②摆正自己的位置,在主题活动开展的过程中,遇到的任何问题都尽可能地交给幼儿去思考和解决,教师可以适当地选择"偷懒",给幼儿更多的机会。③参考成熟教师的主题活动案例,积累经验。④在组织主题活动的过程中进行记录和反思,发现不足并及时调整。

(二)发展期教师在主题活动实施中的常见问题及策略

问题一:容易用已有经验限定幼儿

与新教师相比,发展期教师对主题活动的形式比较了解。同时,发展期教师对幼儿的年龄特点、身心发展特点的掌握程度比新教师好。因此,在开展主题活

动时，发展期教师容易将自己的已有经验灌输给幼儿，使幼儿在主题活动中缺少自主探究。

策略： ①在设定活动内容时要尽可能多地考虑幼儿的兴趣，在此基础上确定内容。②开展的活动计划必须是弹性计划，留有幼儿自主探索的空间。③要注意创造环境，使幼儿的活动朝纵深发展。④借助于幼儿在活动中的反应来分析、判断所确定的教育目标、选择的教育内容、采取的组织方式、投放的活动材料以及在教育过程中的具体指导策略是否适宜，并在反思中寻求更为适宜的教育策略。

问题二：主题活动与区域活动未有效融合

发展期教师能够按照主题活动的发展目标开展相应的集体教学活动。在主题活动与区域活动相结合方面，发展期教师虽然能够将主题活动的内容延伸到区域活动中，但缺少各区域之间的联动性和扩展性。

策略： ①可以将主题活动中需要认知、操作和体验的部分放到区域活动中，使幼儿在获得相关的知识和经验后，与自己的认知结构相对接，并尝试在解决困难的过程中完成知识的建构。②整合主题活动中幼儿感兴趣的内容，并将其投射到区域创设中，将认知、情感等教育融为一体，彻底改变区域创设的模式。这样的区域创设更加灵活，便于幼儿操作和学习，可以让能力不同的幼儿在不同区域中找到适合自身发展的活动，促进幼儿在原有的基础上优化发展。

（三）成熟教师在主题活动实施中的常见问题及策略

问题一：问题探究的深度不够

在问题探究式综合主题活动开展的过程中，最主要的环节是幼儿发现问题、解决问题。在这一过程中，教师的角色是幼儿的引导者、支持者，应引导幼儿集中精力解决有意义、有价值的问题，提高主题活动的研究深度。在研究深度方面，教师容易因自身的局限而影响幼儿。

策略： ①借助于专业书籍，结合自己的工作经验，深入思考，发散思维，有效地引导幼儿深入研究。②将主题活动与社会生活相结合，寻找适合的切入点，帮助幼儿获得更多的经验和技能。

问题二：思维定式，受已有经验影响

成熟教师的工作经验丰富，在组织和开展主题活动时有自己的想法与策略。

这些既是成熟教师的优势，也容易成为阻碍教师发展的弊端，容易让教师形成定式思维，限制幼儿的发展。

策略：①与幼儿充分接触，倾听幼儿的想法，尊重幼儿的意见，让幼儿成为主题活动的主人。②利用班组和教研组的形式进行头脑风暴，挖掘一切与主题相关的内容并进行筛选，推动幼儿有深度地进行主题活动。

第五章

幼儿园综合主题活动的观察与支持策略

对幼儿行为的观察是教师了解幼儿学习与发展的必要途径，也是为幼儿提供适宜性教育的前提。《幼儿园教师专业标准（试行）》中不但把观察法作为教师需要掌握的专业知识，而且把观察作为激励和评价幼儿所必备的能力之一。对于主题活动下教育活动及区域活动的观察，可以加深教师对幼儿的活动兴趣、个体需要以及发展水平的了解，帮助教师更深入地了解幼儿，同时调整自己的儿童观察和教育策略。教师还可以通过观察了解主题活动的适宜性及材料投放的适宜性，然后根据观察开展活动，从而更加有效地支持幼儿的活动，促进幼儿的发展。

什么是观察？《现代汉语词典》中的解释是：观，即看；察，即仔细地看。观察就是仔细地察看客观事物和现象。蒙台梭利说："唯有通过观察和分析才能真正了解孩子的内在需要和个别差异，以决定如何协调环境，并采取相应的态度来配合儿童成长的需要。"目前，教师对幼儿的观察尚存一些亟待解决的问题，具体可概括为"五多""五少"：从观察目的看，盲目多，有意少；从观察对象看，群体多，个体少；从观察记录看，结论多，行为描述少；从对内容的剖析看，就事论事多，深入分析少；从对结果的比较看，横向多，纵向少。因此，提高教师的观察意识与能力，已是当务之急。只有这样，才能真正做到既"面向全体"，又"因材施教"，使主题活动有效地开展，促进每一个幼儿在原有的基础上获得提高。

第一节 幼儿园综合主题活动的观察内容

在主题活动的实施过程中，教师要关注幼儿学习与发展的过程，由此判断问题情境、鉴别关键经验、分析探究行为，反思幼儿是否运用经验解决问题，并获得新经验的提升。通过反思来改进环境的创设、问题的提出、材料的投放以及活动的设计等,不断引发幼儿在认知冲突中获得新发展。要明确观察内容,避免漫无目的的观察,真正达到"观"和"察"的效果。

一、观察要点

观察是教师应具备的重要能力,但教师们经常发出这样的感叹:"我想观察幼儿,但不知道观察什么。"那么,在主题活动中我们都应该观察什么呢?首先,我们应该清楚,主题活动包含教育活动及区域活动。在教育活动及区域活动的众多行为中,"观察什么"是需要先澄清的问题。唯有如此,观察才具有意义。

心理学家巴克在心理学理论中阐述道:人的行为有许多层次,每个层次的行为都与预期特有的环境关联,研究者所需要关注的是一个完整的实体行为,即具有一定目标指向的、在一定情境中发生的、具有一定意义的自主行为。观察这些行为,可以让教师清楚地知道幼儿在每时每刻的所作所为,而不是那种在自然条件下发生的单纯的物理行为。这些物理行为没有经过认识处理,没有组成有意义的事件。由此,我们可以清晰地知道,教师所要观察的行为,并非幼儿的全部行为,而是在一定情境中反映幼儿成长和发展情况的有意义行为。

(一)观察幼儿的兴趣、需要和已有经验

当观察幼儿时,教师应该问自己三个问题:
- 幼儿感兴趣的到底是什么?是因为什么而喜欢?
- 幼儿的游戏行为反映出他们哪些方面的需要?
- 幼儿表现出哪些学习行为?

所谓的兴趣,从本质上来讲,就是幼儿对某种事物产生了好奇心。受这种好奇心的驱使,幼儿往往会对成人提出各式各样的问题,这时教师需要认真且实事求是地回答幼儿的问题,并且坚持具体问题具体分析原则,根据孩子的性格特点、已有经验对其进行正确引导,从而激发孩子的求知欲望。

幼儿在活动中也会出现一些需求,这些需求在总体上分为物质、精神两个层面,还可以分为基本生存需求、情感需求、发展需求、自我实现的需求等。例如:幼儿在活动过程中取得了一些进展性的突破,在看向教师时,他希望教师肯定他

的做法；在遇到问题犹豫不决时，他希望得到教师的鼓励；在有一些突发奇想，需要一些材料辅助时，他希望得到一些物质上的支持。

此外，我们还应观察幼儿的已有经验——已知、已会、已能。有意义的学习具有两个基本条件：一是新的经验建立在已有经验的基础上，二是在实际生活和学习中运用新的经验。因此，在观察中，教师应观察和了解幼儿在数理逻辑、社会性等方面的经验有哪些，从而在原有经验上促进幼儿的发展。

（二）观察幼儿的发展现状和个体差异

每个幼儿都有自身独特的发展速度。遗传因素和环境因素都会影响幼儿发展的步调，从而使幼儿的发展水平有所不同。教师应该允许幼儿个体之间存在差异性。不过，所有的儿童在总体上都遵循共同的发展序列。我们要观察儿童的重要原因之一，就是要看看他们的发展现状是否遵循一般的发展模式。

教师应结合《指南》对幼儿各年龄阶段发展目标进行分析，判断幼儿的发展现状是否符合其年龄阶段所应达到的目标。要想评估班级中年龄相同的幼儿，采用结构性观察是一个很好的方法。教师可以在观察幼儿前列出一系列发展清单，根据观察所得到的结果，进行比较，分析幼儿的发展现状。教师也可以对同一名幼儿在不同情境中的表现、能力做比较。同时，教师应该关注个体差异，观察幼儿有哪些不同的性格、偏好、学习风格、优势、速度、节奏等差异，从而因材施教，促进幼儿富有个性的发展。

（三）观察幼儿面临的困难与挑战

当幼儿在探究时，教师应再问自己三个问题：
- 幼儿在游戏中遇到了哪些困难？
- 幼儿在坚持不懈地尝试、探索，还是轻易放弃？
- 幼儿在解决问题时运用了哪些经验和方法？

针对幼儿遇到的问题及困难，教师应采取"六介入、五等待"（本章第四节中的内容对此有详细的阐述）的方法，对幼儿进行具体性的指导。

（四）观察材料、环境所起的作用

研究表明，游戏材料和幼儿发展之间存在一种双向关系，也就是说，材料的种类特点能刺激幼儿的行为方式，而幼儿也会根据自己的需要来决定对材料的操作方式。开放性的材料环境会诱导幼儿的游戏行为，这表明幼儿控制材料；而对材料进行封闭式投放，将诱导幼儿个别化的"作业"活动，这表明材料控制幼儿，限制幼儿想象力、创造力的发展。因此，当幼儿在与操作材料或墙饰互动时，教师应思考：

- 环境材料对幼儿产生了哪些影响？（哪些激发了幼儿？哪些限制了幼儿？）
- 环境材料引发了幼儿哪些自发练习性行为和自发探究性行为？

教师应通过观察及时调整环境及材料，从而让幼儿在直接感知、实际操作、亲身体验中获得发展。

二、观察的核心经验

（一）依据观察要点及发展提示进行观察

在开展有计划的观察活动前，教师应拟定明确的观察项目，列出观察要点。这样按计划进行的观察，才更具有针对性。在综合主题活动下的区域活动中，教师可以参考《上海市学前教育课程指南（试行稿）》中的"游戏观察要点及发展提示"（见表5-1）进行对比观察、分析。

（1）抓住幼儿的表征行为进行观察。幼儿的很多"表征行为"来源于玩具的诱惑、社会经验的学习应用，可以帮助我们了解幼儿社会角色认知、想象力、创造力、思维能力、表达交往能力等方面的发展水平。

（2）抓住幼儿的构造行为进行观察。通过幼儿在与玩具材料互动中的行为表现来分析：

- 幼儿想做什么？做了什么？
- 幼儿遇到哪些问题？如何解决问题？
- 教师是否在时间、空间上给予幼儿自主？

表 5-1 游戏观察要点及发展提示

幼儿行为		观察要点	发展提示
表征行为	动机与认知	动机出自材料的诱惑、他人行为模仿、自身意愿	行为的主动性
		分辨自我和角色的区别	自我意识
		行为指向哪些对应的角色	社会关系认知
		行为与角色原型的行为、职责的一致性程度	社会角色认知
	思维与表征	出现哪些主题和情节	社会经验范围
		同一主题情节的复杂性、持久性	行为的目的性
		行为是以操作玩具材料为主,还是以角色关系为主	认知风格
		行为仅仅指向玩具材料,还是指向其他角色	社会交往、语言表达
		是否以物代物进行表征	表征思维的出现
		同一情节中是否使用多物替代	想象力
		用同一玩具材料品进行多种替代	思维的变通和灵活
		用不同玩具材料品进行同一替代	思维的变通和灵活
		简单改变物品后再用以替代	创造性想象
		替代物与原型之间的相似程度	思维的抽象性
构造行为	意识与经验	造型时先做后想、边做边想或想好再做	行为的有意性
		构造作品主题	生活经验
	材料与创造	是否对材料形状、颜色、大小按一定规律有选择地建构	逻辑经验
		是否会用多种不同材料搭配构造	创造性想象力
		构造作品外形的相似性	表现力
		构造作品的复杂性	想象的丰富性
		是否能探索和发现材料特性并解决构造中的难题	新经验与思维变通
		结构材料拼搭接插的准确性和牢固性	精细动作、手眼协调

表5-1 游戏观察要点及发展提示（续表）

幼儿行为		观察要点	发展提示
合作行为	群体与个体	独自游戏、平行游戏、合作游戏	群体意识
		指示别人，还是跟从别人	独立性
		是否善于调整自己的行为以适应他人	自我意识
	交往与合作	主动与人沟通，还是被动沟通	交往的主动性
		是否会采用协商的办法处理玩伴关系	交往机智
		是否会同情、关心别人和取得别人的同情、关心	情感能力
		交往合作中的沟通语言	语言与情感的表达与理解
规则行为	意识	是否喜欢规则游戏	竞赛意识
		是否自觉遵守游戏规则	规则意识
		是否应用一定规则解决玩伴纠纷	公正意识
	行为	是否创造游戏规则	自律和责任
		是否能爱惜玩具材料、坚持收拾整理、物归原处	行为习惯
		游戏规则的复杂性	逻辑思维

(3) 抓住幼儿的合作行为进行观察。幼儿在游戏中不仅影响别人，也受别人影响。在自发游戏中，角色扮演、表演节目的编排、建筑物的设计和搭建、棋类游戏中的对弈等均是促进幼儿合作行为发展的有利契机。

(4) 抓住幼儿的规则行为进行观察。孟子曰："不以规矩，不能成方圆。"规则是对人们行为的规范，是协调人们之间关系和行为冲突的社会标准。同样，游戏规则是幼儿顺利进行游戏活动，实现游戏性体验的前提。

（二）结合幼儿学习品质进行观察

重视幼儿学习品质的培养是世界幼儿教育领域的主流。美国教育目标委员会于1991年在有关"入学准备"的工作报告中，首次提出了学习品质的培养。在很多国家的儿童学习目标中都有关于学习品质的明确表述。美国华盛顿州提出了培养"好奇心与兴趣、坚持性与注意力、创造力与发明、反思与解释"。相关研究结果表明，仅仅追求知识目标，只重视立竿见影的、可测量的、可应试的外源性知识学习，忽视幼儿内在的学习品质培养，是不利于幼儿可持续发展的。幼儿教育应重视哪一方面的教育呢？理所当然的回答是：重视那些对幼儿成为人具有不可估量的影响力的东西。良好的学习品质就像充盈在生活中的氧气，尽管看不见、摸不着，却须臾不可缺少。只有呼吸到新鲜的氧气，个体的身心才健康；只有培养幼儿良好的学习品质，才能保证幼儿学习与发展的质量。因此，在综合主题活动中，观察活动的重点在于对学习品质的观察与分析（见表5-2）。

表5-2 幼儿学习品质指标及标准

内容	指标	评价标准
敢于探究和尝试	喜欢探究	能够在探究中感到兴奋与满足。
	具有初步的探究能力	能够通过观察、比较与分析，发现并描述物体的特征与变化。
	在探究中认识周围事物和现象	能探索并发现常见的物理现象产生的条件或影响。能察觉到动植物的外形特征、习性与生存环境的适应关系。
解决问题	坚定的信心	有解决问题的决心。
	解决问题的能力	能够发现问题、分析问题和解决问题。
	个人控制	能够控制自己的情绪和行为，并主动解决问题。
积极主动	敏感	能迅速发现环境中的细微变化，往往伴有积极的情绪。
	关注未知	关心自己所不知道的或将要发生的事情。
	好问	对新事物和未知事物总是刨根问底。
	喜欢摆弄	喜欢观察和探索、操作感兴趣的事物。
	做出选择和计划	能用细节具体说明自己的选择和计划。
	参与	能够主动参与活动，在活动中表现持续的兴致和热情。
	合理冒险	主动接受和参与有挑战性的任务。

表5-2　幼儿学习品质指标及标准（续表）

内容	指标	评价标准
认真专注	集中注意力	做事情时十分专注和投入，全神贯注于活动。
	对困难任务的坚持	发现正在做的任务挺困难时，也会努力坚持做下去。
	目标坚持	不轻易放弃或改变自己的既定目标。
	坚持完成任务	能自觉完成需要坚持一段时间的任务，不需要提醒。
想象与创造	新颖	总是能从新角度去思考、分析，提出独特的、新颖的见解。
	丰富	针对问题可以在短时间内反应迅速，从不同角度和方面产生很多的联想，表达较多的观点。

第二节　幼儿园综合主题活动的观察方式

幼儿的行为具有情境性、复杂性和多变性，因此选择适宜的观察方式对幼儿行为的鉴别十分重要。明确观察方法和观察路径，能够帮助教师在综合主题活动开展的不同情境下，保证观察与记录的正确性、及时性和完整性，从而更好地帮助教师理解和分析幼儿的行为与发展，以便给予更加适宜、有效、有针对性的支持和引导。

一、观察方法

"工欲善其事，必先利其器。"想要取得良好的观察效果，教师必须掌握适宜、有效的观察方法。由于观察的主题和条件不同，观察的方法也各有所异。为了观察幼儿的主题活动，教师可以使用以下几种方法。

（一）直接观察与间接观察

直接观察，是指教师在活动现场凭借感官对幼儿进行直接而具体的感知观察。间接观察，是指教师以一定的仪器或其他技术手段为中介对幼儿进行观察。

（二）参与性观察与非参与性观察

参与性观察，是指教师直接参与幼儿的活动，通过与幼儿共同进行活动，在活动内部观察。根据参与的程度，参与性观察可以分为完全参与性观察和不完全参与性观察。完全参与性观察，是指教师隐瞒自己的真实身份和观察目的，自然地加入幼儿群体并进行观察。这一观察方式能使教师深入地了解到幼儿的真实情况，但教师参与过深，容易失去客观立场，对参与程度的把握有一定难度。不完全参与性观察，是指教师不隐瞒自己的真实身份和研究目的，在被幼儿接纳后观察。由于幼儿的接纳，他们避免了心理上的紧张，但容易使幼儿故意隐瞒或掩饰对自己不利的行为或夸大某些表现，使观察结果失真。

非参与性观察，是指教师不参与幼儿的互动，完全以局外人的身份进行观察。观察时教师对幼儿的活动及周围的环境不加以改变和控制，在自然的状态下进行观察。这种观察方法的优点是不受幼儿的影响，教师能自然地进行观察；不足之处是教师不容易了解到幼儿的内部活动情况。

（三）结构性观察与非结构性观察

结构性观察，是指教师事先制订详细的观察计划、明确的观察指标体系，严格按照计划进行观察。这种观察结构严谨，计划周密，观察过程标准化。教师能对整个观察过程进行系统、有效地控制和完整、全面地记录，但容易缺乏弹性，影响观察结果的深度与广度。

非结构性观察，是指教师事先没有制订详细的观察计划和观察指标体系，只有总的观察目的和要求，可以根据现场实际情况随时调整观察的内容和计划。这种观察方法适应性强，简单易行，但随意性大，所收集信息的整理难度大，不容易做定量分析。

（四）片段性观察与连续性观察

片段性观察，是指对特定区域、特定时间段里某一时刻发生的事进行抽样。教师运用这种观察法，通常是为了发现幼儿园或教室中的哪些区域在使用中。它也可以用来观察哪些幼儿在一起玩。这种观察的记录方法相当灵活，但教师不容易对整件事有总体了解，存在片面性。

连续性观察，是指针对幼儿某项能力、某种行为进行的持续一段时间的观察，通过多方面、多渠道、多形式的信息，更好地判断幼儿发展的连续性。这样的观察有助于我们对幼儿进行全面的、整体的评估，看到幼儿发展变化的轨迹和过程。在观察时采用何种记录方法以及如何确定观察时间间隔，取决于进行连续性观察的初衷。

二、观察路径

观察的意义不只在于了解幼儿，观察更是教育幼儿的前提和基础。通过真正的观察，教师可以了解幼儿的能力，发现幼儿之间的个体差异，探寻幼儿行为背后的原因，从而分析、解释幼儿的行为，最终推动幼儿的全方面发展。那么，我们应何时进行观察？答案应该是：随时随地。针对"幼儿园综合主题活动"，教师较为常用的两种观察方式为教育活动的观察和区域活动的观察。

（一）综合主题活动下教育活动的观察

观察的有效性和完整性取决于教师在观察时所依据的理论观点以及教师的观察技能。教育活动是一种有计划、有目的的活动，因此教师要用一种有所控制的结构化的方式寻找所要观察的事物。"有所控制"意味着观察不是随机的或偶然的；"结构化"意味着观察者事先要知道观察什么，到哪里去观察，以及怎样观察。有效地运用观察记录，是将观察记录的理论知识很好地运用到实践中，并且能在不同的活动中选择最适合的观察记录方法，在观察结束后对记录材料进行分析与反思。教师可以在课前有目的、有计划地结合教育目标或学习品质，设计一些等级评定量表或儿童发展检核表，根据表中的内容对幼儿的行为进行有目的性、针对性的记录（见表5-3）。

另外，教师可以利用作品取样或时间取样的方式进行连续性观察或片段性观察，以观察幼儿的活动行为，从而分析幼儿的发展与活动设计的适宜性。

表5-3　主题下数学活动幼儿发展检核表

幼儿姓名：　　　　　年龄：　　　　　性别：　　　　时间：

观察指标	是	否
对本次活动感兴趣		
能够摆弄活动材料并与同伴进行交流		
能够大胆表达自己的想法		
能够利用材料拼摆出ABAB模式		
能够利用材料的特征摆出多种ABAB模式		

（二）综合主题活动下区域活动的观察

著名教育家陶行知先生说："教育为本，观察先行。"当幼儿进行区域游戏时，观察是教师发挥主导作用的重要手段，也是实现区域游戏目标的前提，因为只有全面、深入地了解幼儿，才能有目的地、适时适度地进行引导。当然，观察绝不是教师随便看看，而是要在活动前想想要看什么，在活动后回顾看到了什么，有哪些要继续看，有哪些要补充看，前思后省，体现观察的连续性和目的性。教师只有运用科学合理的观察方法，才能为教育行为起到较好的支撑作用。通过相关研究可知，教师在区域活动中的观察分为整体观察和局部观察。

1. 整体观察

整体观察主要是为了了解各个区域中幼儿不同的学习兴趣、发展水平、学习方式、情绪状况、对规则的遵守以及对物品的整理等。常用的方法是扫视和巡视，所花费的时间较少。在区域活动的起始和结尾阶段，教师常采用整体观察。因为在活动开始时，经常有幼儿对操作要求不了解和对活动目的不明确，教师对全体幼儿蜻蜓点水式地关心，即可了解幼儿的活动状况。在活动结束时，教师应整体了解，以便确定结束的时间，并注意个别幼儿的活动进程，以帮助他们做好结束活动的心理准备。

2. 局部观察

（1）对能力特别强或弱的幼儿进行局部观察。教师应留意幼儿的学习动机、目标和困难，在适当的时候提出建议，以帮助幼儿完成学习任务。例如，教师观察幼儿在美工区中做帽子的活动。在观察的过程中，教师发现幼儿掌握不好帽子开口大小和头围的关系。面对幼儿的困惑，教师请幼儿尝试使用桌上的工具和材料，能力强的幼儿有的用双面胶粘住帽子开口的反面，有的用胶水涂在纸条上把开口大的地方改小，还有的用小订书器把开口的两头订住。能力弱的大部分幼儿会模仿别人的做法，也有小部分幼儿会请求他人的帮助。教师细致、深入地观察，适时地引导，使幼儿解决问题的能力大大提高。

（2）对新投放的操作材料进行局部观察。观察孩子操作材料的情形是否与教师的预期相符，进展的步骤、递进的层次是否与计划相同，尤其要关注那些意料之外的现象和情况。例如，教师观察在甜品店中的小朋友制作奶油蛋糕。奶油是新投放的操作材料，要成为教师局部观察的重点。教师在观察中发现，虽然自己在示范时向幼儿强调手要捏在三角包的最上面，从上往下挤奶油，可是大部分幼儿由于手劲不够，都从中间挤，使奶油从三角包的上面溢出，这是教师在活动前没有考虑到的情况。观察到这一现象后，教师及时调整操作材料，把三角包的顶端用牛皮筋扎紧，这样孩子操作起来就方便多了，再也不用担心奶油会溢出来。解决了后顾之忧后，孩子们的创造更大胆了，有的孩子在蛋糕上裱出了漂亮的花纹，还有的孩子裱出了小兔、小猫等动物形象。

（3）对与主题活动目标紧密相扣的活动内容进行局部观察。区域活动往往受到阶段性主题活动内容的影响，幼儿会产生一些共同的关注热点，所以教师一旦发现这些热点，就可以注意观察有可能作为讲评或讨论内容的素材。例如，在"水果化装舞会"主题活动中，美工区中动作快的小朋友做好帽子、服装后，拿彩色纸条串成项链并戴到了脖子上，有的孩子做手链。当教师观察到这一情况后，便在讲评时组织幼儿讨论："除了做帽子、服装，我们还能怎样装扮自己呢？""做好这些服饰后，我们可以玩些什么游戏呢？"小朋友们提出可以做包、眼镜、扇子、腰带等，还有的小朋友说"我们待会儿把这些做好的东西卖给别人或者装扮小舞台吧"。于是教师调整了环境，根据幼儿的谈论热点和创造性建议，投放了相关的各种材料，以供幼儿在下一次游戏时使用，并且鼓励幼儿和小舞台、超市等区域进行互动。

第三节　幼儿园综合主题活动的观察记录

观察记录为教师提供反思幼儿行为与发展、反思自身教育实践的依据。观察记录需要教师将观察到的具有典型意义的行为和过程描述下来，借此对幼儿进行更深入的理解和分析，并判断教育内容、教育方式、环境和材料的适宜性等。

一、观察记录的方式

（一）观察记录的一般构成

无论是哪种形式的观察记录，基本都应该包含以下要素。

（1）观察记录名称。就像写作文需要一个题目一样，观察记录也需要一个题目，但题目不要起得太大，应具有一定的指向性。要避免"音乐区表演""中班幼儿搭建"这样的题目，因为它们过于笼统，没有针对性。题目可以为"户外搭建夏日小凉棚""逃家小兔""一起来造船""缺少的头饰"等，让人一看到题目就知道活动的内容和方向。

（2）观察目标。在现阶段，幼儿教师的观察记录中比较突出的问题是缺乏观察的目的性，比较随意。这说明教师在观察时是孤立在课程之外的，我们应该把观察记录与幼儿评价、环境材料投放、教师指导、教学计划联系起来，再利用观察记录进行有效的教研活动，以便更好地改进教育和教学工作。例如：

观察目标：益智区农场游戏棋材料的适宜性

做观察记录时可以记录每天来玩的幼儿人数、幼儿持续玩的时间、幼儿的玩法、幼儿在玩的过程中遇到的问题，以及他们解决问题的办法等。持续观察一周后就可以判断"农场游戏棋"的适宜性。

观察目标：大班幼儿在益智区的合作能力发展

做记录时可在益智区观察幼儿是否愿意在活动中与同伴进行合作，以及沟通和协调情况如何。幼儿和几名同伴进行合作？合作的形式是平等的，还是一个人为主导？

(3) 观察对象、观察人或者记录人。教师在写观察记录前，要填写观察对象、观察人或者记录人，有助于别人对观察记录的基本信息一目了然。

(4) 观察时间、地点。在观察时记录时间有助于教师更好地评价幼儿在游戏中的行为。比如：在9月份的观察记录中，记录的是幼儿在入园初期的活动情况；在12月份的观察记录中，记录的就是来园3个月并已逐步适应后的幼儿的活动情况。虽然都处于小班阶段，但幼儿的行为表现会有明显差异。之所以要记录观察地点，是因为这是幼儿的行为发生的背景之一，幼儿在室内和户外的行为也很不同。

(5) 观察内容。记录观察的内容是观察记录最核心的部分，教师应客观、准确地表述幼儿活动的过程，以便后期的分析与支持。

(6) 幼儿行为分析。在客观描述幼儿的游戏后，教师应对幼儿的行为进行专业的分析，这个过程需要教师运用幼儿发展心理学理论和相关的教育理论。对于很多教师来讲，这可能有一定的难度，却是观察记录很重要的一部分。记录不是为了记录而记录，而是为了更好地了解、判断幼儿的发展，以便为其提供更适合发展的支持。

(7) 教师支持与反思。在分析幼儿的行为后，教师应该对所创设的环境、提供的材料、介入的时机与支持方法等进行观察，从而帮助幼儿在原有基础上获得发展。

（二）观察记录的形式

1. 逸事记录

逸事记录是教师对幼儿在自然状态下发生的一些典型行为或者偶发事件进行客观描述的记录方式。它是一种简短的叙事报告。客观真实地描述对教师来说是很重要的行为。逸事记录能够帮助教师分析幼儿的成长和发展过程，了解幼儿的个性特点，探讨影响幼儿的发展因素。它可以记录群体幼儿的活动情况，也可以记录个别幼儿的行为变化。

(1) 记录群体幼儿的活动情况。以下三个案例可供参考。

拯救大南瓜（中班）

在户外活动时，大家都在玩球。子赫却蹲到了护栏边，于是我好奇地走到他身边："发现了什么好东西？"子赫兴奋地说："老师，你看有个瓜被夹在护网里面了。""它肯定是成熟了从藤上掉下来的。"他发现了护栏上的南瓜藤，很认真地跟我说。这时，越来越多的孩子加入了我们的行列。

"老师，我们把瓜拿出来吧！"伟伟提议道。"好呀，那我们怎么把它拿出来呢？"我问。"护网下面有个小缝，我们用手就可以把它拿出来。"①子赫边说边做，但是缝太小，南瓜很难被拿出来。耿慕延着急地说："再用点力，就能拿出来了。"子赫趴在地上使出全身的力气，还是拿不出南瓜。耿慕延更着急了，自己动起了手，可是也拿不出南瓜。"南瓜为什么出不来呢？"我启发孩子们继续想办法。伟伟说："因为南瓜太大了，缝太小了。""我们可以把南瓜弄到那个小洞里，然后让它滚到墙外，我们去外面捡不就行了？"②田艺森兴奋地把他的发现告诉大家。孩子们你一下我一下地把南瓜滚到了排水口处，想要把它推到外面，但是推了半天，还是没成功。

看到孩子们着急的样子，我并没有直接帮助他们。如果我帮助了他们，那么就是在剥削孩子们成长的机会，所以我鼓励孩子们不要轻易放弃，继续想办法。"我们可以把手伸到护网里，使劲儿一扔，把南瓜扔到外面去。"③伟伟说完就把手伸进了护网里，但是由于空间有限，根本就没法扔。这时，在一边观察的策策有点急了："我们把护网弄个洞，不就可以把南瓜拿出来了嘛。"④孩子们还没等策策把话说完，就迫不及待地摇晃护网，甚至有的孩子开始用脚踢护网。晴晴见状，着急地说："不行，要是护网坏了，坏人就该进来了！"其他孩子也紧张了起来，马上停了下来。

这时，伟伟发现护网边上的螺丝钉，说道："我们可以把螺丝钉拧开，把护网卷上去，等拿到南瓜，再把护网弄回来不就行了嘛。"⑤听完，孩子们就用小手去拧螺丝钉，一个个满脸狰狞。"我们可以挖个坑呀。"⑥田艺森指着护网的下面说。"刚刚铺好的橡胶操场，如果被我们弄坏了，我们可以修好吗？"我有点难过地提醒道。孩子们摇摇头，伟伟说："那我们把南瓜变小不就得了！"⑦"那怎么把南瓜变小呢？"我惊奇地问道。因为如今的动画片中经常有一些使用魔法的镜头，所以我猜想孩子们是在把自己想象成一个魔法师。没想到球球很随意地答道："切了不就行了！"⑧此时，我为孩子们的想法感到惊喜，因为他们能够通过实际的生活经验来解决问题。

我想，可以将孩子们解决问题的思路分成三类：针对第一种到第三种办法，孩子们在试图适应环境，但因为环境的限制，他们没有成功；针对第四种到第六种办法，孩子们在试图改变环境，但因为外在因素的限制，他们也没有成功；针对第七种和第八种办法，孩子们试图改变南瓜，最终取得了成功。这种思考问题的方式不仅在幼儿的活动中有用，在教师的日常生活和工作中同样有用。

由于上午时间有限，所以我们约定下午在户外活动时再拯救南瓜。下午一起床，子赫就走到我身边，拍了拍我说："老师，出去的时候想着拿工具呀！"（我们决定选用幼儿食育活动室里的西餐刀来尝试切南瓜。）我笑着对他点点头。下楼后，孩子们迫不及待地来到护网前，商量决定由力气最大的伟伟来切南瓜。（注：在前期的幼儿食育活动中，幼儿学习使用塑料小刀及西餐小刀，逐渐掌握了切菜、切水果的经验，并了解自我保护的方法。）可是南瓜皮太厚，伟伟没能切开南瓜，所以他们请我来帮助切南瓜。当我用力将南瓜切成两瓣时，随之而来的是孩子们的一阵阵欢呼声。"哇，太棒了，终于出来了！"子赫迫不及待地拿出南瓜，举着切开的半个南瓜欢呼着。随后引来了更多孩子的关注，妞妞看到后高兴地说："好漂亮的西瓜！"还有的幼儿说是哈密瓜、黄瓜……孩子们忍不住你一言我一语地讨论起来。

我想：怎么能够让孩子们了解到正确的答案，又不破坏孩子们的探索欲呢？于是我搜集了孩子们所说的几种瓜的照片，并将其与我们找到的瓜进行对比。通过对瓜皮、瓜瓤的颜色、瓜籽儿的对比，孩子们认识了南瓜，同时加深了对其他品种的瓜的认识。

子赫是一个调皮的小男生，对平时的活动缺乏兴趣，总是沉浸在自己的想法里。在"拯救大南瓜"活动中，我及时抓住了他的兴趣点，融入了他的世界。在活动中，子赫首先发现问题，然后吸引更多的幼儿参与活动并合作解决问题。从始至终，子赫的活动积极性都很高。我想之所以会这样，一是因为子赫是活动的发起者，二是因为孩子们的兴趣高涨。整个活动的推进过程是一种问题式探索的过程，孩子是活动的主体，我以孩子的兴趣为起点，在孩子探索、解决问题的过程中提供支持与鼓励，吸引孩子的注意力，这是孩子需要的活动。子赫的改变反映了孩子一旦对某事物有浓厚的兴趣，就会主动去求知、去探索、去实践，在求知、探索、实践中产生愉快的情绪和体验。

【案例分析】

在案例中,教师利用边记录边思考的方式,客观地阐述了幼儿发现卡在护网中的南瓜,思考、实践如何把它取出来,以及取出后的欢呼雀跃等一系列行为。这样的记录更适合有一定教育观念的教师进行撰写。

逃家小兔(大班)
——幼儿有自主解决问题的意识和能力

每天在户外活动时,孩子们都喜欢到种植园和饲养园里看一看我们种植的蔬菜、饲养的小动物。突然,阳阳大声地呼唤他的小伙伴:"你们快来看啊,小兔子的小鼻头上全是泥土。"(见图5-1)孩子们走上前去。"小兔子全身都是土。"孩子们你一言我一语地说着。"咦!那里怎么出现了一个洞?""肯定是小兔子挖的!"阳阳说道。我问:"那小兔子为什么会挖这个洞呢?"阳阳回答道:"可能是小兔子把草吃光后,露出了本来就存在的洞口。"龙龙说:"那应该是兔子的卫生间。""那咱们再观察观察吧!"我说道。

图5-1　兔子与洞

在这个过程中,阳阳能够细致地观察小兔子的变化。当第一次看到小兔子的家中出现洞口时,阳阳只是好奇地猜测它的用处。在教师的询问后,阳阳认为可能是小兔子把草吃光了,本来就存在的洞口露出来了,而龙龙认为那是兔子的卫生间。这说明孩子能够根据自身的已有经验进行猜想。为了给幼儿留有探索空间和机会,我鼓励幼儿进一步观察与探索。

1. 一个奇怪的洞

第二天，我们像以往一样经过饲养园，孩子们来到兔子家，只见小兔子全身钻进了洞里，两只前腿正卖力地刨洞中的泥土（见图5-2）。

图5-2　兔子刨土

孩子们看着看着，突然在栅栏外观察的阳阳一只脚陷进了土里。"糟糕！小兔子挖通了一条地下通道。""啊，周老师，小兔子为什么挖洞啊？"我说："你觉得它为什么要挖洞呢？"佳佳说："我看过《逃家小兔》，它是不是也像书中的小兔子一样想要逃离这个家，到外边自由自在地生活？""不对不对，我觉得它可能是想妈妈了，想去寻找自己的妈妈。""我觉得它可能不喜欢这个家，如果它觉得这里好的话，不会想妈妈，更不会想要逃跑。"此时阳阳对我说："周老师，我们可以给小兔子做一个漂亮舒适的新家，这样小兔子就不会逃走了。"我说："那你们想怎么给小兔子做家？"周周说："老师，我有办法。我看到咱班有很多酸奶盒，我们可以像搭积木一样，给它拼搭一个房子。""我们也可以直接用一个大大的纸箱子，然后在纸箱子上做个小窗户，留个小门。"沫沫也随声说道。"老师，我想给它搭个棚子，就像我们给小苗搭的家一样。"杜淼大声说道。"老师，我也想用酸奶盒。""老师，我想跟沫沫一起制作。"孩子们纷纷应和着。萱萱说："老师，我们可以合作制作，看看小兔子最喜欢哪组做的新家。"我说："那咱们回班试试吧！"

连续的观察引发了幼儿的进一步思考，佳佳能够联想到自己看过的绘本故事中的情节。孩子们进行了符合自己现有水平的猜测，激发了照顾小动物的情感，自发地想要给小动物做一个更漂亮、更舒适的家。我通过语言上的支持，引导幼儿制作小兔子的家，推动幼儿深入思考，并给予肯定，为幼儿营造一种宽松的氛围。

2. 我给小兔子做新家

回到班级后,孩子们马上开始制作。酸奶盒组的小朋友突然找到我:"周老师,您可以用胶枪帮我们把酸奶盒固定住吗?我们怕用胶粘的酸奶盒不牢固,砸到小兔子。"于是,我帮助他们将房子固定。这时,棚子组的小朋友找到我:"周老师,我们想做一个棚子,可是我们要将支撑的骨架固定在哪里呢?"我说:"你们可以到小菜园里观察咱们搭的棚。""小菜园里的棚的骨架是插在土里的,咱们班没有土怎么办?""我找来了一个大箱子,我们可以用这个当底,你们看看怎么将骨架固定。"萱萱说:"有办法了,可以把它粘在箱子的边上。"孩子们一边遇到问题,一边用自己的方法解决问题。经过一天的时间,兔子的家总算完成了。第二天上午,我们将新家放在了栅栏里。

在这个过程中,幼儿能够想到用身边的材料为小兔子做家。在自主活动的前提下,孩子们的想象力和创造力变得更加丰富。教师的适当放手给了孩子更多自己解决问题的机会。同时教师以同伴的身份帮助幼儿进行搭建,由此可见,大班幼儿在活动中的自主性越来越强,动手动脑能力也随之增强。

3. 更加了解你

在下午的户外活动时,孩子们兴奋地来到了兔子的家,想要看看它究竟喜欢什么样子的家。可是孩子们看到眼前的一幕惊呆了。谁做的家兔子都没去,它依然在洞中卖力地刨着。"啊!老师,这到底是怎么回事啊?它不喜欢我们做的房子。"看到孩子们一个个沮丧的小脸,我赶快安慰他们:"小兔子可能不是要逃走,也不是不喜欢你们做的家。它挖洞是不是有别的原因呢?"子宁说:"我们可以查查资料,也可以问问管理员张爷爷。"经过询问,孩子们知道兔子挖洞的原因有很多。比如,兔子要生小宝宝,或者想保护自己,还有可能是在锻炼身体。孩子们担心兔子会跑出去,无人照料,于是将栅栏外的洞口用隔板挡住。在此后的每一次户外活动时,孩子们总是要在兔子家旁停留一会儿。

随着问题的深入,孩子们不断探索,发现问题并解决问题。孩子们成功地获得了知识和技能,教师的引导有效地帮助幼儿体验了独立解决问题的成就感。

【案例分析】

这是持续一段时间的观察记录,教师在每次活动后进行反思,这样观察更具有规律性,新入职教师、青年教师都可以轻松使用这种观察和记录方法。

一起来造船（大班）
——在探究活动中支持幼儿自主解决问题

春天来了，我们的种植园里开满了各种各样的花。春风一吹，很多小花瓣便飘落到池塘里，然后开始属于它们的远航之梦。小朋友们想到了"折小纸船"的活动。我在区域中投放了有关折小纸船的图书，幼儿通过家长、网络、图书等学会了不同的折纸船方法。"我的船最好，它肯定能走很远。"可心说。彬彬着急地说："我的船才是最好的，不信咱们比比！"每名幼儿都将自己的纸船放到小池塘里，可是在做操后我们发现，很多小纸船都沉了或进水了。

1. 不怕水的小纸船

"小纸船为什么会沉呢？"我问。"它是纸做的，纸怕水。""因为它在水里的时间太长了吧。""纸很轻，但是碰到水就坏了。"孩子们讨论着。豆豆突然说："我们让小纸船不怕水就行了。"我问："怎样能让小纸船不怕水，在水面上多航行一点时间呢？"在分组讨论和计划后，幼儿找来材料并进行制作。第一组是海树号（在船底增加辅材），第二组是彩虹号（改变船体结构），第三组是天马号（改变纸船材料），第四组是天狼号（改变空间结构）。用四种方法制造的船都成功了，经过连续观察我们发现，彩虹号是航行最久的船。

2. 造一艘大船

叮当兴奋地说："耶，我们的小船成功了，如果我能坐到船上就好了。"豆豆说："不行，这样很危险，我们必须要坐工厂生产的船。"我说："对，小朋友如果要下水，必须要有大人在身边，而且要到正规的地方才行。坐船也需要坐坚固、正规的船。"

"那我们慢慢扶着上去，老师保护我们，我们能不能造一艘大船啊？"豆豆问。在一起查阅了有关船结构的资料后，我鼓励他们："这个想法不错，你们想用什么来造大船呀？""用泡沫板。""不行，泡沫板上不能放重的东西，容易沉。""用木板。""建筑区的木板太小了。""户外搭建区有大的木板。""那个有点窄。""那就把两块木板拼在一起呗。"我问："可是，我们用什么材料把两块木板连接起来呢？"乐乐说："要用粗一点的绳子或者硬一点的铁丝才行。""那我们试试吧！"（见图5-3）

图5-3 连接木板

幼儿在尝试中发现绳子没有办法固定木板,但铁丝可以固定木板。然而,用铁丝绑完木板后,我们发现两块板之间还是会晃动,于是幼儿用钉子(见图5-4)和订书器来固定木板。

图5-4 用钉子固定木板

在第一次尝试后,我们发现两块板中间有时会漏水,于是幼儿想到用超轻黏土来固定。在做完船底后,幼儿决定用厚纸板做船身。大家在尝试后发现,用尺子画的线更直、用刀子裁更方便。"我们把纸箱子变成了两片纸板,可是它们立不住怎么办?"叮当摊开小手,摇摇头说。"用宽胶带就行。"嘟嘟说着就把材料拿来了。在使用过程中,大家经历了几次失败。君君说:"胶带太软了,我们得用硬一点的东西。"说着,他把刚刚剩下的小纸板架到了木板和一块纸板中间,然后用胶带分别粘贴,居然成功了。

装上小旗子、写上我们的名字、粘上简单的装饰(见图5-5),然后我们的大船成功起航了(见图5-6),载着我们小小的梦出发啦!

图 5-5 装饰大船

图 5-6 大船起航

3. 教师支持策略

鲁迅先生笔下有一个"百草园",那是孩子们自己的世界。他们在那里时是欢乐的、自由自在的,"百草园"能给孩子们带来快乐和智慧。由此可见游戏对幼儿的重要性。游戏的主导者是幼儿,游戏的主题、探究的方法及方向都应由幼儿确定,教师只需为幼儿的自主活动提供一些必要的准备和帮助。

《指南》中指出:"幼儿科学学习的核心是激发探究兴趣,体验探究过程,发展初步的探究能力。成人要善于发现和保护幼儿的好奇心,充分利用自然和实际生活机会,引导幼儿通过观察、比较、操作、实验等方法,学习发现问题、分析问题和解决问题;帮助幼儿不断积累经验,并运用于新的学习活动,形成受益终身的学习态度和能力。"以此为依据,我为幼儿提供适宜的支持策略。

(1) 即时支持。

a. 支持与鼓励,引导幼儿在探究过程中解决问题。幼儿在探究过程中遇到问题后,我采取"等一等"的方法,让幼儿自己猜测答案,并支持幼儿进行实践,验证自己的答案。例如,在"怎样能让纸船不怕水?"的活动中,根据幼儿的猜想,我引导幼儿进行讨论,并提供宽松的探究环境来支持幼儿进行操作。

b. 适时与适度,保护幼儿在探究活动中的"真游戏"。当幼儿进行探究活动时,教师要善于抓住适当的介入时机,在幼儿遇到游戏无法拓展、消极情绪、安全隐患等情况时适时介入,保护幼儿的自信心和探究欲望。例如,当幼儿想尝试造大船时,在遇到他们想要亲自试水这种有安全隐患的情况时,我及时介入:"对,小朋友如果要下水,必须要有大人在身边,而且要到正规的地方才行。坐船也需要坐坚固、正规的船。"我通过合理指导，进一步加强幼儿的安全意识。

c. 接纳与肯定，鼓励幼儿多方面的探索行为。在幼儿"突发奇想"时，我支持幼儿的想法，并鼓励他们进行实践。例如，当讨论"如何让两块木板连起来？"时，幼儿最初的想法是使用绳子，但尝试后发现使用铁丝更合适。在做船身时，幼儿最初的想法是用笔直接画线、用剪刀剪，但尝试后发现用尺子画线、用刀子裁是更简单的方法。这些由猜想到得出结论的过程就是幼儿的探究过程，教师要认真对待幼儿的想法，有时容忍幼儿弄脏、弄乱的行为，鼓励幼儿进行探索活动。

(2) 延时支持。

a. 丰富与拓展，帮助幼儿延续探究内容。例如，当幼儿对折纸感兴趣时，我在图书区投放工具书，在美工区投放不同材质、颜色的纸，引导幼儿深入探索。当幼儿产生造大船的想法时，我们一起查阅网上资料，帮助幼儿丰富经验。

b. 交流与分享，鼓励幼儿交流探究经验。在探究活动结束后，我引导幼儿将自己的经验和新发现进行交流和分享，帮助幼儿进行经验的梳理和提升。

【案例分析】

在案例中，教师根据纸船下沉问题引发一系列活动及问题，先记录幼儿活动过程，后针对教师的支持策略进行反思。这样撰写反思的形式，更偏向于课题研究，为课题的开展、寻找教师支持策略提供有力的支持。

(2) 记录个别幼儿的行为变化。

种植活动中的小宇（中班）

杜威认为，最好的教育就是"从生活中学习""从经验中学习"。儿童只有对真实的活动产生兴趣，才会对活动中的一切进行观察，才能发现问题，解决问题，提高思维能力。幼儿园种植活动对孩子们来说比较新鲜，也易于操作，孩子们能够在不断实践探索中得到自主发展。

通过种植活动，小宇各方面的能力均有明显变化。小宇是一个活泼外向的男孩，在活动时容易注意力不集中，经常大声说一些与活动无关的话，不喜欢参与美术、剪纸等操作活动，无论教师怎样引导都无法引起他的兴趣。后来我们开展了一系列的种植活动，小宇一开始不闻不问，慢慢变得有兴趣，后来能够主动探索种植活动中的问题,并在其他领域中有一定的进步。下文中的几个片段展现了小宇的变化。

1. 你也来试一试吧!——激发兴趣

今天是种植活动的第三次活动课,我们准备去小菜园里播种油菜和移植柿子椒种苗。在班里准备好种子和工具后,我们就出发了。到小菜园,我先给孩子们讲解怎样撒油菜种子,然后请小朋友们去种。这时,我发现小宇一直在抠地上的土。为了引导他将注意力放到活动上,我问他:"你说,种子种到土里会不会长出来呢?"他抬起头看着我并思考着,我趁机跟他说:"你也来试一试吧!"他磨磨蹭蹭地走过,眼神里还有一些胆怯,我想他可能刚才没有听清播种方法,于是我就请他配合我,跟我一起种,我一边撒种子,一边跟他讲播种方法。

几次之后,他也有了兴趣,小手一直往种子旁边伸。我赶紧配合他:"我来帮忙,你来种吧。"他果然很痛快地答应了,有模有样地开始撒油菜种子。在播种结束后,我及时对小宇进行了表扬,激发他参与活动的兴趣。随后我们开始移植柿子椒,当我讲解移植方法时,小宇在一旁听得十分认真,也积极参与移植操作,在活动后显得很有成就感。根据小宇的兴趣点,我及时吸引他的注意力,顺其自然地带他参与活动,使小宇从不感兴趣到尝试播种,后来主动参与移植,逐步提高了他对种植活动的兴趣。

2. 我们的约定——主动参与

在户外活动中玩大型玩具时,小宇满头大汗地跑向我,好像想起了什么,表情激动地看着我说:"徐老师,前几天我看见咱班的甜瓜都开花了,不知道现在它们是什么样子了。"原来他想起了小菜园里的甜瓜,这让我很意外,没想到他会主动提起小菜园。于是我赶紧对他说:"那你跟我一起去看一下吧。"他很高兴地答应了。

我们来到菜园里,看到有的甜瓜还在开花,有的花谢了,结出了小小的果实。小宇一下子高兴了起来,说话的声音都变得很激动,大声地说:"徐老师,你看,这儿有一个小甜瓜。"他说完也不等我过去看,就接着找其他的小甜瓜了。他一边找,一边指给我看,心情很激动。我看着他,想用这个机会引导他对种植活动产生长期关注,我故意指着一片草说:"哎呀,这里有好多草,都挡着甜瓜的阳光了。"小宇跑过来,一边拔草,一边说:"把草拔掉不就行了。"(见图5-7)

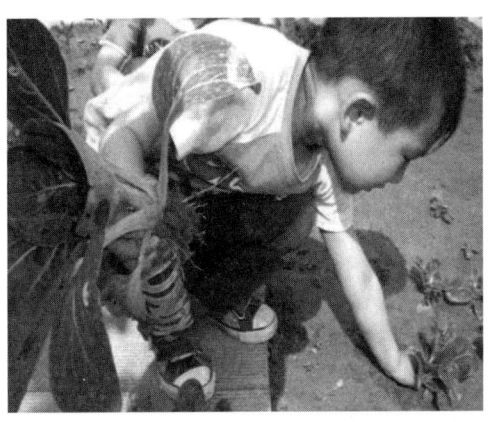

图5-7 幼儿拔草

我没想到他会主动劳动。在拔完草后,他的表情还有些骄傲。我赶紧问他:"小宇,你喜欢咱们的小菜园吗?"他说:"喜欢。"我说:"那以后你每次都陪着我来打理小菜园好不好?"他显得很高兴,说:"好。"于是,这就成了我们俩之间的约定。经过一段时间的打理菜园活动,小宇跟我的关系更亲近了,他也变得喜欢提问,乐于参加操作活动,但仍仅限于在种植活动中动手操作。但是我相信,小宇迈出了第一步,以后就会有更大的进步,会在其他领域中表现得更加出色。

3. **植物写生——学会观察**

优秀的孩子是在持续的鼓励中成长起来的。通过参与长时间的种植活动,小宇的各方面能力有了显著提高,也增强了自信心。结合种植活动的开展,我们在端午节期间进行了一系列的主题活动,其中有一项活动是户外植物写生。小宇以前一直不愿意参加绘画活动,但自从开展种植活动以来,小宇能够动笔画了。不过与同龄幼儿相比,他的绘画水平较低,只能画出简单的线条。对于小宇能不能很好地参与此次绘画活动,我也没有十分的把握。

在活动开始时,我先引导全体幼儿观察马莲草,小宇能够比较认真地观察,还举手发言了几次,他的积极性比以前上美术活动课时高很多。我看着他的表现,心里很兴奋。在写生过程中,我常常走到他的身边,有时用问题引导他观察叶子的形状,有时和他一起观察叶子的纹路,并请他说一说所看到的马莲草是什么样子的,然后让他在纸上画画。

在活动结束时,我们一起欣赏了他的作品。他的进步非常大,对叶子的特征表现得非常好。他露出一脸笑容，享受着成功的喜悦。通过这次户外写生活动，小宇的观察能力有很大提高，并能积极参与绘画活动。我将小宇对种植活动的兴趣延伸到了更多的领域，促进其全面发展。

4. 拔花生——自主探索，同伴合作

又到了收获的季节，其他班的植物已经陆续成熟了，孩子们每天看着自己种的花生很着急，经常有小朋友问我什么时候收花生，小宇也是其中一个。终于，我们的花生成熟了，可以收获了，孩子们很兴奋。

我们分了两组，一组拔花生，一组择花生，孩子们干得不亦乐乎，小宇也在使劲地拔花生。当彤彤向小宇求助时，他很痛快地答应了，和彤彤一起拔出了一棵埋得深的花生。在彤彤对他表示感谢时，我看到他脸上露出了自豪与成就感。此后，小宇和其他小朋友自由结成小组，进行合作劳动。

在拔花生的过程中，小宇发现有些花生没有被拔出来，被落在了土里。我鼓励他自己想办法。过了一会儿，他的手里多了一把小铲子。他用铲子挖土里的花生，然后拿着一大把花生给我看，还跟我介绍他想出来的办法和使用的工具，我对他独立解决问题的行为给予了表扬。

在这次活动中，小宇不仅体验了收获的快乐，还帮助了同伴，体验了合作和帮助别人的乐趣。小宇在活动中发现了问题，并且成功地解决了问题，促进了思维能力的发展，提高了在活动中自主探索的欲望。

源于对种植活动的兴趣，小宇开始在活动中尝试观察、操作、发现问题、解决问题。通过种植活动，小宇不断给我带来惊喜。他从不愿意参加活动，发展到能够在活动中自主探索和解决问题，他的进步显而易见。种植活动是融于幼儿生活的活动，是幼儿自主操作的活动。在种植活动中，幼儿不仅体验了劳动和探索的过程，也获得了可以伴随其一生的自主探索学习方法。

【案例分析】

在案例中，教师通过对个别幼儿的不断观察、支持，提高了幼儿参与活动的兴趣和动手能力，帮助幼儿树立了自信心，并且由点带面，促进了幼儿的全面发展。

2. 表格记录

逸事记录的内容涉及动作、情绪等，能够呈现栩栩如生的画面。但是对于分析、支持能力较弱的新教师来说，有时候记录的内容可能会具有片面性，不够清晰明了，记录的过程也比较耗费时间。如何让观察记录更便于检索？表格记录的形式更有利于教师有目的地观察，支持教师与《指南》等教育指导思想对接。

（1）检核表。检核表更具有针对性，观察者在选定观察的对象和情境后，可在特定时间内对研究对象是否出现表中所描述的各种行为进行检核。例如，教师可以通过检核表来观察和记录幼儿在主题活动中表现出的好奇或参与行为（见表5-4）。若幼儿在活动中表现出好奇，用"○"表示，否则用"×"表示。教师可以在每项行为后对应的表格中，记录幼儿具体的行为表现。

表5-4 幼儿主题活动的学习记录表

姓名：	年龄：	时间：
（　）1．对主题感到好奇		（备注行为）
（　）2．针对主题发言		
（　）3．能倾听他人发言		
（　）4．对活动表现出耐心		
（　）5．能与他人进行合作		
（　）6．能专注地操作或参与游戏		
（　）7．能够发现问题，并乐于思考解决方法		
说明：请观察幼儿是否表现出各项描述行为，并以"○"或"×"表示。		

（2）叙事记录表。叙事记录表能够指引教师记录所观察到的情境，清晰地呈现幼儿探究与发现的过程，同时展现出教师思考、分析和支持的过程。为了帮助教师更有效地观察与分析幼儿，我们依据维果茨基的最近发展区（Zone of Proximal Development）理论研制了叙事记录表。最近发展区是指，"学生的发展有两种水平：一种是学生的现有水平，指独立活动时所能达到的解决问题的水平；另一种是学生可能的发展水平，也就是通过教学所获得的潜力。两者之间的差异

就是最近发展区"（见图5-8）。

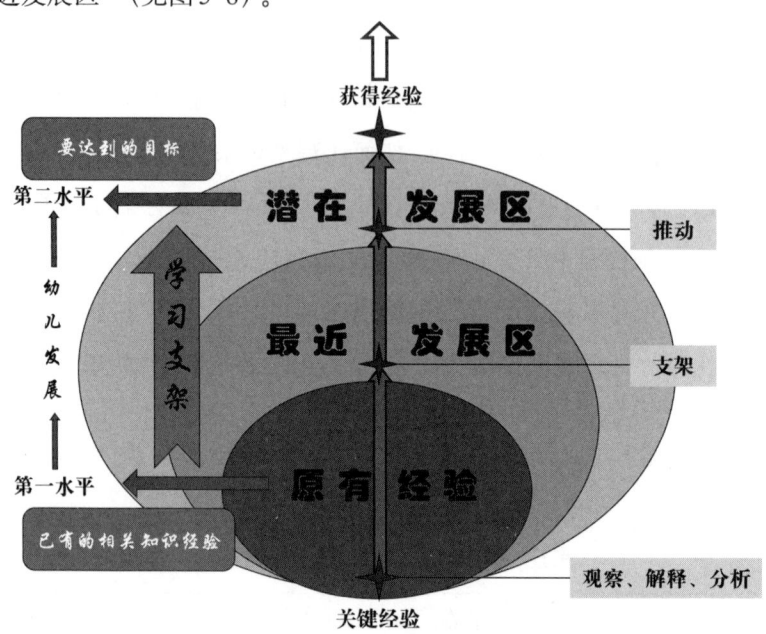

图5-8 最近发展区

维果茨基认为，"儿童虽然不能独立地解决问题，但是，可以通过成人指导或有经验儿童的帮助而成为解决问题的主人"。他人的帮助被称为"支架"，支架的位置在原有经验与最近发展区的交接处。教师在这个地方进行支架，才能推动幼儿的发展。那么如何准确地找到这个交接处呢？教师要深入了解目标，并进行连续、客观、真实的观察，随后结合《指南》对观察到的行为进行解释、分析，由此才能准确、有效地支持幼儿的活动。

因此，叙事记录表呈现出"观察—分析—解释—支架—推动—反思"六个步骤（见表5-5）。它既可以作为观察记录表来使用，也是教师观察和指导幼儿行为的依据和抓手。

观察——客观描述幼儿的典型行为表现。

分析——针对幼儿的典型行为，结合《指南》、幼儿年龄特点、教育理论等，分析幼儿的发展阶段与水平，分析其行为产生的原因。

解释——联系幼儿的发展目标和《指南》中的教育建议，进行深入的解读。

支架——判断教育时机的适宜性，联系教育建议进行搭架子，采取有效的支持策略。

推动——帮助幼儿获得新的经验，产生新的问题。

反思——对幼儿发展、教师教育理念和教育行为进行整体性反思。

表5-5 教师观察记录表——探究活动中的教师支持策略（领域）

名称： 材料： 观察时间：
观察对象： 年龄： 观察者：

原有经验	观察 描述幼儿的典型行为表现	1. 针对一点进行真实、客观、无偏见的描述。 2. 利用照片或者视频进行记录。 3. 记录要系统、完整，有逻辑，有重点。 4. 描述清晰、有条理、详细、准确。
	分析 联系《指南》中的发展目标	1. 将观察行为联系《指南》目标及要点进行分析。 2. 结合幼儿心理年龄特点进行分析。 3. 结合教育理论、游戏理论进行分析。 4. 结合幼儿的成长背景及已有经验进行分析。 5. 纵向对比进行分析。 6. 横向对比进行分析。
最近发展区	解释 联系《指南》中的教育建议	根据分析中的《指南》目标，联系其相应的教育建议。
	支架 判断恰当的教育时机，实施教育策略	1. 直接支持：主要是指在不影响幼儿游戏意愿的情况下，教师与幼儿面对面，通过语言、行为对活动进行支撑、维持、回应、供应、把持、支援。 （语言、行为） 2. 间接支持：主要是指根据幼儿的兴趣及最近发展区，教师借助于第三方媒介（环境、家园共育、社会）对幼儿进行活动支持与推进。 （支架语、支架态、支架物、支架场、支架境）
潜在发展区	推动 幼儿获得的经验	1. 客观描写教师支架后幼儿行为的变化（语言、行为等）。 2. 幼儿产生的新问题、兴趣。

反思：
1. 对幼儿的发展进行反思。
2. 对教师的儿童观、教育观、游戏观进行思考。
3. 对游戏环境、材料调整进行思考。
4. 对游戏支持策略进行思考。
5. 对游戏与主题活动的关系进行思考。
6. 对家园共育进行思考。

观察记录可以是对小组活动的连续记录（见表5-6、表5-7、表5-8），可以是对集体活动的连续记录（见表5-9、表5-10），也可以是对个别活动的单次记录（见表5-11）。

表5-6　大班观察记录——探究活动中的教师支持策略（科学领域）（1）

名称：连不上的两块板（1）——共同解决探究问题
材料：木板、绳子等　　　　　　　　观察时间：2019.4.13
观察对象：豆豆、俊俊等　　　年龄：5岁半　　　观察者：王艳玲

原有经验	观察 描述幼儿的典型行为表现	幼儿在进行纸船活动后，萌发了想造一艘大船的愿望。于是这组小朋友想到用木板造船的方法。他们从户外搭建区拿了两块木板，怎么把两块木板连接到一起呢？俊俊说："我们用双面胶吧。"豆豆不同意："双面胶是粘不住木板的。我们得用绳子。""那我觉得绳子也不行，它绑不住那么沉的板子。"俊俊也不同意豆豆的方法。豆豆说："那我们就做不了船了。"他说着就把板子放到了一边（幼儿出现消极情绪）。
	分析 联系《指南》中的发展目标	《指南》科学领域中科学探究方面的目标1"亲近自然，喜欢探究"中指出：5—6岁幼儿能经常动手动脑，寻找问题的答案。 豆豆和俊俊都有自己的想法，但有时会各执己见，也因此容易与同伴发生争执和矛盾。
最近发展区	解释 联系《指南》中的教育建议	真诚地接纳、多方面地支持和鼓励幼儿的探索行为。例如，认真对待幼儿的问题，引导他们猜一猜、想一想，在有条件时可以和幼儿一起做一些简单的调查或有趣的小实验。
	支架 判断恰当的教育时机，实施教育策略	1. 语言支持："你们的方法都有道理，为什么不试试呢？" 2. 引导幼儿通过不同的方式寻找答案，得出结论。

表5-6　大班观察记录——探究活动中的教师支持策略（科学领域）（1）（续表）

潜在发展区	推动幼儿获得的经验	"你们的方法都有道理，为什么不试试呢？"听了我的话，他们点头同意了，于是分别拿了自己的工具。俊俊在尝试使用双面胶时，乐乐和可心告诉他："双面胶遇到水会不粘。"俊俊觉得有道理，于是和豆豆一起用绳子尝试了起来（见图5-9）。  **图5-9　用绳子固定木板**

反思：
　　在活动中，幼儿当遇到问题时各执己见，因而产生了矛盾。在教师进行一次介入后，幼儿能按自己的想法进行试验，在实践中验证自己的想法。在这个过程中，幼儿能够通过探究，学习到与同伴共同游戏的方法。
　　教师在幼儿有消极情绪、产生矛盾时适时介入，帮助幼儿解决问题并提供方法，使幼儿在解决矛盾的同时解决了问题。

表5-7　大班观察记录——探究活动中的教师支持策略（科学领域）（2）

名称：连不上的两块板（2）——共同解决探究问题

材料：木板、绳子、铁丝等　　　　　　观察时间：2019.4.20

观察对象：豆豆、乐乐等　　　　年龄：5岁半　　　　观察者：王艳玲

原有经验	观察 描述幼儿的典型行为表现	幼儿用绳子和铁丝将两块木板系到一起后，两个人一抬，发现虽然两块木板连在一起，但是它们像门板一样动来动去。乐乐看见这种方法失败了，便转头回到座位（幼儿出现消极情绪）。
	分析 联系《指南》中的发展目标	《指南》科学领域中科学探究方面的目标1"亲近自然，喜欢探究"中指出：5—6岁幼儿能经常动手动脑，寻找问题的答案。 　　幼儿在活动中能积极思考，但是在遇到困难时容易退缩。

表5-7　大班观察记录——探究活动中的教师支持策略（科学领域）(2)（续表）

最近发展区	解释 联系《指南》中的教育建议	真诚地接纳、多方面地支持和鼓励幼儿的探索行为。例如，认真对待幼儿的问题，引导他们猜一猜、想一想，在有条件时可以和幼儿一起做一些简单的调查或有趣的小实验。
	支架 判断恰当的教育时机，实施教育策略	1. 语言支持："你们已经把两块板子连到一起了，真不错。要是能再结实一点就更好了，有没有什么办法呢？" 2. 引导幼儿通过不同的方式寻找答案，得出结论。
潜在发展区	推动 幼儿获得的经验	"你们已经把两块板子连到一起了，真不错。要是能再结实一点就更好了，有没有什么办法呢？"听了我的话，豆豆拉着乐乐在班里找工具，一会儿就拿着订书器和超轻黏土开始尝试。

反思：
　　在活动中，幼儿当遇到问题时出现消极情绪。在教师进行一次介入后，幼儿能按自己的想法进行试验，在实践中验证自己的想法。在这个过程中，幼儿能够通过探究，学习到与同伴共同游戏的方法。
　　教师在幼儿有消极情绪、遇到问题时适时介入，帮助幼儿解决问题并提供方法，使幼儿在解决问题的同时提升了能力。

表5-8　大班观察记录——探究活动中的教师支持策略（科学领域）(3)

名称：连不上的两块板（3）——共同解决探究问题

材料：超轻黏土等　　　　　　观察时间：2019.4.28

观察对象：豆豆、乐乐等　　　年龄：5岁半　　　观察者：王艳玲

原有经验	观察 描述幼儿的典型行为表现	在用铁丝把木板固定好后，我们进行了第一次试航，然后发现两块板中间有时会漏水。"怎么又失败了？"豆豆说。乐乐说："是不是木板不能做船呀？""不是，很多船都是木头做的。""老师，我们的船为什么老漏水啊？"（教师收到幼儿的邀请）
	分析 联系《指南》中的发展目标	《指南》科学领域中科学探究方面的目标1"亲近自然，喜欢探究"中指出：5—6岁幼儿能经常动手动脑，寻找问题的答案。 　　幼儿在活动中能积极思考，但是在遇到困难时容易退缩。

表5-8 大班观察记录——探究活动中的教师支持策略（科学领域）（3）（续表）

最近发展区	解释 联系《指南》中的教育建议	真诚地接纳、多方面地支持和鼓励幼儿的探索行为。例如，认真对待幼儿的问题，引导他们猜一猜、想一想，在有条件时可以和幼儿一起做一些简单的调查或有趣的小实验。
	支架 判断恰当的教育时机，实施教育策略	1. 语言支持："你们的船在水面上漂浮得很好，只需要解决一下船的漏水问题，你们有没有好办法？" 2. 引导幼儿通过不同的方式寻找答案，得出结论。
潜在发展区	推动幼儿获得的经验	"你们的船在水面上漂浮得很好，只需要解决一下船的漏水问题，你们有没有好办法？"听了我的话，豆豆说："我们用报纸堵一下。""不行，报纸湿了，就不管用了。"叮当说。"那胶带防水。""胶带在水里会不粘。""那用超轻黏土吧，它应该不怕水。"于是他们开始了尝试。

反思：
在活动中，幼儿当遇到问题时产生了沮丧的情绪。在幼儿向教师发出邀请后，教师进行适时介入。在对幼儿的前期做法进行肯定后，教师帮助幼儿进行下一步的思考。幼儿能按自己的想法寻找工具、进行试验，在实践中解决自己遇到的问题。在这个过程中，幼儿能够通过探究，学习到与同伴共同游戏的方法。

上述三个案例是"连不上的两块板"主题活动下的连续区域活动，幼儿在实践中发现了连接工具及使用方式的不同，教师针对幼儿的兴趣、方法及情绪提供了支持。

表5-9 中班观察记录——探究活动中的教师支持策略（科学领域）

名称：南瓜去哪了？　　　　　　地点：小菜园　　材料：南瓜秧等　　观察时间：2019.9.5
观察对象：王子嫣、薛云祺等　　　年龄：4岁　　　　　　　　　　观察者：寇雨虹

原有经验	观察 描述幼儿的典型行为表现	在户外活动时，我们路过小菜园，孩子们都想看看上学期我们种的大南瓜怎么样了。在孩子们的要求下，我们一起来到小菜园，可是眼前只有一大片南瓜秧，有的小朋友非常失落。这时，王子嫣大声说："老师，我们辛辛苦苦种的南瓜被人偷了。"话音刚落，薛云祺就反驳道："不可能！幼儿园里有保安叔叔，小偷进不来！" 那么，我们辛辛苦苦种的南瓜到哪儿去了呢？难道是还没长出来？ 于是王子嫣和薛云祺提出，要带领所有小朋友一起找出我们的大南瓜（见图5-10）。

表5-9　中班观察记录——探究活动中的教师支持策略（科学领域）（续表）

原有经验	**观察** 描述幼儿的典型行为表现	图5-10　寻找大南瓜
	分析 联系《指南》中的发展目标	《指南》科学领域中科学探究方面的目标1"亲近自然，喜欢探究"中指出：4—5岁幼儿能常常动手动脑探索物体和材料，并乐在其中。 幼儿在探究自然事物的过程中，充分发展形象思维，逐步发展逻辑思维，为其他领域的深入学习奠定基础。
最近发展区	**解释** 联系《指南》中的教育建议	教师引导幼儿关注和了解自然、科技产品与人们生活的密切关系，让幼儿逐渐懂得热爱、尊重、保护自然。教师结合幼儿的生活需要，引导他们体会人与自然、动植物的依赖关系。 王子嫣、薛云祺对自然科学有很强的好奇心，善于动脑思考和观察。
	支架 判断恰当的教育时机，实施教育策略	1. 语言支持："我们的南瓜去哪儿了？""南瓜长什么样子？""你们想用什么方法找它？""为什么我们的南瓜不见了？" 2. 物质支持：上网查找资料。
潜在发展区	**推动** 幼儿获得的经验	通过上网查阅资料，我们知道，南瓜的生长期为4~6个月，具体时间由气候决定。小菜园里的南瓜是我们在三四月份种下的，根据北方的气候来看，现在应该已经结出果实了。在确定了这一点后，小朋友们决定重新踏上"寻找大南瓜"的路。 孩子们开始动脑思考："既然我们的大南瓜长出来了，那么会不会是我们根本没看到呀？""它是不是在最里面？""还是因为南瓜没长大？太小了？" 所有的小朋友决定要仔仔细细地找。 "看！我找到大南瓜了！因为南瓜秧太多了，它被埋到底下了。" "我也看到了！因为我们的大南瓜还没熟，还是绿色的，跟叶子颜色一样，所以我们第一次来的时候才没看到！"

反思：
　　在户外活动中，幼儿经常能在幼儿园里发现动植物的小秘密。教师通过与幼儿共同观察并及时查找资料来解决问题，教师自身的知识水平有所提高，幼儿的好奇心有所增强，对科学探索的欲望越来越强烈。

表5-10　中班观察记录——探究活动中的教师支持策略（社会领域）

名称：座谈会　　　　地点：睡眠室　　　材料：无　　　观察时间：2019.9.21
观察对象：石沐宸　　年龄：4岁　　　　观察者：寇雨虹

原有经验	**观察** 描述幼儿的典型行为表现	吃完午点后，我们迎来了一群特别的客人。几名大班幼儿在戴老师的带领下找我们"讨个说法"。经过了解后得知：我们在小菜园里种植的南瓜长得太快了，南瓜秧长到了大班的菜地里，盖住了他们的土豆，以至于土豆成熟了但无法收获。 　　孩子们对突然到来的客人们很感兴趣，双方一直讨论，以至于班内的场面十分混乱。在教师的建议下，孩子们决定开展一场"座谈会"，共同商讨解决方法。在提出这个方案后，石沐宸和另外四个小朋友主动请缨——代表我们班参加座谈会，于是我们来到睡眠室，开始了我们的座谈会。 　　刚开始孩子们都非常兴奋，分别提出自己的观点。但由于中班幼儿语言能力有限，没过多久，他们就"说不过"大班的哥哥姐姐了。在我们班的观点再次被反驳后，石沐宸说："真没意思，我不想参加了。"（幼儿出现消极情绪）
	分析 联系《指南》中的发展目标	《指南》社会领域中人际交往方面的目标3"具有自尊、自信、自主的表现"中指出：4—5岁幼儿能敢于尝试有一定难度的活动和任务。 　　中班幼儿在遇到较难解决的事情后，教师应鼓励幼儿尝试有一定难度的任务，并注意调整难度，让其感受经过努力获得的成就感。
最近发展区	**解释** 联系《指南》中的教育建议	结合具体情境，鼓励幼儿自主决定，独立做事，增强幼儿的自尊心和自信心。 　　石沐宸是一个爱说爱玩的孩子，非常有主见，但有时不能很清楚地表达自己的想法。
	支架 判断恰当的教育时机，实施教育策略	语言支持： 　　"石沐宸，你为什么不想参加了？你有什么好的解决方法吗？" 　　"你认为哥哥姐姐们反驳你的观点，那他们说的有道理吗？" 　　"你的观点并不是错误的，只是我们的南瓜的确影响到了别人收获果实。那你可否与大班幼儿商讨，询问他们的想法并据此解决？"
潜在发展区	**推动** 幼儿获得的经验	在我肯定了石沐宸的观点后，他主动起身询问："我们的南瓜确实影响到了你们收获，那哥哥姐姐们想让我们做什么呢？"这时大班幼儿提出，希望我们先清除长到他们菜地里的南瓜秧，等他们收获土豆后，我们可以继续"占领"他们的菜地。 　　在大班幼儿提出要求后，石沐宸组织参与座谈会的几名幼儿共同商讨，也征求其他幼儿的意见。大家共同决定：在一周内清除长到大班菜地的南瓜秧。在收获南瓜后，我们将在南瓜餐厅把南瓜加工和制作成南瓜饼，到时候与大班的哥哥姐姐分享美味的南瓜饼。 　　双方最终达成协议，"座谈会"圆满结束。

表5-10　中班观察记录——探究活动中的教师支持策略（社会领域）（续表）

反思：
通过与石沐宸的沟通，我了解到他中途想放弃的原因：每次当石沐宸提出自己的观点和想法时，大班幼儿总是能找出另外的观点进行反驳。石沐宸认为自己说的好像是错的，他把自己的想法说完了，不知道还能说什么。 　　此时教师及时介入，肯定幼儿的观点，鼓励幼儿并给予一定的指导，让他在做事中树立自尊和自信。

上述两个案例是关于"南瓜"的主题活动下的教育活动。在活动中，教师能够在关注个体的前提下，开展集体活动，从而推动幼儿的发展。

使用表格记录的形式比较灵活，不仅可以进行连续记录，还可以根据幼儿的问题，进行个别活动的记录（见表5-11）。例如，在区域活动中，幼儿想要开展一次乌龟比赛，教师跟随幼儿的兴趣，支持幼儿利用多种材料搭建跑道。

表5-11　大班观察记录——探究活动中的教师支持策略（科学领域）

名称：乌龟赛跑——共同解决探究问题
材料：乌龟、跑道等　　　观察时间：2019.5.11
观察对象：乐乐、可心等　　年龄：5岁半　　观察者：王艳玲

原有经验	观察 描述幼儿的典型行为表现	最近，我们班里饲养的小乌龟特别"调皮"，小朋友们为它换水时，它总喜欢在水池里爬来爬去。在区域游戏时间，乐乐和可心在自然角观察小乌龟，不一会儿乌龟就爬出来了（见图5-11）。"乌龟想参加赛跑比赛了。"乐乐笑着说。可心赶紧说："不行，乌龟不爱跑步。""试试不就知道了。""不行，这里不是乌龟跑步的地方。""老师，我们能不能举行乌龟赛跑活动呀？" 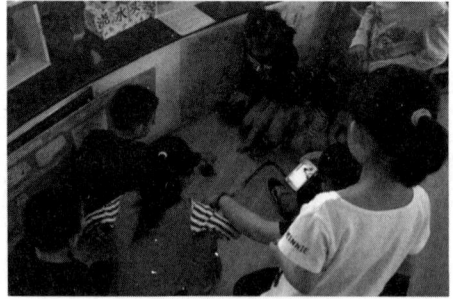 图5-11　观察乌龟
	分析 联系《指南》中的发展目标	《指南》科学领域中科学探究方面的目标1"亲近自然，喜欢探究"中指出：5—6岁幼儿能经常动手动脑，寻找问题的答案。 　　幼儿在活动中能积极思考，但是在遇到困难时容易退缩。

表5-11 大班观察记录——探究活动中的教师支持策略（科学领域）（续表）

最近发展区	**解释** 联系《指南》中的教育建议	真诚地接纳、多方面地支持和鼓励幼儿的探索行为。例如，认真对待幼儿的问题，引导他们猜一猜、想一想，在有条件时可以和幼儿一起做一些简单的调查或有趣的小实验。
	支架 判断恰当的教育时机，实施教育策略	1. 语言支持："在不伤害小乌龟的情况下可以举办比赛，但是我们怎么为乌龟设计跑道呢？" 2. 引导幼儿通过不同的方式寻找答案，得出结论。
潜在发展区	**推动** 幼儿获得的经验	"在不伤害小乌龟的情况下可以举办比赛，但是我们怎么为乌龟设计跑道呢？"我问。乐乐说："我们可以用这个玩具连成绳子，然后用积木当跑道。"在进行尝试后，我们发现小乌龟总是往上爬，而不按跑道的方向走，于是我们改用建筑区的塑料圆筒（见图5-12、图5-13）。 图5-12 搭建跑道　　图5-13 修改方案

反思：
在活动中，幼儿在观察到乌龟爱"跑"的现象后，产生了为乌龟设计跑道的大胆想法。教师在观察到这一点后及时介入，提示幼儿爱护动物，同时帮助幼儿进行下一步的思考。在教师的引导下，幼儿能按自己的想法寻找工具、进行试验，在实践中解决自己遇到的问题。在这个过程中，幼儿能够通过探究，学习到与同伴共同游戏的方法。

二、观察记录的原则

（一）目的性、计划性

在实践中，幼儿教师每天面对30多个幼儿，不可能完全靠随机观察就能了解每个幼儿的学习与发展情况。因此，在观察幼儿时应该有一定的目的性和计划性。

1. 有目的的观察

观察总是带有一定的目的，落实在一个具体的观察中。我们需要清楚地知道"我想了解什么？"，有了清晰的认知，才有可能在幼儿活动的过程中看到观察对象或目标，才能有效地记录反映观察期望的有意义的行为和经验。

例如，中班的插班生安安在刚来到班里的前三天什么都不吃，经过"调查沟通"，教师了解到，原来安安每天在晨起时要用奶瓶喝180毫升的高热量奶粉，加之他平时很少运动，所以一瓶奶足够他坚持很长时间。等到他饿了，奶奶会马上把饭菜做好，一口一口地喂到他嘴里。为了帮助孩子养成良好的进餐习惯，教师和安安的家长合作给安安"断奶"。为了逐步帮助幼儿适应，教师开始有目的地观察与支持。

来园后，安安放好书包，没有像往常一样到图书区看书，而是快速地进入水房，接了一杯水，大口大口地喝起来。在早餐时，我拿了一个小小的蝴蝶卷来到他身边："安安，你知道这是什么吗？""馒头！安安不吃馒头呀！""就吃一小口，安安吃饭才能长大个儿，你想不想长高高了？""安安要长大个儿，吃饭就能长大个儿！""那就快把这个好吃的蝴蝶卷吃了吧！""安安不吃蝴蝶卷呀！不吃蝴蝶卷呀！"说完，他还把蝴蝶卷打到了地上。看到他情绪激烈，我决定先安抚他："安安早上喝奶了吗？""喝了。""那你现在是不是不饿？""是。""那等中午你饿了的时候，再吃东西好不好？""好。"

户外活动后，孩子们依次洗手、喝水，这时，安安拿起水杯咕咚咕咚地喝了两大杯，还想接第三杯。我急忙走到他身边："安安，户外活动后不能一下子喝很多水，这样身体会不舒服的！"听了我的话，他停了一下，却没有放下水杯。"你是不是饿了？""你饿了，你饿了！"（安安分不清人称代词，经常把"我饿了"说成"你饿了"。）"那中午我们要不要吃一点儿东西呢？""要吃东西。"大约过了15分钟，午餐开始了。安安洗好手，像往常一样四处溜达。"安安，你不是饿了吗？快来端饭了！"这时，安安一步一步地慢慢来到餐车前端饭，然后回到自己的座位，并主动拿起筷子"杵了杵"碗里的米饭。然后，他攥着两根筷子，想把米饭送进嘴里，可由于手的控制能力不够，他不能顺利地将饭吃到嘴里。这时，安安急得大叫起来："啊！安安不饿，安安不吃饭！"

在这个案例中，教师通过观察安安在进班后就直接喝水，了解到安安的喝奶量有所变化,及时介入并鼓励幼儿在园进餐,同时在其他活动中不断观察幼儿的行为以适时进行介入和支持。安安虽然到最后也没有顺利进餐,但教师通过观察了解到新的问题——安安不会使用餐具,这为后续的教师支持与家园沟通奠定了基础。

2. 有计划的观察

针对幼儿的学习和发展,《指南》中列明了5个领域、11个子领域、32个目标。为了促进幼儿全面且富有个性的发展,教师应有计划、有重点地进行观察。在每个学期对幼儿进行能力测评,在一段时间内根据幼儿上学期发展的弱项进行观察。例如,为了了解幼儿的动作发展,教师可以在户外游戏时,在幼儿进行拍球活动的过程中观察每个人的表现。切忌采用测查的方式让幼儿一个个过关,而应让幼儿感觉到自己和平时一样玩,而不是完成一个明确的任务。

对于个体幼儿来说,教师在观察时也应基于幼儿的特点确定观察计划。例如,中班幼儿硕硕总是与人发生冲突,其他孩子总是告状说硕硕打人,因此,为了确定硕硕"打人"的原因,教师对硕硕进行观察。

在上午的区域活动中,硕硕在建筑区搭积木,他搭了一个特别漂亮的游乐场,而这时小远正好在硕硕搭的建筑物旁穿鞋,不小心挡住了硕硕的搭建。于是硕硕就推了小远一把,结果手重了,小远哭着找王老师告状,并说硕硕打他了。王老师将这一切都看在眼里,走过去对硕硕说:"硕硕,你为什么打他啊?"硕硕说:"我没打他,他碰到我的游乐场了。"王老师问他:"你是不是想让他让开一些啊?"硕硕点点头。王老师告诉他:"你想想,如果你不用手推小远,还能怎么告诉他啊?"硕硕想了想,对王老师说:"请你让一下行吗?"王老师笑了,摸着硕硕的头说:"对啊!你要是这么对小远说,他不就不会告状了吗?"硕硕点点头,对王老师说:"老师,我知道了。"

(二)客观性、真实性

客观、真实地观察、了解幼儿,是我们有效地满足幼儿的需要和促进其学习与发展的前提。应该怎么观察、了解幼儿,才能做到客观、真实呢?首先应在幼儿的活动中观察幼儿的表现,其次应客观地记录和描述幼儿有意义的表现。

搭 坦 克

在区域活动时，梓铭想搭建一个大坦克，并且需要很多积木。俊熙看到梓铭搭了一半的坦克，很感兴趣，于是拿了材料也准备搭建。这时梓铭搭到一半，发现积木不够了，就要去拿俊熙面前的积木，俊熙拦住了他。

梓铭说："我要搭坦克，需要这个积木。"俊熙说："你不能拿走，我搭坦克也要用。"梓铭反问："那你的坦克呢？""我不知道怎么搭。"俊熙说。这时梓铭大声说："老师，俊熙把积木全都拿走了，我都没得用了。"俊熙说："老师，是梓铭抢积木。"

在这份记录中，教师基本能够客观地记录两个幼儿的游戏过程及对话，反映两个孩子的冲突背景，没有出现"梓铭是一个很有自己的想法的孩子"等语言。要注意避免一些细小的主观意识表达，这样才能让记录更加客观。

拍 球

在户外活动时，桐桐很迅速地挑了篮筐中最大的一只球。由于他身形较大，差点儿把旁边的孩子撞倒。拿到想要的球后，他开始在原地拍球，刚拍了3下，球就滚到了一旁的草丛里。他迅速跑过去捡球，时不时张望其他小朋友的活动情况。在捡到球后，他重新尝试拍球，并拍了大约5分钟，期间球总是溜走。他开始喘粗气，小脸热得通红，表情开始沮丧起来，然后索性抱着球，走到旁边的石阶上坐下，看其他同伴玩耍。

在这份记录中，教师描述了幼儿具体的动作和表现，以及幼儿活动持续的时间，可以反映出桐桐是因为自己拍不好球，所以失去了玩球的兴趣。因此，教师可以借助于多种方式（如引导幼儿尝试其他的玩球方法，或者与同伴共同拍球等），激发幼儿对球的兴趣。

观察记录中要避免主观词汇，客观地用事实进行描绘（见表5-12）。

观察记录有很多种形式，观察者可以根据需要选择不同的形式，选择哪种形式并不重要，重要的是在练习观察和记录时，不断反思、与同伴交流，从而促进观察的敏锐性、记录的客观性。

表5-12 观察记录适用词

要避免的观察记录词汇	合适的用词
他很勇敢……	他能够自己站在平衡木上行走。
他认真完成了……	他用……分钟做……
他喜欢……	他……时间都在……
他看起来好像……（很难过）	他低着头，不说话。
她画的画很漂亮。	她画了……在颜色方面……
……	……

三、观察记录书写应注意的问题

（一）系统、完整、有逻辑、有重点

观察记录应描述一个完整的故事，并能反映幼儿典型的游戏特点或发展特点。

小 雪 人

在开展"小雪人"活动时，我选择了分组教学，目的是关注到所有的幼儿。在活动中，我先引出小雪人，吸引幼儿的兴趣，随后请幼儿回忆小雪人的样子，并根据他们的描述在纸上画了一个小雪人。这时，很多幼儿都想要自己画雪人，于是我给每名幼儿都发了一张纸。这时我意识到，几个能力强的幼儿在纸上完成得很好，可有一部分幼儿看着纸不动，或者对我说："老师，我不会。"于是，我对他们进行单独指导。结果一节活动课下来，我用了30多分钟的时间。

于是，我想改变一下教学过程。在第二次教学时，我先请小朋友们回忆堆雪人的情景，再通过图片引导幼儿观察雪人的特点，让幼儿用语言进行描述，然后请他们自主尝试绘画。教学改进的效果很明显，没有幼儿再吵着说："老师，我不会"，这次活动比第一次活动顺利很多。

在这份记录中，教师在观察集体活动的过程中进行记录，教师在记录时没有描述观察的背景、活动的来源，甚至没有写清具体的观察对象和具体的行为，对

过程的描述过于笼统。

（二）描述清晰、有条理、准确

叙事的关键在于让别人看明白，所以描述得清楚、有条理很重要。如果能描述得比较详细、准确，就容易凸显事件的意义。

建筑区指导

今天，我在建筑区中对幼儿进行指导。我发现墙饰能够在幼儿自主活动时发挥一定的作用。在昆昆不知道搭什么建筑后，我提议我们一起搭个三角形的家，于是他拿来长条积木并递给了我。我想这样就成我搭的了，便假装忘记了，对昆昆说："昆昆，我忘记三角形的房子怎么搭了，你能帮我一起想想吗？"昆昆属于爱动脑筋但有小个性的孩子，我想这招对他来说还算管用。果真，昆昆开始给我想办法了，他四处看了看，对我说："老师，我记得怎么搭了。"我看他走到那个贴有三角形房子的照片前看了好久，然后回来摆弄积木，不一会儿，我俩一起搭好了一个三角形的房子。第二天早晨，他很高兴地和妈妈说："妈妈，你看，那是我搭的海豚的家。"

从他的话里，我听到了满足感，他的妈妈也很开心。在我的印象中，那是他搭的最高的一个房子了。他也会很开心地和别人说："我和小李老师一起搭房子了呢！"我想只有这样，幼儿才能更乐意参与活动，在一次一次的进步中得到满足，获得成功的喜悦。

在这份记录中，描述性内容很多，但认真读下来，却发现好像关键信息都没有。第一，案例描述偏重于口语化，没有抓住幼儿有意义的典型行为和表现；第二，在记录中，我们无法了解幼儿的活动意图，以及搭建技能的水平、对材料的操作和探究的过程等。所以，缺乏清晰、条理、详细、准确的描写就可能失去观察记录的意义。

（三）真实、非主观判断、无偏见

观察记录最有价值的就是客观记录幼儿在幼儿园里的活动过程，以此帮助教师和家长判断幼儿的发展，反思教育的适宜性。

> **不爱说话的聪聪**
>
> 聪聪是一个不爱说话、不惹事的小男孩，自理能力较差，使用剪刀、画画等是他的弱项。他总喜欢待在教师不注意的地方，不太喜欢和大家交流，有时会自言自语。在晨间锻炼、做操时，我总会发现他的一些动作不太协调，即使对他进行个别指导，他的进步也不大。有一次在科学区中，我发现他一个人很快就正确地完成了数物配对的练习，这让我感到很意外。在接下来的日子里，我继续观察，发现他对数学掌握得比较好，基本都能独立完成练习。

这份记录中多为教师的主观意识描写，如"不爱说话""自理能力较差"等，并没有对幼儿的行为表现进行客观描述，这样的记录多为教师的个人偏见，不利于帮助幼儿在原有的基础上获得发展。

第四节　幼儿园综合主题活动的支持策略

幼儿园综合主题活动是教师基于幼儿的兴趣、需要、新问题和新发现，不断推进的系列性活动，关注幼儿持续性的、有深度的探索与学习。因此，教师要随时关注幼儿的学习与发展，分析和解读幼儿的兴趣需要和经验水平，抓住恰当的时机，引发幼儿的认知冲突，激发幼儿产生新的思考，为幼儿提供适宜的、必要的支持和引导。

一、解读幼儿

解读是指透过幼儿的行为进行分析、评判幼儿的发展及缘由。会观察的教师一定能通过幼儿的行为、语言和材料的使用情况，比较准确地判断出幼儿动作、语言、认知、情感、社会性等方面的发展水平和个体差异。

（一）结合《指南》《纲要》的精神和要点进行分析

幼儿教师专业素质的核心就是了解幼儿、有效地帮助幼儿学习和发展。《指南》就是一个很好的参考。《指南》能够帮助教师全面地、系统地把握幼儿学习与发展的内涵，掌握各领域的核心价值与关键要素，引导教师通过与目标相应的"各年龄段典型表现"，了解幼儿的学习与发展水平、行为特点、年龄特征等，并且通过"教育建议"的引导，为教师的教育和教学提供相应的支持。因此，在观察中或观察后，教师应将幼儿的行为与《纲要》《指南》中的目标进行对照，结合《指南》《纲要》的精神和要点进行分析，从而更加科学地分析幼儿（见表5-13）。

表5-13　中班观察记录——探究活动中的教师支持策略（科学领域）

名称：神奇的摩擦棒

材料：摩擦棒等　　　　　地点：活动室　　观察时间：2019.9.11

观察对象：豆豆、然然　　年龄：4岁半　　观察者：崇光寅

原有经验	观察 描述幼儿的典型行为表现	在科学区中，豆豆和然然在玩摩擦棒。豆豆拿的是橡胶棒，拿着皮毛摩擦了一会儿，用橡胶棒吸纸片。她接着把皮毛给了然然，然然用她的玻璃棒摩擦后吸纸片。豆豆一边吸纸片一边说："看我的，能吸起来这么多。"然然也毫不示弱地说："我的也能吸起来好多。"说着，便把我叫过来："老师，看看我俩谁吸得多？""好啊，那我们通过比赛来看看谁吸的纸片多吧。"经过一段时间的实验，他们通过对比发现，橡胶摩擦皮毛后吸的纸片最多，其次是玻璃摩擦丝绸。玻璃和皮毛摩擦后吸的纸片很少，而橡胶和丝绸摩擦基本上不能够产生吸力。
	分析 联系《指南》中的发展目标	《指南》科学领域中科学探究方面的目标3"在探究中认识周围事物和现象"中指出：4—5岁幼儿能感知和发现常见材料的溶解、传热等性质或用途。 幼儿在橡胶棒和皮毛的摩擦中发现了它能吸起纸片，其原理是橡胶棒和皮毛在摩擦中产生了静电，静电可以吸起纸片。
最近发展区	解释 联系《指南》中的教育建议	教师应该引导幼儿根据常见物质、材料的特性和物体的结构特点，推测和证实它们的用途（如带轮子的物体方便移动，不同的车辆有不同的结构等），引导幼儿在探究中思考，尝试进行简单的推理和分析。
	支架 判断恰当的教育时机，实施教育策略	语言支持："这个不仅可以吸起纸片，还能把卫生纸吸起来，我们一起试一试吧。""橡胶棒和玻璃棒不仅可以用皮毛来摩擦，还可以用丝绸来摩擦，你们可以尝试一下。""你们可以比赛试一试，看谁吸的纸片最多。" 行为支持：①把橡胶棒、玻璃棒迅速地和皮毛、丝绸进行摩擦（告诉他们正确的摩擦方法）。②探索、创新游戏的不同玩法（如从教室内选择其他可以摩擦或者可以吸起来的物体）。

表5-13 中班观察记录——探究活动中的教师支持策略（科学领域）（续表）

潜在发展区	推动幼儿获得的经验	幼儿在玩游戏的过程中，经过教师的引导，积极动手动脑、大胆地进行尝试，知道如何摩擦可以迅速产生静电，静电有正极和负极，以及静电产生的原因，探索出更多关于静电的游戏，在游戏中感受到了科学的有趣。
反思： 　　在游戏中，幼儿有主动探究的愿望和兴趣，教师在幼儿提出需要的情况下，介入幼儿的游戏，通过引导拓展幼儿游戏的内容，激发幼儿有更多的尝试与探索。		

在表5-13中，教师将幼儿的行为与《指南》中的一个领域及目标进行对应，结合目标提供了更具有针对性的支持。

（二）结合幼儿心理年龄特点进行分析

幼儿的发展是一个持续、渐进的过程，同时表现出一定的阶段性特征。我们应以不同的方式对待不同年龄阶段的幼儿，才能满足幼儿发展的需要。例如，小班幼儿主要为直觉行动思维，中、大班幼儿主要为具体形象思维，因此，决不能超越幼儿的发展阶段，强迫他们过早地达到下一阶段的目标。正如卢梭所说："大自然希望儿童在成人之前就要像儿童的样子。如果我们打乱了这个次序，就会造成一些果实早熟，它们长得既不丰满也不甜美，儿童很快就会腐烂。"所以，在观察幼儿的行为后，我们应该结合幼儿的年龄特点对其进行分析，寻找其行为产生的原因及适合其年龄的支持方式。

不亮的小灯泡（大班）

在区域活动中，二宝独自在科学区玩发电机，把线插上去又拔下来，来来回回地试了很多遍。秋实坐在二宝的旁边，看着二宝一脸着急的样子，说道："哎呀！你应该插在那个旁边。""是这里吗？""不对！不对！是这样。"看着二宝总是插不对，秋实上手去帮二宝。"怎么也不亮呢？"秋实自言自语。"我来看看。"二宝拿过发电机，又把线插上去、拔下来。"陈老师，这个怎么总是不亮啊？"秋实走到我身边，把我拉到他们的桌子边。

"老师，你看看这个发电机，灯怎么总是不亮啊？"秋实指着那个发电机对我说。"是吗？我看看。"我拿起他们的发电机看了看。"你们把线插对了吗？"我对二宝和秋实说。"我不知道对不对。""我记得咱们有本关于电路玩具的说明书。"我提示道。"哦，对了，书还在玩具柜那儿呢，我去拿。"秋实走到科学区的玩具柜边，把书拿到桌子上，翻了起来。"咱俩重新插一回吧。"秋实对二宝说道。"好啊。"二宝和秋实对照着说明书，重新研究发电机。经过他们的一番努力，小灯泡终于亮了起来，二宝和秋实兴奋地击掌庆祝。

在活动中，教师利用语言给了幼儿一个思考的问题和一个物质材料的提示，帮助幼儿继续进行游戏，从而实现了幼儿的意愿，满足了大班幼儿的自主探索欲望。

小动物的路（小班）

萌萌、琪琪在建筑区给小动物搭家，完成后，萌萌便让"小动物"在房子里跳来跳去，口中说着："跳出来，跳出去。"她反复玩了10分钟。我走上前问道："萌萌，你的小狮子从家里出来了，它要去哪儿啊？"萌萌想了想说："让它去找大象玩吧。""从哪儿去呢？"我追问道。萌萌看着小狮子沉思起来。琪琪指着墙上的图片说："咱们搭一个这样的小路，让它走过去吧。"琪琪说着便搭了起来，由于大积木不够用，她便将两块小积木摞在一起搭路，但是路并不一样平。搭完后，她们让小动物在路上走，我也加入其中。我拿着一只小牛说："小牛要出去玩喽！"当走到积木连接处时，我将小牛摔倒在路边，并夸张地说："啊，摔倒了，好疼！"萌萌说："那块路不平！"琪琪观察了一会儿说："我有办法。"她说着便把一块大积木拿了过来，把两块小积木放在了后面。"可是，这里还是不平啊。怎么办？"我又问道。她们讨论起来，萌萌一边说，一边拿积木比画，琪琪看着说道："这是两块小积木，要是再加一块小积木，它们就和大积木一样高了。"于是，萌萌又将一块小积木搭在了上面。"果然一样高了。"看见平坦的路后，她们高兴地喊道。

小班幼儿喜欢模仿，拟人化心理特征明显。因此，教师在提供支持策略时，创设了"小动物出去玩"的情境，利用夸张地说"啊，摔倒了，好疼！"，让幼儿思考如何把路铺平，增强了幼儿搭建小路的兴趣，提高了幼儿在积木高矮对比、搭建等方面的能力。

（三）结合教育理论、游戏理论进行分析

为什么幼儿的表现是这样的？这个年龄段幼儿的特点是什么？我们应该如何提供更好的支持？对于许多类似的问题，教师要借助于哪些教育理论才能寻找到答案？教师只有不断学习，丰富自己的理论知识，让理论与自己的实践对接，才能增进对幼儿的理解，提高观察、分析、支持的能力。

教师可以了解和学习陈鹤琴的活教育理论、张雪门的行为课程、卢梭的《爱弥儿》、弗洛伊德的精神分析理论、维果茨基的精神发展理论、皮亚杰的认知发展理论等心理及教育学理论。教师还可以围绕某一主题进行文献检索，了解他人的理论和观点，更好地理解与分析幼儿的行为，调整自己的教育行为。

> **争抢"三角形"积木（小班）**
>
> 区域活动开始了，孩子们纷纷选择自己喜欢的区域开始游戏。琪琪、瑶瑶和其他三名小朋友在一组，进行积木的拼搭。忽然，我听见琪琪大喊："你干什么？这是我的积木。"原来琪琪和瑶瑶在抢一个三角形的积木。我走上前询问原因，琪琪说："瑶瑶抢了我的积木，我在做城堡。"随后瑶瑶一脸委屈，表示她也想用这块积木。

上述案例中体现了小班幼儿"以自我为中心"的特点。按照皮亚杰的认知发展理论来看，"自我中心主义"是个体心理发展的必经阶段。在心理发展的每一阶段，都由一种形式向另一种形式转变，即更高的形式代替了较低的形式。对于儿童认知的局限，皮亚杰认为可通过精心设计的"训练"加速其认知发展，使其早日解脱"自我中心"。皮亚杰的观点帮助我们理解"以自我为中心"的特点，明确了这是每个人发展的必经阶段，而非个人行为。只有我们通过多种形式进行引导，才能早日帮助其学会换位思考，学会协商与轮流。

（四）结合幼儿的成长背景及已有经验进行分析

成长背景对幼儿的发展具有最直接的影响。分析和反思幼儿的成长背景，积

极进行调整和改善，能在积极的环境中促进幼儿的发展。有些幼儿自理能力较差与家庭成员的包办代替有很大关系；有些幼儿出现攻击性行为与家长的教育理念（"别人欺负你，你就打他"）有很大关系。只有我们找到背后的原因，实现家园配合，才能达到更好的支持效果。

> **娃娃家风波（小班）**
>
> 在区域活动中，琪琪、木木来到娃娃家，琪琪当妈妈，木木当爸爸。琪琪一会儿做饭，一会儿给宝宝换衣服；木木一会儿看电视，一会儿玩手机。琪琪对木木说："爸爸，你去做饭吧，我哄宝宝睡觉。"木木说："我还要看电视呢，你做饭吧！"琪琪说："我抱着宝宝，没法给他做饭，他该哭了。""我不会做饭，我爸爸在家里就看电视，都是妈妈做饭。"木木说。

上述案例能够清晰地反映出木木对爸爸的观察及模仿，也阐释了家庭环境对幼儿的影响。因此，教师应与木木的爸爸进行沟通，在孩子的心中树立良好的榜样。琪琪有个小妹妹，通过对日常生活的观察，她了解到宝宝喜欢被抱着。基于这样的已知经验，她有了"我抱着宝宝，没法给他做饭，他该哭了"的表达，说明幼儿的游戏行为与其家庭背景及已知经验有很大关系。只有对这些内容进行分析，教师才能帮助幼儿更健康地发展。

（五）纵向对比分析

纵向的对比、分析和反思，可以让教师发现和掌握幼儿在不同方面的发展水平和发展速度，是分层指导和干预的重要基础。这样的对比更适用于幼儿的个案追踪对比，通过对幼儿某一行为的连续观察，对比和分析其变化的过程，从而促进幼儿某方面能力的提升。

（六）横向对比分析

对横向对比的分析和反思，为教师针对不同的群体和个体进行个别教育提供了有力的支持，可以是年龄班与年龄班的对比，也可以是个体与个体之间的对比。表5-14是在能力测试中针对串珠能力的对比情况。

表5-14　中班幼儿在30秒内串珠的情况统计

幼儿姓名	串珠个数
琪琪	8
佳佳	12
龙龙	3
阳阳	9

从表5-14中，我们可以发现，在针对同年龄段幼儿的比较中，相较于同伴，龙龙的串珠能力比较弱。因此，教师应该多关注龙龙在动手能力和小肌肉发展方面的表现，为其提供个性化指引，多为其创设手眼协调、锻炼小肌肉的机会。

二、教师支持

（一）明确教师角色

尽管自主游戏强调幼儿的自发性和自由选择性，但是教师在支持幼儿游戏的过程中仍然有具体的作用。教师是游戏环境的创设者——满足幼儿的游戏需要；是游戏过程的观察者——观察是教师介入游戏的前提，通过观察得到的信息能成为教师预设教育活动的依据，更是评价幼儿发展水平的机会；是游戏开展的支持者——适时介入游戏，出发点是幼儿游戏的内在需要，而不是教师的教育意图；还是示范者、提问者、应答者等。本书具体从观察者、设计者、参与者、支持者、榜样、提问者、应答者七种角色进行阐述。

1. 观察者——了解幼儿

实施教育，观察先行。要了解幼儿，就需要进行观察。观察的目的是准确地了解幼儿在活动中的需要和表现，并在此基础上进行分析，从客观实际出发，给幼儿适当的帮助，促进幼儿发展。

打　积　木

在户外活动时，偌伊和豆豆在玩打积木的游戏。她们将正方体积木放到圆柱体积木上，用球棍推动球，将两个积木打倒。偌伊拿着球棍，准备将豆豆立好的积木打倒（图5-14）。但是球碰不到积木，总往旁边跑。

图5-14　打积木

豆豆说:"我在电视上看到别人是弄出一条道的,这样球就不跑出去了!"于是豆豆和偌伊就开始搬积木来搭建球道。她们先搬来了长板,想将它们立在两边,可是长板总是倒。她们又搬来了正方体积木,让长板靠在正方体积木上。豆豆说:"这个球道有点太短了,咱们再拿一块板接上,这样才好玩。"于是,两个人又搬了两个长板将球道进行延长(见图5-15)。

图5-15　延长球道

然后,她们开始玩打积木的游戏。球终于打倒积木了,两个人开心地玩了起来。这时,小瑞和宸宸看见了,走过来想一起玩,豆豆同意了。大家玩了几次后,小瑞说:"太简单了,每次都能打倒,没意思,我不玩了!"然后他就要去玩别的区,这时教师问:"那还有什么新的玩法呢?"豆豆说:"那我们来比赛吧!"小瑞说:"那怎么比赛呢?每次都能打倒!"豆豆说:"那我们在前面放上不同的积木,打倒短板加1分,打倒圆柱体加2分。"小瑞说:"行!前面放不下那么多积木,咱

> 们把球道弄宽点。"说完，小瑞、豆豆和宸宸就开始挪球道，偌伊去拿圆柱体。她拿回来两个大小、高矮不同的圆柱体问："那咱们用哪个圆柱体？"小瑞说："都用，把圆柱体放到两边，无论打倒哪一个，都加2分。"小瑞和豆豆一起挪球道，小瑞看到板是搭在一起的，便说："咱们再拿一个正方体积木挡着这个板，这样球道就变长了，会更好玩！"说完，他们开始一起搭。2分钟后，新的球道搭完了，他们开始轮流玩了起来。

在上述案例中，教师对活动进行连续观察，从而明确幼儿的兴趣及需求，并提供相应的支持。只有敏锐地观察，教师才能最好地支持游戏。

2. 设计者——明确活动发展方向

幼儿的主题活动和教师的设计是一体的（尽管听起来这违背了以幼儿为主体的原则）。这是指设计来源于教师对幼儿所处环境的观察以及对幼儿兴趣、需要及已知经验的了解。在支持幼儿进一步发展的过程中，教师要设计材料和活动，让幼儿从现有水平向下一阶段的学习和兴趣方向前进。教师的设计并非建立在"儿童将学习什么"的狭隘目标上，而是基于更广阔的目标进行设计，儿童将找到他们自己的课程。

例如，在开展问题探究式综合主题活动前，教师随时发现、记录幼儿在活动中的问题和关注点，并与幼儿进行谈话、讨论。在日常生活中，幼儿经常能够提出"为什么大树在冬天没有被冻死？""为什么有的树开花，有的树不开花？"等问题，教师结合幼儿喜欢亲近自然的天性，确定了"我的树朋友"中班主题活动。教师从幼儿的共同关注点"发现春天幼儿园里树的变化"引入，扩展出"给大树做树牌""幼儿园里有多少棵树""发现幼儿园里不同造型的树""保护大树的方法""纸质大树站起来"等一系列活动，引导幼儿以生活中的树为中心话题，与幼儿共同观察季节变化带给大树的影响，探索准确数大树的方法。教师在活动中分别渗透了科学、艺术、社会、语言等领域的诸多目标，让幼儿获得了对树的多种角度的认识和了解，并将经验迁移到生活中加以运用。

3. 参与者——满足幼儿个性需要

教师的角色不但是引导者，而且是富有童心的游戏伙伴。对于新事物，有些幼儿不敢尝试，教师应该鼓励或带动他们一起活动。对于需要帮助的幼儿或受到幼儿的邀请，教师也应该以同伴的身份介入活动。例如：在跨跳活动中，教师把小河的宽度设计出不同的层次，满足幼儿在跨跳能力方面的差异。幼儿在多次尝试练习中不断挑战自我，提升了跳跃能力，同时增强了自信心。

4. 支持者——推动幼儿发展

幼儿教师专业素质的核心是了解幼儿、有效支持幼儿学习与发展。幼儿的活动水平体现着幼儿各项技能的水平。教师应为幼儿提供"脚手架"，促进幼儿的活动，找到适宜的介入方式和时间，使幼儿达到新的水平。教师应在观察幼儿的基础上，有计划、有步骤、有目的地进行支持和引导，促进幼儿有效、高质量的发展。

例如，在小班平衡钻爬区，面对幼儿"不敢独自过独木桥"的现象，教师通过一对一"手扶"进行支持。当幼儿逐渐熟悉游戏情境和材料后，教师便鼓励幼儿大胆尝试自己过小桥。随着幼儿越来越熟练、自信心越来越强，教师通过创设游戏情境，提出了新的挑战任务，鼓励幼儿探索不同的过小桥的方式（如蹲着走过小桥、跳着够小桥、倒着爬过小桥等），增强幼儿的平衡能力和创新意识。当幼儿对这些平衡木的玩法不再感兴趣时，教师提出新的建议——"你能拿东西走吗？""你能拿什么东西走？""你可以在身体的什么地方放沙包？"，并引发了新的游戏。在游戏过程中，教师根据幼儿出现的问题，提出层层递进的问题，从而引发幼儿的创造性游戏，激发幼儿的活动兴趣。

5. 榜样——引出观点和信息，支持游戏

教师作为榜样，承担着游戏者的角色，应该通过巧妙地引出观点和信息来支持游戏。这些信息不是通过告知，而是通过展示、示范和交谈传递的。这种方式更适用于经验较少的幼儿。当幼儿缺少主意时，教师可以拓展他们的思考。

照顾小宝宝

在娃娃家里，教师发现幼儿无所事事，妞妞抱着宝宝，坐在化妆台边发呆，琳琳把厨房里的材料都摆在了地上。于是教师以客人的身份介入："你们的宝宝很可爱，但他好像有点不舒服。""他是不是生病了？"妞妞问。教师摸摸宝宝的额头说："没有，他一点儿都不热，那你看看他是不是尿了？"妞妞打开尿不湿看了看："好像是尿了。""那我们一起给他换尿不湿吧！"教师示范如何换尿不湿。"宝宝还不是很高兴，他好像饿了，你可以给宝宝做饭吗？""好的！"妞妞说。这时，琳琳马

> 上端了一个包子说:"给宝宝吃吧!""宝宝太小了,刚长4颗牙,只能吃软一点的面条或粥,你可以和妞妞一起准备吗?"琳琳点了点头。3分钟后,琳琳和妞妞把用橡皮泥做的面条拿了过来:"给宝宝吃吧!""我家里还有事情,你们可以一起喂宝宝吃饭吗?"教师询问道。"你抱着宝宝,我喂他。"妞妞对琳琳说。教师撤出了游戏,妞妞和琳琳开始喂宝宝。

在这个过程中,教师为幼儿树立了照顾宝宝的榜样,同时将宝宝可能由于生病、尿了、饿了而感到不舒服,以及宝宝太小只能吃软一点的东西等信息传达给了幼儿。在做饭时,教师暗示幼儿可以合作给宝宝做饭。通过教师的榜样和示范作用,活动有了新的进展。

教师作为榜样的角色和告诉幼儿做什么的成人角色有很大不同。在上述案例中,成人并没有接管和指挥游戏,或干扰太多,以至于幼儿成为成人表演的观众。成人仅仅是给出点子和问题,从而使幼儿可以从他们的自身经历出发并发挥更多。这个示范的角色是短暂的,教师在进入游戏时接受儿童已经开始的脚本,基于儿童正在进行的活动,建立一个角色并投入其中。当成人退出游戏时,儿童已经准备好继续推进游戏。

6. 提问者——推动活动深入

在幼儿活动时,最及时、有效的支持就是进行提问,因此,教师就会成为提问者。这不是说教师是测试者,抛出一些测试的问题来测试幼儿的概念与知识。如"这是什么颜色的?""你有多少块积木?""哪一个更大?"等封闭式问题都是低水平的问题。

好的问题大部分是开放式的和发散的,不是预先知道答案的问题,能引发幼儿的追问,而不是简单地给教师正确的答案。好的问题有如下特质:

(1) 好的问题帮助幼儿将注意力集中在自己的行动上,重新思考并理解因果关系。如:"你怎么发出这么大的声响?""你怎么将这个盒子立在那个盒子上?"

(2) 好的问题可以引起幼儿思考不同的选择。如:"你还可以怎样玩球?""你还有什么方式让身体发出声音?"

(3) 好的问题可以引起幼儿在头脑中重构之前的体验和学习所得。如:"你们用什么办法将玉米小人立起来?""你们是如何给黄瓜搭架子的?"

(4) 好的问题能够激发幼儿联系以往的生活经验，并拓展新的经验，在体验和学习间进行心理表征和联系。如："你见过什么东西可以浮在水面上？""你们什么时候会去公园？"

(5) 好的问题鼓励幼儿建构事物之间的区别与联系，关注现象以及现象背后的差异。解决差异能够使幼儿重构他们对世界的认知。如："为什么土豆会沉在水底，而辣椒会浮在水面？""为什么我们种出的萝卜大小、形状不一样？"

(6) 好的问题可以被用来回答幼儿提出的问题。

幼儿：这是什么？（幼儿指着一个南瓜。）

教师：你觉得它是什么？

幼儿：它好像是个西瓜。

教师：西瓜是什么颜色的？西瓜上面的花纹是一条一条的。

幼儿：它是黄瓜吗？

教师：黄瓜是什么形状的？

幼儿：黄瓜是细长的。它是哈密瓜吗？

教师：哈密瓜的表面有一些裂开的花纹，这个有吗？

幼儿：没有。那这是什么瓜？

教师：南瓜。你能找到它和其他瓜的不同吗？

当教师回到幼儿的问题并给出需要的信息时，他们就恰到好处地促进了幼儿的认知发展，帮助他们在最近发展区获得发展。幼儿提出的问题有利于教师认识幼儿所处的认知水平，从而使教师以最适宜的方式支持他们，并掌握他们的思维发展水平。

7. 应答者——构建学习认知

教师的应答应基于幼儿的个体差异，帮助幼儿降低难度或提出新的挑战，有助于引导幼儿建立新的学习认知，形成具体化、个性化的经验。当看到幼儿遇到困难时，教师可以通过回应来帮助幼儿降低难度，使其符合幼儿的最近发展区，保持幼儿的自信心和探索欲望。"我给你看一些东西，它可能对你有帮助。""这个拼图很难，我相信你可以拼出来。你已经拼出了小熊的脚，另一只脚在哪儿呢？"教师可以通过提供信息、暗示和鼓励的方式来给予幼儿支持。另外，教师可以通过提出建议或增添材料的回应方式，帮助幼儿拓展游戏。"它总是倒，你可以看看美工区里的玉米小人。""你愿意找一个好朋友来帮你吗？"此外，回应可以只是陪伴，例如，幼儿在玩沙时回头望向教师，教师用微笑、点头回应，此时幼儿会觉得教师重视他们的活动。需要注意的是，所有可能的回应应聚焦在幼儿所做的事情上。这是真正的回应，成人并不是主导。

（二）寻找适宜的介入时机

盲目地介入会打断幼儿正在进行的游戏，会影响幼儿通过独立思考来解决问题及伙伴间的相互作用，会让幼儿对教师产生依恋，甚至反感。所以，教师要学会观察幼儿、了解其想法，从而选择适当的介入时机。结合实际案例，我们总结了六介入、五等待的介入方式（见表5-15）。只有恰当、适宜的介入才能更好地支持幼儿进行探究与学习。

表5-15　六介入、五等待的介入方式

六介入	五等待
一是存在安全隐患要介入	一是遇到困难要等待
二是出现过激行为要介入	二是发生纠纷要等待
三是表现消极行为要介入	三是经历挫折要等待
四是出现消极内容要介入	四是出现新兴趣要等待
五是无法拓展游戏要介入	五是同伴提问要等待
六是受到幼儿邀请要介入	

1. 介入时机

如果不恰当地介入幼儿的活动，那么就会抑制幼儿的发展。如果过早地介入幼儿的活动，那么他们的潜能可能不会得到充分的挖掘；如果介入得晚，可能就会引起一些不安全因素的发生或使幼儿形成在遇到困难时退缩的习惯等。因此在游戏中，我们应该细心地观察幼儿的各种行为表现，应该适时、适度地介入幼儿的活动，而且应该注意介入幼儿游戏活动的方法。

（1）存在安全隐患要介入。游戏中存在安全隐患。因为幼儿年龄小、自控能力差，所以游戏中难免会存在危险、不安全、矛盾或攻击性行为等问题，这时需要教师适当介入来化解不安全的因素。

蜜蜂死了（中班）

在户外活动时，幼儿正在研究大球的不同玩法。过了一会儿，我听见卓然大声地说："快跑啊，有蜜蜂！"接着浩瑜说："蜜蜂好像已经死掉了，没事的。"这时几个孩子围了过去，我赶忙走过去，看到地上已经死掉的蜜蜂。由于知道蜜蜂死后也会伤人，我及时制止了孩子们的进一步动作。

不稳的梯子（大班）

在户外平衡搭建活动中，满满搬来了木梯，想用它来连接两个铁桶。她可能觉得有难度，就朝着伙伴们喊："谁来帮帮我呀？"这时旭阳小朋友过来帮忙，不过一会儿就跑掉了。可满满没有放弃，不断调整木梯的位置。过了一会儿，满满爬上了铁桶，打算从梯子上爬过去。但梯子还没有摆放好，容易导致孩子从上面翻下去。于是，教师对满满说："如果你想从梯子上爬过去，你得先检查一下梯子是否稳固。"满满依次晃了晃几个梯子，发现上面一层的梯子有些晃动。"这里可能会滑下来。"满满重新调整了梯子摆放的位置，寻找到更加合适的位置后，重新爬上了梯子（见图5-16）。

图5-16　幼儿爬梯子

(2) 出现过激行为要介入。幼儿由于年龄较小，缺乏处理问题的能力，所以在游戏过程中难免会出现争吵、打架等行为，教师需要介入和调节，使游戏顺利进行。例如，在户外游戏中，当幼儿因争抢皮球而发生动手拉扯的情况时，教师必须介入并予以指导。

> **拉扯小筐（中班）**
>
> 晨硕和鑫楠都在建筑区玩积塑，盛积塑的玩具筐一开始在桌子的中间，大家都从中间的筐子里拿玩具。晨硕因为个子小，从筐子里拿玩具有些困难，便要把筐子拉到他的身边，旁边的鑫楠从另一边拉住筐子不放。两人争执起来，筐子被扯得有点变形。晨硕看到鑫楠拉着筐子不放，便去掰鑫楠的手，鑫楠仍不放手，大声申辩："玩具筐应该放中间！"晨硕根本不听，还是使劲地掰鑫楠的手。

在上述案例中，幼儿在争抢玩具筐，掰手指头可能会导致身体伤害，教师应当进行介入。

(3) 表现消极行为要介入。在现实世界中，幼儿满眼都是有趣的事情，他们会以自己的方式来尝试认识和理解这个世界。但由于幼儿的能力各不相同，他们所表现出来的行为方式就会不同。

> **隔物吸东西（中班）**
>
> 在区域活动时，涵涵和凝凝在科学区玩磁铁游戏。他们将曲别针放在桌子上，把纸放在曲别针上，尝试用磁铁隔着纸把曲别针吸起来。然后他们将曲别针换成了铁夹子、螺丝钉，尝试几次后，俩人坐在座位上无所事事，不再玩磁铁游戏。这时教师问："磁铁最多可以隔着多厚的东西吸起东西呀？"这个问题一下子激发了幼儿探索的欲望。

> **制作服装（大班）**
>
> 伊伊在美工区活动，想制作服装。她先用笔在塑料袋上画好图案，然后开始沿边剪。由于塑料袋比较软，她控制不好剪刀，把握不好力度，每次下手剪，剪完总是一个洞或大口子。渐渐地，她失去了耐心，开始急躁起来。

"隔物吸东西"中的幼儿由于材料单一,"制作服装"中的幼儿由于制作失败,都丧失了参与活动的兴趣,因此教师应及时介入,满足幼儿的兴趣,利用适宜的方式提供支持,帮助幼儿达成心愿。

(4)出现消极内容要介入。在当今社会中,信息传播速度飞快,传播途径多样化(尤其是电视和网络的普及),幼儿每日接收到的信息多且杂。由于年龄小,他们无法辨别信息的好坏,因此在游戏中有时可能会反映出消极的信息(如消极词汇、消极话题、负面行为等),教师需要使用恰当的策略,进行正面的引导。

妈妈死了(小班)

在小医院中,爸爸大喊:"快呀!有人昏倒啦!"又有人喊:"死人啦!"接着,小医生走过去,赶忙查看病情。妈妈躺在地上,一动也不动。小医生拿着听筒,给妈妈全身听了个遍,可是妈妈就是不起来。小医生说:"要打针!"说完,他马上拿了针筒过来,给妈妈打了一针。可是,妈妈还是没有起来。接着,他们身边的"家里人"分别开始喊:"妈妈死了,妈妈死了!"

于是,我假装路人,从"门前"走过。爸爸看到我,急着说:"妈妈死了!"这时,我走上前对医生说:"赶快想想办法,让妈妈好起来,她肯定还有救!"听完,所有人开始你抬手我抬脚地抬妈妈,可是一点也不见效。所有人都说:"妈妈真的死了!"他们边说边继续抬着妈妈。终于妈妈没禁得住大家的"搬弄",突然,妈妈的手指动了一下。我看到了这一幕,就急忙说:"快快!你们看到了吗?妈妈动了!她醒了,赶快把她扶到座位上吧!"说完,大家急忙扶着妈妈到座位上坐好,妈妈醒了。

当幼儿的游戏中出现了消极的内容和表现时,教师应及时、恰当地进行介入,帮助幼儿发展健康、积极的身心。游戏是孩子们生活的写照,能够反映他们经历的、看到的或听到的事物和现象。有时幼儿会在游戏中反映消极的内容,教师给予的态度应该是正面引导,将游戏内容进行转化。

(5)无法拓展游戏要介入。幼儿在游戏中难免会出现停滞不前的现象,即遇到"认知结"。"认知结"是指幼儿在探索和思考的过程中,遇到可能会使其行为受到阻碍后产生停顿的某个问题,出现认知失衡时刻。这些"结"的解决可能意味着在同化和顺应的基础上重新建构知识结构,也可能意味着创造性智慧的产生。教师要注意这些"结",并适时介入幼儿的活动,使这些"结"成为幼儿注意的焦点,从而使幼儿对问题有更深层次的理解。

搭建攀爬架(中班)

在户外活动中,王哲看到大二班的小朋友在玩攀爬架,就对身边的诺诺说:"咱们也用积木搭一个攀爬架怎么样?"诺诺回应:"行啊。"两人就分头搬积木了。诺诺搬了一个梯子,王哲搬了一块木板。他俩搭好攀爬架后,王哲说:"这个薄木板容易倒,而且太矮了,我们换一个吧。"诺诺说:"让我先试试?"在尝试的过程中,薄木板真的容易倒。他们就把薄板送回去了,搬来三块厚积木,搭好攀爬架后,诺诺试了试,觉得很有挑战性(见图5-17)。

之后,两名幼儿反复进行同样的搭建,一直玩了一周。怎样才能进一步拓展幼儿的游戏经验呢?于是,我提出问题:"怎样让其他小朋友喜欢你们的攀爬架?""怎样才能搭出更加稳固的攀爬架?"于是,两名幼儿进行了讨论,并反复尝试,改进攀爬架的搭建方式,添加立柱,找到保证攀爬架牢固的方法。在搭建过程中,他们遇见另一组搭山洞的幼儿。为了让攀爬架更有难度,两组成员经过协商,有了合作搭建的想法。两组成员边搭建边尝试攀爬架,不断调整难度,并商讨攀爬架的搭建形式,最终搭建了情景式的攀爬架(见图5-18)。

图5-17 尝试攀爬架

图5-18 搭建攀爬架

游戏停滞不前的另一个原因是幼儿的游戏兴趣较低。游戏与幼儿兴趣密切相关,兴趣受经验和好奇心的制约。幼儿的兴趣与好奇心的保持是短暂的,容易转移,所以幼儿对某一游戏从"热"到"冷"是正常的。如果通过调整游戏材料来重新唤起幼儿的游戏兴趣,那么对幼儿的发展是有意义的。

例如,在区域活动开始前10分钟,佳佳、俊俊、雨辰小朋友在音乐区玩,佳佳在做模仿操,雨辰戴着警察帽子玩乐器,不时地与旁边的小朋友交谈,俊俊拿着乐器在睡眠室来回走动。通过观察、分析后,教师及时进行语言支持:"小朋友们都喜欢做模仿操吗?""请小朋友挑选一件自己喜欢的衣服,打扮好自己,我们一起做操好吗?"然后,教师提供了各种衣服、头饰,激发了幼儿再次表演的兴趣。

(6)受到幼儿邀请要介入。对于幼儿来说,教师是他们最信任、最信赖的人。所以在幼儿遇到自己认为有意思的事情或困难、困惑时,自然而然地会想到向教师进行求助。这时,为了促进幼儿的发展,满足幼儿的需要,推进游戏的进程,教师就要介入游戏。但是,在此过程中,教师并不是一个教导者,而是一个促进者。当幼儿把"球"抛向教师时,教师要以适当的方式去接,并以适当的方式把"球"抛回,在抛接的过程中不露痕迹地促进幼儿的发展,起到介入的目的。显然这种介入是支持性的,而不是干预性的,千万不要生硬地抢幼儿的"球"。

例如,萱萱一直在美工区独自裁大树,她用裁纸刀一点点地沿边裁,而兆轩和子宁已经给小花、小草涂好颜色了。她们走到萱萱身边,蹲了下来:"萱萱,咱们一起裁吧,好不好?""好啊。"子宁和兆轩各拿了一把裁纸刀,开始裁了起来。过了一会儿,兆轩来到图书区找我:"陈老师,您能过来一下吗?"

教师是回应者。当幼儿邀请或者求助我们时,我们应积极地回应幼儿的活动。

2. 等待时机

(1)遇到困难要等待。面对幼儿的困境,教师需要了解幼儿的困难之处,静静地在旁边观察,不要急于帮助幼儿并给出问题的答案,要为幼儿提供自主解决问题的空间,让幼儿在"发现问题—提出假设—进行实验—再提出假设—进行实验—得出结论"的过程中,提高做事的条理性,学会用科学的步骤来探究和解决问题。

冷清的美发店(中班)

角色游戏开始了,满满和宁宁选择到"美发店"做美发师。宁宁把洗头师的牌子挂在脖子上,满满把理发师的牌子挂在脖子上。

准备好后,她们站在美发店的门口。奇奇路过美发店,宁宁看到奇奇,马上说:"您好,欢迎光临。来我们的美发店洗个头发吧!洗完头很香的!"奇奇说:"好吧。"宁宁说:"那我带你去洗个头发吧。"宁宁认真地给奇奇洗头发。奇奇洗完头发后,宁宁带奇奇到理发师满满那里。满满给奇奇戴上了围布,开始给奇奇吹头发。满满一边吹,一边跟奇奇说:"我们洗的头发香不香?"奇奇说:"香!"

宁宁和满满送走第一位小客人后,又站在门口等待第二位小客人,可是张望了半天都没有人来。宁宁跟满满说:"咱们一起喊一下——有没有人来我们的美发店呀。"宁宁和满满举着手中的牌子,喊"有没有人来美发店呀",喊了一会儿,还是没有人来。

宁宁和满满四处张望。过了好一会儿,还是没有小客人来她们的美发店。这时,满满回店里拿起了电吹风,招呼着路过的小伙伴:"快来美发呀!我们的美发技术是一流的,保证你满意。"在她的宣传下,轩轩来到美发店,想尝试一下。轩轩急着说:"我想做一个发型,头发要染上金色。"满满一时为难起来:"这里没有染发剂,我给你戴上两个假发圈吧,也很好看的。"轩轩看了一眼,然后说:"我不要黑色的,还有好看点的假发圈吗?"宁宁和满满都很为难,就这样她们找到了美工区的金色毛根。"这个金色毛根放在头发上,一定会好看的。"宁宁和满满一起帮轩轩做头发(图5-19)。

图5-19 编头发

带有金色毛根的头发做好后,宁宁和满满邀请轩轩做她们的模特。其他小朋友看到漂亮的轩轩后,陆续来到美发店做彩色的头发。美发店的生意火爆起来,从美发店出来的女孩的头发上都插着五颜六色的毛根,她们都觉得很美。

在"冷清的美发店"中，幼儿遇到没有人来美发店的困难。她们采用"吆喝"的方式吸引客人，成功地迎来了第一位客人，可是一会儿就没客人了。她们再次吆喝，但是没有成功。于是，她们增加了美发的服务项目，可是客人提出想染金色头发的要求，她们遇到没有金色假发圈的困难。最后，她们利用美工区的毛根解决了问题。在这个过程中，幼儿没有出现消极、沮丧的情绪，教师没有进行介入，幼儿在自主解决问题中提升了能力。

（2）发生纠纷要等待。许多幼儿在进入幼儿园后，才真正有与同龄伙伴进行交往的机会。幼儿在交往中或多或少会发生冲突，比如在游戏活动中会出现幼儿都要做娃娃家里的妈妈或者争抢新玩具的现象。一旦出现此类事件，有些教师会担心幼儿不能很好地解决而马上介入，进行阻止和规劝，这就使幼儿丧失了自己解决冲突，以及达成理解和共识的机会。当幼儿出现纠纷时，教师要认真观察，给他们独立解决问题的机会，当幼儿解决不了时再进行调解。这一点在中、大班中更为重要。

争做爸爸（小班）

在小班的娃娃家里，由于爸爸、妈妈已有人扮演，明明想加入而无法加入。他不想参与其他区角的游戏，就跟强强抢着当爸爸。明明说："我们轮着当爸爸，我当一会儿，你当一会儿吧。"强强大声说："不行，你到别的地方玩吧，我先来的。"明明也不示弱："是我先到厨房炒菜的。"强强说："你明天再来当爸爸吧！"明明马上说："我就要今天玩！"强强说："要不然你当爷爷，帮我买菜吧！"明明愉快地答应了。

在上述案例中，明明和强强因都想当"爸爸"而产生了纠纷，教师观察到幼儿虽然产生了纠纷，但没有肢体上的接触，便选择继续进行观察。在记录中，我们可以发现，强强和明明都能够变换策略，满足自己的意愿——明明想到轮流玩，强强想到让明明明天再来，或者让明明换个角色，最终双方都感到满意。在这个过程中，幼儿的交往能力得到了提高。

（3）经历挫折要等待。幼儿的探索兴趣无穷无尽，他们经常会遇到一些挫折，教师这时要"学会等待"。只有当幼儿进行活动的兴趣即将消失时，教师的干预才是积极的。在教学或游戏中,教师如果不耐心等待,过早介入幼儿的活动,那么就可能导致幼儿想要克服挫折的初始欲望消失,对教师产生依赖性。

> **我当小老师(大班)**
>
> 在图书区中,"我当小老师"的活动每周进行一次。辉辉是今天的小老师,准备教小朋友"叠剑",屹屹是其中的一个"学生"。在辉辉准备材料的时候,屹屹东张西望,有些心不在焉。正式开始的时候,屹屹一会儿趴在桌子上,一会儿去厕所,一会儿去表演区看表演,导致他的进度落下一大截。看到别人的作品都快完成了,他着急得满脸通红。教师此时没有直接介入,而是安静地看着他会怎么处理。一会儿他走向辉辉并说道:"你可以再教教我吗?"

(4)出现新兴趣要等待。在活动中,幼儿会因为一些细节活动而对事物产生新的兴趣,偏离了原本教师想要达到的效果。教师不急于干预幼儿,使其回到主线上,要观察幼儿能否自主或在同伴的提醒下自己继续完成活动。这样做既能够保证活动的顺利开展,又不影响幼儿探索的乐趣。

> **土豆上的洞洞(大班)**
>
> 在教育活动中,幼儿们利用手中的尺子自由测量班中物体的长度。宇奇和佟毅在自然角打算测量土豆苗的长度。但他们被土豆上的洞洞吸引了。
>
> 佟毅认为土豆是被虫子吃掉了,宇奇觉得不是土里的白虫子造成了土豆上的洞洞。是不是土豆里长了虫子,它们从内向外吃掉了土豆呢?孩子们产生了这样的疑问。围绕着这个问题,他们俩在自然角展开了讨论。

在上述案例中,孩子们的游戏虽然与他们来到自然角的计划不一致,但教师为了培养幼儿的探究兴趣,应作为旁观者默默观察,了解幼儿的发现与问题,当幼儿出现"六介入"的情况时再进行介入。

(5)同伴提问要等待。幼儿与同伴的交往和互动是其学习与发展的重要途径。当遇到问题时,幼儿有时会通过向同伴提问来寻求帮助。此外,幼儿时常会观察同伴的游戏,并基于自己的已有经验来提出疑问,或者提出建议和解决办法。所以，当同伴之间进行互动时，教师要给予他们时间和空间来共同解决问题。

> **小车快跑（中班）**
>
> 　　在户外游戏时间，大家一起玩"小车快跑"游戏。因为玩的是独轮车，所以小朋友们必须掌握好平衡性，车才能向前行进。几轮游戏之后，孩子们有了更新奇的玩法。妙菡说："单独推车太容易了，我们往上边放点东西吧！"阳阳便问："那我们在小车里装什么呢？"妙菡说："要不然我先推你，然后你再推我，好吗？"阳阳点头说："好的。"阳阳得意地蹲在车里，妙菡双手握着车把，使劲儿往下压，但是小车子一动不动。正在这时，旁边的鹏鹏赶紧跑过来说："我来帮你。"两个小朋友一人握紧一个车把，鹏鹏说："1、2、3，使劲儿。"但是小车只是稍稍地翘起一点点。经过不断尝试，车子虽然可以被翘起，但是依然没办法顺利前行。妙菡说："还是推不动怎么办？"鹏鹏说："你比阳阳瘦，我和阳阳推你吧！"于是，妙菡坐在车上，阳阳和鹏鹏一起推，"1、2、3，推"，鹏鹏和阳阳顺利地推动了妙菡。

　　在上述案例中，教师没有介入幼儿之间的相互提问，并给出答案，而是观察幼儿之间的交谈。当不满足于现有的游戏形式时，幼儿能够协商创新游戏玩法；当遇到"推不动的问题"时，幼儿能够再次通过协商，不断寻求解决方法。因此，当幼儿与同伴互相提问时，教师不要急于告诉幼儿答案，应让幼儿在共同探究中，增强合作意识及问题解决的能力。

（三）支持原则

（1）针对性原则。根据幼儿的年龄、性格及遇到问题的不同，教师应针对幼儿在活动中提出的问题或遇到的困难进行支持，这样的支持能够有效解决当前的问题，同时促进幼儿实现富有个性的发展。

（2）自主性原则。随着时代的发展，社会需要的是具备自立、自信和自控能力的自主性人才，而这些正是自主性的外在表现。自主性是指幼儿在一日活动中对自己的活动具有支配和控制的能力，能够按照自己的意愿，带着自己的问题，在自己的探索中解决问题，在自己的尝试中逐渐完善结果，具备自主、主动负责的个性特征。因此，在游戏活动中，教师要鼓励幼儿根据自己的兴趣和需要，以快乐和满足为目的,创设自由选择、自主开展、自发交流的精神氛围,从而促进幼儿的主动性、创造性等各方面的发展。

(3) 探索性原则。探索是幼儿内在生命力的外部表现。儿童的自发性探索活动是幼儿教育得以进行的起点和基础。幼儿的探索性是在游戏和生活活动中实现的。因此,在支持幼儿活动的过程中,教师应采用多种多样的活动形式,最大限度地支持和满足幼儿通过直接感知、实际操作和亲身体验获得经验的需要,让幼儿在探索中不断地发展对自我、对他人、对社会的认识,进行有意义的建构。

(4) 目的性原则。教师在支持幼儿的活动时,应结合幼儿现有的活动兴趣及经验,结合主题活动的教育目标、区域活动的近期目标、本年龄段幼儿的各领域发展目标,有目的地进行支持,从而促进幼儿在原有基础上获得发展。

(四)选择适宜的支持方法

通过实践研究,我们发现教师支持主要分为直接支持与间接支持。直接支持主要为在不影响幼儿游戏意愿的情况下,教师通过语言、行为与幼儿面对面活动,进行支撑、维持、回应、供应、把持、支援。间接支持主要指根据幼儿的兴趣及最近发展,教师借助于第三方媒介对幼儿进行活动支持与推进(见图5-20)。

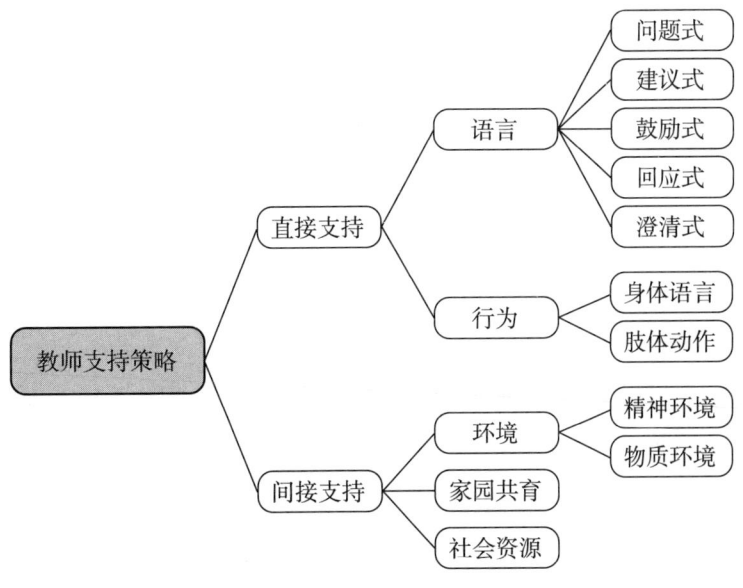

图5-20　教师的支持

1. 直接支持

（1）语言支持。在幼儿自主游戏指导策略的研究中，我们发现，教师的语言指导起着相当重要的作用，语言策略也是教师最常使用的一种策略。若语言运用不当，反而会打断幼儿的游戏，从而对游戏起到不好的作用，违背幼儿最初的游戏意愿。通过实践，我们将教师的语言支持分为问题式、建议式、鼓励式、回应式、澄清式五种。此外，教师应把握语言支持开放性的度。

a．问题式。一般以提问的方式呈现，主要的目的是了解幼儿游戏的现状及幼儿的具体想法或进行启发引导，帮助幼儿把游戏进行下去，及时反馈幼儿的游戏行为，启发幼儿的思维。幼儿在游戏中总是反映自己的原有经验，教师的问题可以帮助他们拓展思维的空间，从不同的角度来获取经验，使生活中零散的经验得以整合。问题式语言支持还可细分为三种：提问、追问、反问。

b．建议式。有些建议的语言是以询问的方式出现的，与询问式语言的不同之处在于，它不仅提出问题，而且给予具体的暗示。常用"这样试试……""如果不行，再想想别的办法""我要……，可是没有……"等句式来达到指导的目的。如：下雨后，户外自主游戏的轮胎里进了水，孩子们怎么晃轮胎，水也出不来，教师可以用这样的语言提供指导："我觉得咱们可以试试找找工具来帮忙。"这样幼儿既接受了教师的指导，教师也尊重了幼儿最初的游戏意愿。

c．鼓励式。鼓励式的表扬可以促进幼儿形成良好的行为习惯及规则意识，教师对幼儿在游戏中表现出的创造性和正向的游戏行为加以肯定并提出希望，能够帮助幼儿树立自信，体验游戏成功的感觉。对于幼儿在游戏中的某些不良行为习惯和违规行为，教师不一定要直接指出来，而应该用一种激励式的正面语言，表明期望幼儿出现的行为，让他们知道该怎么做。例如，在钻爬区，小班幼儿的最初活动是过小桥——走平衡木。孩子们有一种恐惧心理，于是教师通过手扶的方式帮助幼儿走过小桥，而后对孩子说："你真勇敢，都能走过小桥了，一会儿你肯定可以自己走过小桥。"教师及时发现并反馈幼儿游戏中的行为表现，可以充分调动幼儿游戏的主动性和积极性。

d．回应式。回应式的语言是教师在受到幼儿邀请或求助时最常用的一种语言支持。我们应该注意将回应聚焦在儿童现在所做的事情上，做出真正的回应，而不是主导幼儿的活动，将意见强加于幼儿。回应要是开放式的，这样才能更有效地促进幼儿的主动性。

e．澄清式。幼儿的游戏是对现实社会生活的反映,当幼儿不知道如何筛选,面对一些不明白的事情,或模仿一些不良的现象时,教师不能随便评价,而应该引导幼儿讨论、澄清,帮助他们形成正确的价值观。这种语言支持的运用要建立在充分观察的基础之上,可以当时就用,也可以在游戏讲评中运用。例如,幼儿在科学区中利用碘酒进行"哪种食物中有淀粉"的实验,因为白菜沾到了土豆,所以白菜在遇到碘酒后变色了,孩子们在游戏分享环节中,告诉其他幼儿"白菜中有淀粉",这时教师就利用做实验、解说的形式,帮助幼儿理解正确的观念。

(2) 行为支持。

a．身体语言。这种行为支持是指教师在指导游戏时,利用动作、表情、眼神等对幼儿的游戏行为做出反馈。例如:对于幼儿在游戏中表现出的创造性行为,教师应该用点头、微笑的表情(甚至拍手)等表示肯定;对于幼儿不遵守游戏规则或存在一些需要制止的行为,教师可以用手势、摇头的动作或面部表情等表示否定。

b．肢体动作。这种行为支持以动作示范为主,指当幼儿遇到一些自己没有相关经验的活动时,教师给予幼儿适当的示范、讲解,帮助他们掌握玩法,理解并掌握规则。例如,在表演游戏中,教师可以在小舞台上向孩子们进行示范性演出,不仅能激发起幼儿的表演欲望,而且能将各种表演技巧展现给幼儿,供幼儿模仿。又如,幼儿在美工区探索折纸,利用图式学习翻转折叠,幼儿试了几次后都没有成功,于是教师进行平行介入,与幼儿一起折叠,在教师的折叠动作中,幼儿更好地理解了如何翻转与图片对应的关系。

2. 间接支持

教师主要通过环境、家园共育、社会资源进行间接支持。环境支持分为精神环境支持与物质环境支持。精神环境支持是指教师应该为幼儿营造一个宽松、自主的心理氛围及提供充足的探索时间,让幼儿敢想、敢做。物质环境支持主要分为墙面环境及玩具材料的支持,让幼儿在与墙面、材料的互动中获得发展。这些墙面和材料应是教师根据幼儿的年龄特点、近期兴趣及发展水平进行创设和投放的。家庭资源与社会资源都属于第三方支持,这些资源的加入更加开拓幼儿的视野,协调一致地帮助幼儿养成习惯,提升能力。例如,大班幼儿通过参观小学后,产生了对纸的兴趣,为了进一步加深他们对纸的了解,教师带领孩子们参观了印刷博物馆,了解纸的制作,而后在班里投放造纸机,参观活动为幼儿自己动手造纸提供了支持。

第六章

幼儿园综合主题活动的评价

《纲要》中指出:"教育评价是幼儿园教育工作的重要组成部分,是了解教育的适宜性、有效性,调整和改进工作,促进每一个幼儿发展,提高教育质量的必要手段。"教育评价应伴随幼儿园教育工作的全过程。在幼儿园综合主题活动中,要把评价作为很重要的部分,将评价潜移默化地贯穿到主题活动中。

第一节 综合主题活动评价的概述

在开展综合主题活动的过程中,教师应将评价环节融入不同的阶段,使主题活动的开展更加具有科学性、系统性。

一、评价的作用

幼儿园教师每一天都在进行评价性行为,即了解现象、分析原因、制定方案、采取措施、对比效果等。那么,综合主题活动中的评价有哪些作用呢?

(一)帮助教师更全面、更客观、更具体地了解幼儿的发展水平

在评价的过程中,教师不仅可以对全班幼儿的发展水平有一个整体的、全面的认识,更能对每名幼儿的发展情况有具体的、客观的了解。

在日常生活中,教师对幼儿的随机观察比较多,但是这种观察往往缺乏目的性、有效性,这样容易使教师因幼儿的某些突出表现而对幼儿形成整体印象,充斥着主观色彩。因此,在综合主题活动评价中,要从系统的、全面的、客观的角度对幼儿进行评价,从而使教师更加深入地了解幼儿的发展水平。

(二)帮助教师进行经验梳理,对主题活动的开展进行指引

在主题活动开展之前,结合幼儿的兴趣,教师应根据班内幼儿的实际水平和教育目标制定较全面的、综合的主题活动总目标和主题开展网络图,为主题活动的开展指明方向。随着主题活动的开展,综合主题活动评价可以帮助教师对幼儿的发展状况进行梳理,了解幼儿存在的问题和活动中幼儿的表现,针对评价结果对主题的走向进行修改,设计更为适合幼儿发展的活动。可以说,评价的过程和结果可以使教师清楚下一步将要从哪些方面入手,怎样提供更为适宜的引导,从而制定出下一次活动的主要目标,这样不断地完善主题活动,使教师和幼儿更迅速地得到提升和发展。

(三)为家园沟通提供有力依据,帮助家长了解幼儿的发展情况

家庭资源是幼儿园教育必不可少的部分,在幼儿的教育和发展中有着不可替代的作用。随着时代的发展,越来越多的家长认识到幼儿园教育的重要性,也越来越重视幼儿园教育,因此教师与家长之间的沟通也逐渐频繁。综合主题活动评价能够帮助教师与家长沟通,为家园沟通提供有力的依据,使家长更加清楚地了解幼儿的发展状况,从而与教师共同研究教育方法,使幼儿更快地获得发展,同时增进幼儿园与家庭之间的关系。

二、评价的类型

(一)整体性评价与个体性评价

根据综合主题活动中评价对象的范围,可将评价分为整体性评价与个体性评价。

整体性评价是指:在主题活动开展之前,教师根据全班幼儿的发展现状制定相应的评价指标;在主题活动开展之后,教师根据幼儿的活动表现做出相应的评价。例如,在科学探究方面对幼儿进行整体性评价(见表6-1)。

表6-1 科学领域整体性评价

指标	评价标准	发展水平（%）			
		一	二	三	四
对周围的自然事物感兴趣	一、喜欢自然环境。				
	二、喜欢接触大自然，对周围的很多事物和现象感兴趣。				
	三、喜欢接触新事物，经常问一些与新事物有关的问题。				
	四、对自己感兴趣的问题总是刨根问底。				
喜欢观察和探索事物	一、对大自然中的事物现象有好奇心。				
	二、经常问各种问题或好奇地摆弄物品。				
	三、常常动手动脑探索动植物和材料，并乐在其中。				
	四、能经常动手动脑寻找问题的答案，在探索中有所发现时感到兴奋和满足。				
会对物体和事件进行比较	一、对感兴趣的事物能仔细观察，发现其明显特征。				
	二、能通过看、摸、闻、听等多种感官体验，比较物体的相似和相异的一种特征。				
	三、会使用与数目、大小、形状、材质、重量、颜色、速度、体积等有关的比较级字眼。				
	四、能通过观察、比较与分析，发现并描述不同种类物体的特征或某个事物前后的变化。能了解或运用与度量衡有关的词汇，也能了解或运用一些简单的测量工具。				
猜测问题的答案并验证	一、能够对简单事物现象进行猜测。				
	二、能用多种感官或动作去探索动植物，进行大胆猜测。				
	三、能根据观察结果提出问题，并大胆猜测答案。				
	四、能用一定的方法验证自己的猜测。				

表6-1 科学领域整体性评价（续表）

指标	评价标准	发展水平（%）			
		一	二	三	四
探究和解决问题	一、学着用成人或同伴的方法来解决问题。				
	二、能一物多用，尝试用工具解决问题。				
	三、遇到问题时，会想办法解决。				
	四、会用各种方法灵活解决问题。				
会对物体进行分类	一、能找出一样的两个物品来，并说出它们的特性，或者将它们放在一起。				
	二、按某个特性对物品分类，如大小、形状、颜色、用途。				
	三、先以一种特性对一堆物品分类，然后用另一种特性来进一步分类。				
	四、把物品分成几大类，再在其下分小类，并能说出理由。				
认识周围事物和现象	一、认识常见的动植物，能注意并发现周围的动植物是多种多样的。				
	二、感知和发现不同季节的特点，体验季节对动植物和人的影响。				
	三、初步了解人们的生活与自然环境的密切关系，知道尊重和珍惜生命，保护环境。				
	四、能察觉到动植物的外形特征、习性与生存环境的适应关系。				

个体性评价是指教师针对幼儿的活动表现进行分析和评价的过程。个体性评价可以捕捉个别幼儿学习的情形，展现个别幼儿如何统领各领域的学习。例如，在一次教育活动中针对个别幼儿的评价（见表6-2）。

表6-2 幼儿社会探究过程观察记录表（中一班）

活动名称：娃娃家去哪了

活动日期：9月15日　　　　记录者：李雪

教师评价分析			符合的打√		
	阶段	指标	刁禹尧	王奕涵	马文祺
幼儿社会探究过程	观察和提出问题	对活动好奇和感兴趣。	√	√	√
		对小班的生活环境与现在中班的生活环境持续地观察。	√	√	√
		提出有意义的、可探究的问题，如：中班怎么没有娃娃家？	×	□尚未发展 ☑发展中 □熟练	√	□尚未发展 ☑发展中 □熟练	√	□尚未发展 □发展中 ☑熟练
		通过数字、图画、图标或其他符号记录自己的观察。	×	√	√
		清晰表述自己发现的问题。	√	×	√
	提出研究假设	根据提出的问题进行合理假设，如：建筑区的积木太多了，没有娃娃家的地方了；娃娃家的玩具太幼稚了。	√	□尚未发展 ☑发展中 □熟练	√	□尚未发展 □发展中 ☑熟练	√	□尚未发展 □发展中 ☑熟练
	检验假设	利用身边的材料记录自己发现的不同的环境，如用笔画下来。	×	√	√
		能够和同伴沟通探讨。	√	√	√
		比较中班的班级环境与小班的班级环境存在哪些差异。	√	□尚未发展 ☑发展中 □熟练	√	□尚未发展 ☑发展中 □熟练	√	□尚未发展 ☑发展中 □熟练
		比较相同区域位置之间的差异，如：小班娃娃家的位置在中班中是什么区域？	√	√	×
		比较中班的玩具与小班的玩具有哪些差异。	√	×	√

表6-2 幼儿社会探究过程观察记录表(中一班)(续表)

教师评价分析			符合的打√		
阶段		指标	刁禹尧	王奕涵	马文祺
幼儿社会探究过程	得出结论和解释结论	准确地比较出中班娃娃家的位置被别的区域代替了。	✓ □尚未发展 ☑发展中 □熟练	✓ □尚未发展 ☑发展中 □熟练	✓ □尚未发展 ☑发展中 □熟练
		知道小班的角色区是娃娃家,中、大班要自己创设新的角色区。	✓	×	✓
	交流和应用	准确地描述中、小班环境的相同与不同之处。	× □尚未发展 ☑发展中 □熟练	✓ □尚未发展 ☑发展中 □熟练	✓ ☑尚未发展 □发展中 □熟练
		发现娃娃家不见了。	✓	✓	×
		与同伴交流自己的发现。	✓	✓	✓
		准确地画出自己想玩的角色区。	×	×	×
		根据已有的发现提出新的问题。	✓	✓	×

(二)诊断性评价、形成性评价与总结性评价

根据综合主题活动中评价的时间与时机,可将评价分为诊断性评价、形成性评价与总结性评价。

诊断性评价是指教师在主题活动确定和设计阶段,对幼儿的发展现状进行评价,以达到了解幼儿的目的。例如,每月初关于探究式种植主题中纳佳熠小朋友的表现评价(见表6-3)。

形成性评价是指教师在活动开展的过程中对幼儿表现的观察和评价过程。教师通过叙事的方式,对幼儿在主题活动中的表现进行客观而全面的记录,并对幼儿的行为进行分析与解读。通过形成性评价,教师能够了解幼儿的兴趣和需要,以及参与活动的主动性和积极性,解读幼儿的经验水平和发展需要,并通过对幼儿的引导、支持、回应等,激发幼儿活动兴趣和热情的延续,促进更加深入的学习

表6-3 中班幼儿在"探究式种植主题"中的发展评价表

评价时间：9月初　　幼儿姓名：纳佳熠（4岁半）　　班级：中三班　　记录人：崔晓晨

发展目标	具体表现	发展评价（符合打√）	小结
亲近自然	1．喜欢接触新事物，经常问一些与新事物有关的问题。	√	小熠的注意力比以前有进步，能专注于一件事情。但是在长时间的观察或连续性观察方面，还有一些欠缺，需要重点培养。
	2．常常动手动脑探索物体和材料，并乐在其中。		
喜欢探究	1．能对事物或现象进行观察和比较，发现其相同与不同。	√	
	2．能根据观察结果提出问题，并大胆猜测答案。	√	
	3．能通过简单的调查收集信息。	√	
	4．能用图画或其他符号进行记录。		
在探究中认识周围事物和现象	1．能感知和发现动植物的生长变化及基本条件。		
	2．能感知和发现常见材料的溶解等性质或用途。		
	3．能感知和发现简单物理现象，如物体形态或位置的变化等。	√	
	4．能感知和发现不同季节的特点，体验季节对动植物和人的影响。	√	
	5．初步感知常用科技产品与自己生活的关系。	√	

和探索。例如，"棚子里的小蘑菇"活动中幼儿的表现评价。

在解决问题的过程中促进幼儿自主探究能力发展

清明节假期过后，琦琦从家中带来一个香菇菌棒与小朋友们分享。孩子们有过种植蔬菜的经验，但是从来没有看到过香菇是怎样生长的，于是对琦琦带来的香菇菌棒十分感兴趣。为了满足幼儿的兴趣，教师在自然角投放了更多的香菇菌棒（见图6-1）。

图6-1 香菇菌棒

在"种植主题活动"开展的过程中，幼儿有了一定的种植经验，但菌棒是幼儿未接触的种植对象，因此激发了幼儿观察、照顾的兴趣。借助于幼儿的兴趣，教师及时投放了更多的菌棒，为幼儿以后的连续观察和种植奠定了基础。

1. 我为香菇搭个家

通过调查，孩子们了解了香菇要生长在没有阳光、潮湿的地方。于是，孩子们想出了很多办法来为小蘑菇做一个家：有的用雨伞为蘑菇遮挡阳光，有的用积木搭一个房子，有的直接把菌棒放到了盥洗室的角落里……其中正正、森森、涛涛、琦琦几名小朋友想为香菇菌棒搭一个棚子来遮阳，他们在班中找来黑色垃圾袋和美工区的干树枝，准备搭棚子（见图6-2）。正正把两根树枝分开放到窗台上，让琦琦把黑色垃圾袋放在树枝上，这样看起来就有点棚子的样子。但是一松手，树枝就倒了，第一次搭棚子失败。

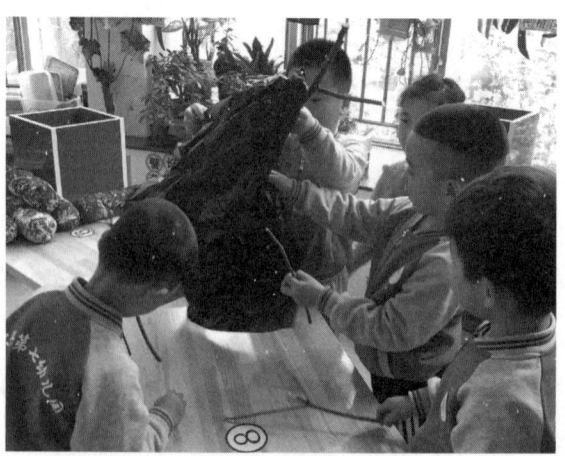

图6-2 搭建棚子

几名小朋友没有放弃，继续想办法解决搭棚子的问题。想了一会儿，淼淼说："小菜园里有个棚子，咱们去看一看那个棚子是怎么搭的吧。"在小菜园里，孩子们发现撑起塑料的棍子是插在土里的（见图6-3），于是他们把土带回了教室中。琦琦把土都倒在了窗台上，淼淼和正正分别拿着树枝，用力地把树枝插到土里，但是树枝还是立不住，他们反复尝试几次都没有成功，第二次搭棚子也失败了。

图6-3　查看小菜园里的棚子

经历了两次失败后，孩子们都不想再尝试了。于是，教师暗示他们说："前几天美工区的小朋友们在用彩泥捏小人的时候，小人怎么也立不起来，不知道他们最后是怎么解决的。"孩子们听后都跑到美工区去寻找站立的小人了，涛涛最先发现了站立的小人。经过观察，大家发现小人能立起来是因为在最下面有一个用彩泥制作的底座，于是孩子们将制作小人的经验进行迁移，利用彩泥来为树枝做一个底座，帮助树枝固定。树枝固定好后，孩子们顺利地把黑色垃圾袋放到树枝上，并用胶条固定好。第三次搭棚子成功了，孩子们为小香菇做好了家（见图6-4、图6-5）。

图6-4　固定香菇菌棒

图6-5　成功搭建棚子

中班幼儿思维活跃，能够积极动脑思考，遇到困难时能够尝试想出解决办法。在第一次搭棚子时，正正按照自己的想法"把黑色垃圾袋用树枝撑起来做成棚子"去实施，在实施过程中带有自己的假想，忽略了树枝一直被攥在手里，所以当手一松开，树枝没有了倚靠，棚子也就倒塌了。在第一次搭棚子失败后，幼儿没有放弃，继续想办法尝试，可见幼儿对搭棚子这件事的兴趣依然比较浓厚。在观察了小菜园里棚子的搭建后，幼儿进行第二次尝试——"用土把树枝固定住"。两次尝试均失败后，幼儿表现出了消极情绪。教师的出现为幼儿提供了及时有效的引导，帮助幼儿继续探究如何解决问题。当幼儿将美工区的制作经验迁移到搭棚子上时，树枝终于能够立起来了，幼儿体验到成功的快乐。

2. 拯救香菇菌棒

周末放假回来时，孩子们发现菌棒变样子了，有的菌棒两头翘了起来，有的颜色变得白了一些，菌棒变干了。见此状，孩子们着急起来，正正说："菌棒会不会干死，还能长出香菇吗？"通过讨论，孩子们认为菌棒太干就长不出香菇，于是开始积极讨论如何拯救菌棒。淼淼说："多给菌棒喷点水吧。"于是他给菌棒喷水（见图6-6），可是喷完水后，大家发现菌棒不吸水，水都流走了。涛涛说："要不咱们给菌棒洗洗澡吧，多洗洗，它就会变湿的！"说完，他们把菌棒拿到洗手池里给它洗澡，洗完后它湿湿的，可一会儿又变干了，孩子们觉得这个方法还是不行。淼淼说："都不行，它会不会死了，救不活了？"教师赶忙说："有什么办法能够让菌棒多喝一会儿水，又不浪费水呢？"琦琦说道："泡水里！这样就可以让它老是湿湿的！"我又问道："那泡多久呢？"正正说："泡10分钟吧！"其他的小朋友都同意了（见图6-7）。10分钟之后，我们拿出菌棒，发现菌棒真的变湿了一点，可还

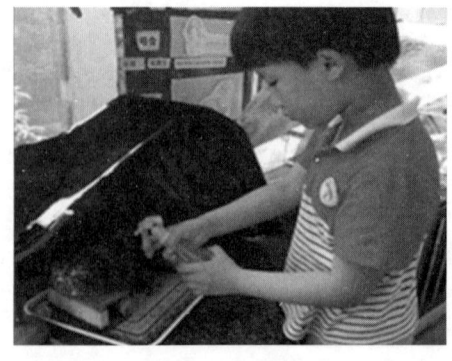

图6-6 喷水

图6-7 浸泡

是弯弯的。淼淼说:"咱们让它多泡泡,明天它肯定就喝饱水了。"第二天,菌棒变沉了,颜色深了,也变直了,孩子们高兴地将菌棒放回"家"里继续照顾。拯救菌棒成功后,孩子们意识到要经常给菌棒喷水以保持湿润。经过谈论,大家决定每次吃饭后都给菌棒喷一次水,这样菌棒就像小朋友们一样有一日三餐了。四天后,在孩子们的精心照顾下,小香菇终于长出来了,孩子们无比兴奋,感受到了成功的喜悦和满足。

在发现香菇菌棒出现问题时,幼儿表现出十分着急的心态,能够直接感知到菌棒缺水这一问题,并主动思考和分析问题。幼儿将自己的拯救方法都进行了操作实践,在操作中发现所有的方法都不可行,便有些失落。教师的及时引导帮助幼儿打开了新的思路,再次尝试并体会到了成功的快乐,激发了继续观察和操作的欲望(见图6-8),最终拯救成功。幼儿看到香菇在精心照顾下长出来(见图6-9),收获了满满的成就感。

图6-8　图示

图6-9　长出香菇

3. 回应策略

(1)抓住幼儿的兴趣点,及时提供探究材料。中班幼儿喜欢接触新事物,经常问一些与新事物有关的问题。教师应及时抓住幼儿的兴趣点,与幼儿一起发现、分享生活中有趣的事物。在幼儿对菌棒有兴趣时,教师及时添加了香菇菌棒,为幼儿提供了观察和探究的材料。

(2)为幼儿创设轻松活跃的探究氛围,支持和鼓励幼儿不断探索尝试。在幼儿尝试为菌棒搭棚子时,教师作为支持者,肯定幼儿的想法,鼓励幼儿大胆尝试,

> 给幼儿充分的空间去自主探究，不干涉幼儿的探究过程，鼓励幼儿积极动手动脑解决问题。例如，在幼儿前两次尝试搭棚子时，经验丰富的教师没有立刻否定和制止幼儿的不成功行为，而是让幼儿自己去操作，在操作的过程中发现解决方法是否可行，在实践中获得经验。
>
> （3）在幼儿出现消极情绪时，教师要及时介入，为幼儿自主解决问题提供帮助。教师要及时介入幼儿的活动，激发幼儿的活动兴趣，为幼儿提供简单的引导或提示，促进幼儿自主探究活动的开展。在两次搭棚子失败后，教师介入幼儿活动，但是没有直接告诉幼儿解决问题的办法，而是让幼儿自己去美工区寻找答案，幼儿在找到答案后，将成功的经验进行迁移，再次巩固了原有经验，成功地立起了树枝，搭好了棚子。

总结性评价是指在主题活动末期教师进行的综合性评价。总结性评价一般是考察主题活动目标最终在幼儿的身上体现得如何，幼儿的各方面是否都有一定的发展，从而对整个主题活动进行评价（见表6-4）。

表6-4 总结性评价

科学探究	表现				进步		综合述评：在表现部分，若勾选"需要加油"，请述明原因；在进步部分，若勾选"异于期望"，请说明原因，并描述未来帮助学生成长的计划。
	检核表		档案				
	符合期望	需要加油	符合期望	需要加油	符合期望	异于期望	
姓名：	□	□	□	□	□	□	
姓名：	□	□	□	□	□	□	

（三）自我评价与他人评价

根据主题活动中评价的主体可将评价分为自我评价与他人评价。

自我评价是指教师对自己设计、开展的主题活动进行的评价。自我评价容易实施，但由于参照物有限和教师的主观性，所以评价受到一定的限制。

他人评价是指除主题设计教师之外的人对主题活动进行的评价，如幼儿园领导对主题活动的评价、骨干教师对主题活动的评价、专家对主题活动的评价等。

他人评价比自我评价的客观性更强,但操作的时间及工作较多。

(四)个体内差异评价与相对评价

根据主题活动中评价的参照体系可将评价分为个体内差异评价与相对评价。

个体内差异评价是指将评价对象的过去与现在进行比较,或将各个方面进行比较和评价的过程。

相对评价是指在一类评价对象中选取一个或几个与目标进行比较,并进行判断和评价的过程。

第二节 综合主题活动评价的基本原则

我们在进行评价时,通过长时间不断地摸索,总结出评价的几条基本原则:综合性原则、发展性原则、客观性原则和全面性原则。

一、综合性原则

《纲要》中指出:"管理人员、教师、幼儿及其家长均是幼儿园教育评价工作的参与者。评价过程是各方共同参与、互相支持与合作的过程。"

在综合主题活动评价的过程中要注重综合性原则,不仅仅是针对幼儿的一方面进行评价,而是要遵循评价的综合性。例如,在以往评价艺术活动时,教师只注重这首歌唱得好不好听、这个舞蹈跳得美不美、这幅画画得像不像等,评价的目的是片面的。而综合主题活动的评价注重综合性,既有对幼儿的感知与欣赏、表现与创造等艺术能力的评估,又包括对幼儿在艺术活动中的兴趣、情感、态度、价值观等人文素养的综合发展的评估。

二、发展性原则

幼儿是否得到发展,教师是否得到提升,主题活动是否具有综合性,是主题活动评价的基本标准,主题活动评价的根本目的是促进幼儿、教师、幼儿园的发展。在评价的过程中,教师通过信息的交流、反馈,对评价指标、方法、过程不断地调整、改进、完善,从而发挥最大功效。

三、客观性原则

客观性原则就是指在主题活动评价的过程中，评价者采取实事求是的态度，根据评价标准客观公正地进行评价。教师不能凭主观的意愿，随心所欲地对幼儿的发展进行判断。

教师遵循客观性原则的前提是要选择系统的、科学的评价体系。评价过程一定要根据幼儿的表现进行，为综合主题活动评价提供公正、有价值的判断。

四、全面性原则

综合主题活动的评价一定要注重评价的多元化和全面性。全面性原则是指在对主题活动进行评价时要考虑不同的方面，搜集足够的信息，对幼儿各方面的发展情况进行综合的评价。教师既不能只对发展的单一方面进行评价，又不能只运用一种方法进行资料、信息的搜集，而要保证评价的准确性、客观性。

第三节 综合主题活动评价的方法及实施

综合主题活动评价综合采用谈话、观察、调查等方法。除此之外，教师可以运用一些较有特色、更为系统的评价方法，经过具体的实施，势必能够收到很好的效果。

一、作品取样系统

（一）作品取样系统的含义

作品取样系统是一种真实性表现评价，能够协助教师运用真实的现象、活动和作品来记录和评价幼儿的技巧、知识和行为。作品取样系统包含七个学习领域和三个系统。

（二）作品取样系统的优势

（1）作品取样系统是一种呼应教室情境的教学评价，教室内实行的评价是动态的、允许变化的，并且涵盖多样的学习风格和经验。

（2）系统能够着眼于幼儿所能做的和做到的，同时增强幼儿主动发展的动机。

（3）系统涵盖非常广泛的能力，适合不同发展水平的幼儿，符合综合主题活动评价的原则。

（4）系统可以提供较为一目了然的评价信息，降低了评价结果被误用的风险。

作品取样系统结合众多优势，并且非常契合综合主题活动评价的原则。因此，教师可以选用作品取样系统来进行评价。

（三）作品取样系统的实施要点

比《纲要》的领域分类更为细致的是，作品取样系统涵盖七个领域和三个系统，其中每个领域都在三个系统中出现。这七个领域分别是：个人与社会发展、语言与文学、数学思考、科学思考、社会文化、艺术、体能发展与健康。

同时，作品取样系统包含三个基本的实施要素：教师运用发展指引与检核表进行观察和记录、收集幼儿的作品于档案、将前两项资料进行综合做综合报告。三个要素形成一个整体：发展指引与检核表以教师期望与国家标准为评价的标准，记录幼儿的成长和主题活动的发展；档案以视觉的方式呈现幼儿作品的质量以及幼儿跨越时间的进步；综合报告将上述资料综合于一张报告表，不仅能让教师一目了然，也能让家长了解幼儿的情况。

（四）作品取样系统的实施策略

综上所述，作品取样系统是一种较为全面的评价方法。那么，如何将作品取样系统应用到综合主题活动中呢？

1. 发展指引与检核表

发展指引与检核表即结构化的观察、记录及评价。发展指引是一套用来评价幼儿在不同时期的表现与成就的合理期望。发展检核表是依据不同年龄的发展指引所延伸出来的表现指标，用来总结和诠释教师的观察。

结合综合主题活动的特点，教师在主题活动开展之前会对幼儿的发展现状进行整体测查。测查包括各个领域，能反映全班幼儿的整体发展水平（见表6-5）。

表6-5 科学领域幼儿发展评价表

时间：2019年9月27日　　班级：中二班

指标	评价标准	王子墨	郭思琪	王天伊	王柳泽	韩林嘻	张佳宸	洪梓铭	王锦钊	刘郑昕	李子安	蔡安洋
对周围的自然事物感兴趣	一、喜欢自然环境。											
	二、喜欢接触大自然，对周围的很多事物和现象感兴趣。											
	三、喜欢接触新事物，经常问一些与新事物有关的问题。			✓		✓					✓	✓
	四、对自己感兴趣的问题总是刨根问底。	✓	✓		✓		✓	✓	✓	✓		
喜欢观察和探索事物	一、对大自然中的事物现象有好奇心。											
	二、经常问各种问题或好奇地摆弄物品。											
	三、常常动手动脑探索动植物和材料，并乐在其中。		✓	✓							✓	✓
	四、能经常动手动脑寻找问题的答案，在探索中有所发现时感到兴奋和满足。	✓			✓	✓	✓	✓	✓	✓		
会对物体和事件进行比较	一、对感兴趣的事物能仔细观察，发现其明显特征。											
	二、能通过看、摸、闻、听等多种感官体验，比较物体的相似和相异的一种特征。											

表6-5 科学领域幼儿发展评价表（续表）

指标	评价标准	王子墨	郭思琪	王天伊	王柳泽	韩林嘻	张佳宸	洪梓铭	王锦钊	刘郑昕	李子安	蔡安洋
会对物体和事件进行比较	三、会使用与数目、大小、形状、材质、重量、颜色、速度、体积等有关的比较级字眼。			✓				✓				✓
	四、能通过观察、比较与分析，发现并描述不同种类物体的特征或某个事物前后的变化。能了解或运用与度量衡有关的词汇，也能了解或运用一些简单的测量工具。	✓	✓		✓	✓	✓		✓	✓		

可以看出，表6-5能清楚地表示幼儿在科学领域的发展现状。

在综合主题活动确定之前，教师应根据幼儿对"升入中班后的生活"高度感兴趣，对幼儿提出的感兴趣的问题进行调查和整理，对幼儿对新环境的了解进行询问，结果见表6-6。

表6-6 幼儿问题调查表

幼儿姓名	升入中班后，有哪些变化？	新的玩具都怎么玩？	足球怎么玩？
王子嫣	小班在一楼，中班在二楼	跟小班一样，还有球	手传球
王悠然	床的颜色不一样了	有轮胎，可以滚着玩	可以传球，爸爸带我玩过
侯奕彤	没有娃娃家了	有小高跷，我玩过	踢球
袁浩瑜	玩儿的地方变了	小车可以自己骑，还可以载人	灌篮
蔡安阳	运动场地有彩色跑道	有一个攀爬架，可以爬，爬到最高的地方就赢了	踢足球得有守门员

表6-6 幼儿问题调查表（续表）

幼儿姓名	升入中班后，有哪些变化？	新的玩具都怎么玩？	足球怎么玩？
温馨	有很多大桶和大梯子	我看见哥哥姐姐们把梯子放在桶上，然后他们爬梯子	得有好多小朋友一起踢球，把球踢到对方的门里就赢了
……	……	……	……

升入中班后，幼儿换了新的运动场地（由幼儿园前院的草地转变为宽阔的操场），户外玩具也增加了很多，幼儿对新的户外活动环境和玩具十分感兴趣，同时提出了很多问题，比如：我们都有哪些新玩具？我们可以玩哪个？新玩具怎样玩？教师借助于幼儿的问题和兴趣，引导幼儿对户外游戏玩具进行探索，开展一系列的主题活动。通过主题活动，幼儿能了解几种常见的项目，并能积极参与，从而在运动中获得满足感、愉快感和成功感。幼儿喜欢参加多种体育运动，初步形成良好的运动习惯。幼儿在体育活动中尝试学习保护自己，使自己能够完成体育活动。教师鼓励幼儿大胆地与别人交流自己的看法，提出问题，并学习自己找到问题的答案（见表6-7）。

表6-7 幼儿健康探究过程观察记录表

活动名称：运动真快乐　　活动日期：2019年9月15日　　班级：中二班

教师评价分析			符合的打√	
	阶段	指标	王子嫣	王悠然
幼儿健康探究过程	具有一定的适应能力	在帮助下能较快适应集体生活。	√	√
		换新环境时较少出现身体不适，能较快适应人际环境中发生的新变化。	√ □尚未发展 ☑发展中 □熟练	√ □尚未发展 □发展中 ☑熟练
		能在较热或较冷的户外环境中连续活动半小时以上，天气变化时较少感冒。	×	√
		能较快融入新的人际关系环境。	×	√

表6-7 幼儿健康探究过程观察记录表（续表）

教师评价分析			符合的打√	
阶段		指标	王子嫣	王悠然
幼儿健康探究过程	动作协调、灵敏	能身体平稳地双脚连续向前跳，分散跑时能躲避他人的碰撞。	✓ ☐尚未发展 ☑发展中 ☐熟练	✓ ☐尚未发展 ☑发展中 ☐熟练
		能助跑跨跳过一定的距离，能与他人玩追逐、躲闪跑游戏。	✓	✓
		能安全地爬攀爬架，躲避他人滚过来的球或扔过来的沙包。	×	×
		能连续跳绳和连续拍球。	✓	✓
	得出结论和解释结论	了解一些简单的运动项目，认识一些简单的运动器材。	× ☐尚未发展 ☑发展中 ☐熟练	× ☐尚未发展 ☑发展中 ☐熟练
		知道运动给人的身体带来的好处。	✓	✓
		学会简单的自我保护身体主要器官和自身安全的方法、技能。	✓	✓
	交流和应用	准确地描述出升入中班后的变化。	× ☑尚未发展 ☐发展中 ☐熟练	× ☐尚未发展 ☑发展中 ☐熟练
		发现玩具有了新变化。	×	×
		与同伴交流自己的发现。	✓	✓
		准确地画出自己最喜欢的体育运动。	×	×
		根据已有的发现提出新的问题。	×	✓

表6-7可以说明，在"运动真快乐"健康活动中，王子嫣对新环境的适应能力比较强，在动作的协调性与灵敏性等方面缺乏经验（处在发展中水平），而在对幼儿园的球的玩法方面，教师还需进一步了解。

作品取样系统的发展指引及检核表两者合起来，为教师提供一个观察、记录和评价的架构，帮助教师了解每一个孩子，提醒教师观察主题活动的全面性，协助教师判断自己的教学策略何时有效和无效，为主题活动的下一步做指引。

2. 档案

档案指搜集、选择和评价幼儿的作品。教师搜集档案的目的是为主题活动提供更多的有关幼儿思考与学习的质性信息。教师必须根据幼儿的表现、行为、语言和作品进行研究和思考。档案比发展检核表提供更多的有凭据的信息。

档案由核心项目和个人项目组成,核心项目就是指在几个领域中针对一些特定的学习目标所搜集的代表作品。以桐桐在9月和10月的两份绘画作品为例,桐桐在9月份时只是单独地把蔬菜种子画出来,并没有体现出种子的种植方法。但在10月份的记录中,通过桐桐的画,我们能看出蔬菜种子发芽了,与之前的作品相比较,10月份的记录更具体、形象和细致。这充分说明,教师能够通过两份档案记录幼儿的发展。

个人项目与核心项目的区别是,个人项目不需要教师事先规划,也不限领域(见表6-8)。

表6-8 幼儿档案

姓名:吴月桐	班级:中一班	活动时长:8:30—9:00(30分钟)	
日期:9月15日	指标:科学探究过程	□核心项目	☑个人项目
活动名称: 玉米宝宝生长记 活动目标: 1. 发现和提出问题 2. 探究和应用能力 勾出作品的背景信息: ☑幼儿主动发起 □教师发起 ☑新任务 □熟悉任务 ☑独立完成 □成人引导下完成 □小组合作完成 ☑用时1~5分钟 □用时5~10分钟 □用时10~15分钟 □达到期望 ☑需要发展	学生表现(照片附后): 　　桐桐发现,玉米上的每一粒玉米粒都会长出一棵翠绿色的小芽,玉米宝宝发芽啦! 图6-10 幼儿作品		
注释:无			
评价与分析: 　　在探索过程中,桐桐能够进行长时间的观察,寻找玉米宝宝生长的秘密,并进行记录,发现玉米的生长特征及"玉米粒就是玉米的种子"的秘密。			

教师根据幼儿的作品和当时的表现,将幼儿的作品进行深入的分析和简单的记录。

除了记录和搜集幼儿的作品,教师在进行评价时会对幼儿的一些突出表现或语言进行文字记录,在主题活动中进行随机观察(见表6-9)。

表6-9 幼儿科学探究过程表现记录表

活动名称:娃娃家为什么不见了　　　活动日期:2019年9月18日　　　班级:中一班

	阶段	幼儿姓名:刘羽辰	幼儿姓名:冷灵溪
幼儿科学探究过程	观察和提出问题	"中班比小班的玩具种类多,好像比小班的玩具复杂了一些!" "娃娃家的玩具太幼稚,我们都已经长大了!" "我想开一间面包房,因为我跟我的妈妈一起做过面包和饼干,我觉得特别有意思!"	"中班没有娃娃家了。" "我也不知道中班为什么没有娃娃家,不过我可以去看一下别的班有没有娃娃家。" "我想开一家小医院,给生病的小朋友治病。"
	提出研究假设		
	检验假设		
	得出结论和解释结论		
	交流和应用		
教师评价		羽辰对幼儿园的小班生活有一定的经验,能够发现小班与中班的玩具种类不同,难易度也有一定的差异。在画画的过程中,羽辰在开始时能按自己的观察画,后来受其他的干扰,说明她的注意力容易转移,今后应重视她在这方面的能力发展。	灵溪对幼儿园的班级环境有一定的了解,虽然她不善言表,但她对"娃娃家去哪了?"有较高的兴趣,通过收集资料和日常生活中的观察,她会越来越好,在观察中的探索会越来越多。

与其他档案不同的是:作品取样系统的档案注重搜集幼儿在不同阶段及不同领域的表现与进步;为了发现幼儿的进步,教师在主题活动开展时至少要有三个搜集期,更好地展现幼儿的进步和发展水平;档案能够让教师了解每名幼儿的优缺点,为主题活动的下一步做指引,并为教师指点下次的指导重点,督促教师及时调整主题活动的脉络和活动。

3. 综合报告

综合报告即总结表现及进步,是一种取代传统成绩单,用来向家长和学校呈现幼儿表现及进步信息的形式。评价牵涉两个互补的历程,分别是记录和评鉴。

在综合主题活动的评价过程中，主要采用的是标准版综合报告（见表6-10）。

表6-10 综合报告

语言探究	表现		进步		综合述评：在表现部分，若勾选"需要加油"，请述明原因；在进步部分，若勾选"异于期望"，请说明原因，并描述未来帮助学生成长的计划。
	符合期望	需要加油	符合期望	异于期望	
吕兴印		✓	✓		该幼儿能结合语境理解一些表示因果、假设等相对复杂的句子。教师在今后的活动中需要鼓励幼儿围绕一个话题进行思考。
宋隽熙		✓	✓		该幼儿敢于提出问题，但灵活解决问题的能力有待提高。教师在今后的活动中应多引导、鼓励幼儿运用各种方法解决问题。
韩瑞哲	✓		✓		该幼儿能大概讲出所听故事的主要内容，根据画面大致地说出故事情节。教师在今后的活动中可以鼓励幼儿积极地表达自己的想法。
宋子桐		✓		✓	该幼儿表现的积极性不是很高，思考问题的能力需要进一步培养。教师在今后的生活中需要鼓励幼儿积极回答问题，培养幼儿主动思考问题的习惯，以及大胆提出问题的能力。

从上面的综合报告中可以清楚地看出幼儿的进步与下一步的努力方向。在综合述评中，教师可以对幼儿在本次主题活动中的表现进行综合点评，对幼儿形成深入的了解。

在一系列的程序结束后，教师再对幼儿进行整体的测查并做报告，这样一个系统的循环为主题活动提供了有效的方法。

二、幼儿观察记录表

（一）幼儿观察记录表的含义

在主题活动中，教师的评价主要依据客观、真实的资料，这些资料主要来自依据各方面要求所制定的有关主题活动的幼儿观察记录表。幼儿观察记录表最显著的特征是真实性，真实性评价能为教师提供更多有价值的信息，更好地为综合主题活动服务。

（二）幼儿观察记录表的优势

(1) 评估幼儿思考和解决问题的能力，而不仅仅是评价知识积累。
(2) 有助于教师和家长形成更多有关幼儿发展的了解。
(3) 是对幼儿在真实情景中而不是在预定好的测试场景中的行为表现的评价。
(4) 鼓励主题活动更加以幼儿为中心，站在幼儿的角度看主题活动的发展。

（三）幼儿观察记录表的实施要点

幼儿观察记录表主要用于3—6岁幼儿，同时可用于评价那些在一个或多个领域的发展顺序和时间上与普通幼儿有很大不同的特殊幼儿。教师根据主题活动的内容，可对指标进行更细化的改进。

幼儿观察记录表的使用是一个长期、持续的过程。教师要根据幼儿在主题活动中的表现客观地进行观察记录，并定期将这些观察记录进行整合。

（四）幼儿观察记录表的实施策略

1. 观察记录

观察记录是教师对幼儿在主题活动中的言行、举止的观察和记录。记录并回顾这些事情，有助于教师了解和思考幼儿是如何发展的。观察记录的目的是记录发生了什么，而不去做评论。例如，在一次讨论活动中教师对幼儿的对话进行视频记录，事后进行细致的整理。

《玉米秆那么高，怎样取下玉米的果实呢？》

02:06　祺：玉米秆那么细，用剪刀就能轻松地将它剪断。

02:57　刁：用绳子直接给它勒断了。

03:26　师：你一个人有那么大的力气给它勒断吗？

04:18　刁：我先试试，不行的话，我让好朋友跟我合作。

04:29　师：还有没有别的办法可以取下玉米的果实呢？

04:50　刁：我觉得可以直接用手给它拔断，就能取下玉米啦。

06:23　祺：我的好朋友家里有一个光头强的电锯，这么细的玉米秆肯定一下就被锯断了！

06:41　刁：我觉得每个办法都应该试一下，找到一个最简单的办法。

2. 分析评价

教师依据观察记录进行分析和诊断，并且根据发现的问题，在之后的主题活动中，特意观察这个幼儿或领域，对幼儿进行有针对性的指导。例如，根据上文的视频记录进行分析评价（见表6-11）。

表6-11　综合主题活动分析评价表

时间：2019年9月26日　　　幼儿姓名：祺祺
幼儿年龄：4岁半　　　　　班级：中一班　　　记录人：崔悦萌

发展目标	具体表现	发展评价	小结
亲近自然	1. 喜欢接触新事物，经常问一些与新事物有关的问题。	√	祺祺活泼好动，对新鲜事物有着浓厚的兴趣。在种植活动中，她能积极回答问题，大胆猜测解决问题的办法，并有主动探究的兴趣。
	2. 常常动手动脑探索物体和材料，并乐在其中。		
喜欢探究	1. 能对事物或现象进行观察和比较，发现其相同与不同。	√	
	2. 能根据观察结果提出问题，并大胆猜测答案。		
	3. 能通过简单的调查收集信息。	√	
	4. 能用图画或其他符号进行记录。		
在探究中认识周围事物和现象	1. 能感知和发现动植物的生长变化及基本条件。		
	2. 能感知和发现常见材料的溶解等性质或用途。		
	3. 能感知和发现简单物理现象，如物体形态或位置的变化等。	√	
	4. 能感知和发现不同季节的特点，体验季节对动植物和人的影响。		
	5. 初步感知常用科技产品与自己生活的关系。	√	

运用这样的方法，教师能够与家长一起分享孩子的成长，并让家长参与孩子的主题活动评价，确保评价的全面性。

三、表格的常见应用

在主题活动开展的过程中，教师应根据不同的时期对幼儿、教师及主题活动进行有针对性的评价。那么，我们应如何进行呢？

（一）主题活动开始阶段

在主题活动开始阶段，教师应对幼儿感兴趣的问题进行汇总和分析，如"幼儿园里的树"大班主题活动中的幼儿问题汇总和分析（见表6-12）。

表6-12　幼儿问题和关注度调查表

幼儿问题	幼儿关注度
（1）幼儿园里的树有什么变化？ （2）大树以后会变成什么样子？ （3）幼儿园里现在有多少棵树？	（1）98%幼儿关注 （2）63%幼儿关注 （3）61%幼儿关注 本班共32名幼儿

由此可见，班内幼儿较关注的三个问题是：幼儿园里的树有什么变化？大树以后会变成什么样子？幼儿园里现在有多少棵树？其中每个问题的关注度都有很大的差别，大部分幼儿关心幼儿园里的树有什么变化。

之后，教师可以针对每个问题对每名幼儿进行摸底调查，目的是了解幼儿的现有水平，有利于教师对之后的活动进行斟酌（见表6-13）。

教师根据调查结果对幼儿进行分析，并制定适宜的主题活动目标和主题活动网络图（见图6-11）。

主题活动目标：

(1)喜欢提问，并经常动手动脑寻找问题的答案；

(2)了解幼儿园里的树的基本特征，有照顾树的愿望；

(3)在成人的帮助下能制订简单的调查计划并执行；

(4)在探究中能与他人合作和交流；

(5)感知并了解季节变化与树的变化的关系；

(6)通过观察、比较与分析，发现并描述有关树的前后变化；

(7)能用数字、图画、图表或其他符号进行记录。

表6-13 幼儿问题调查表

幼儿姓名	幼儿园里的树有什么变化？	大树以后会变成什么样子？	幼儿园里现在有多少棵树？
于子清	变多了	叶子	很多吧
饶静怡	有新的树	会开花	不知道
刘雨菲	门口有银杏树	会掉下来	我没有数过
董子琪	很多大树	不知道	有十棵那么多吧
石艾鹭	有杨树吗？	会变成种子	有一百棵
刘雨琨	好像少了	变成叶子吧	有很多
杨紫臣	叶子绿了	长成树枝	我也不知道
高瑞琪	绿叶子的树	会开花的	二十棵
李灿宇	我也不知道	不知道	不知道
……	……	……	……

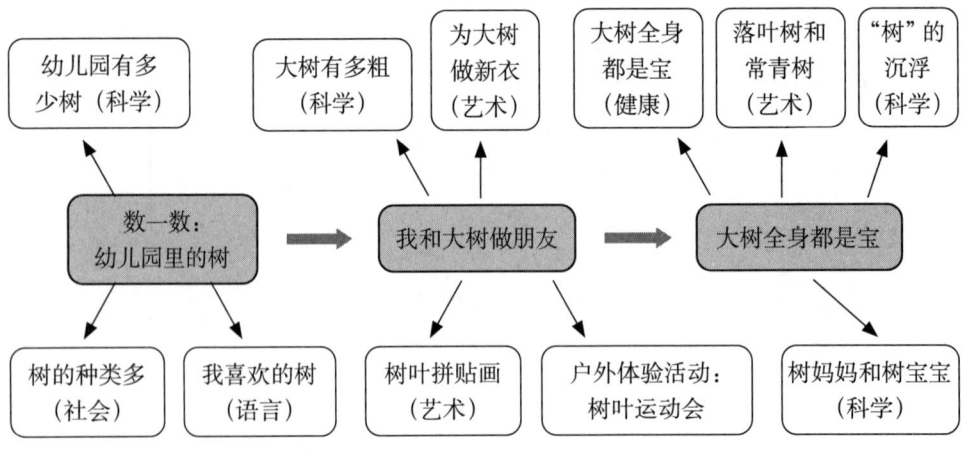

图6-11 主题活动网络图

（二）主题活动结束阶段

在主题活动的开展阶段，教师应有针对性地组织活动，在活动过程中进行适宜的评价，以达到推进主题活动的效果。在主题活动的结束阶段，教师应根据主题活动的目标及开展情况对幼儿、教师及主题活动进行评价。例如，针对小班幼儿入园适应相关的主题，教师应重点针对幼儿的社会领域进行评价（见表6-14）。

表6-14　社会领域评价表

指标	评价标准	发展水平（%）			
		一	二	三	四
情绪安定、愉快，有安全感，逐步建立与教师的依恋关系	一、情绪比较稳定，很少因一点小事哭闹不止，能在成人的安抚下逐渐平静强烈的情绪。	32%			
	二、经常保持愉快的情绪，愿意把自己的情绪告诉亲近的人。		68%		
	三、知道引起自己某种情绪的原因，不乱发脾气。				
	四、能随着活动的需要转换情绪和注意。				
喜欢上幼儿园，认识幼儿园环境	一、对幼儿园好奇，喜欢上幼儿园。	28%			
	二、愿意并主动参加群体活动。		72%		
	三、在群体活动中积极、快乐。				
	四、对小学生活有好奇和向往。				
乐意与人交往，学习互助、合作和分享，有同情心	一、愿意与小朋友一起游戏。	29%			
	二、喜欢和长辈交谈，有事愿意告诉长辈。		71%		
	三、有自己的好朋友，喜欢结交新朋友。				
	四、喜欢与人交往，有高兴或有趣的事愿意与大家分享。				
生活、卫生习惯良好，有基本的生活自理能力	一、在引导下不偏食、挑食，愿意喝白开水，不用脏手揉眼睛等；在帮助下能穿脱衣服或鞋袜。	45%			
	二、不挑食、偏食，暴饮暴食，常喝白开水，每天早晚刷牙、饭前便后洗手；能自己穿脱衣服和鞋袜、扣纽扣。		55%		

表6-14 社会领域评价表（续表）

指标	评价标准	发展水平（%）			
		一	二	三	四
生活、卫生习惯良好，有基本的生活自理能力	三、吃东西时细嚼慢咽，主动喝白开水，早晚主动洗手；能知道根据冷热增减衣服，会自己系鞋带。				
	四、生活卫生习惯良好，能主动参加体育活动；能按类别整理好自己的物品。				
愿意和小朋友一起游戏	一、知道不争抢、不独霸玩具。	12%			
	二、与同伴发生冲突时，能在他人帮助下和平解决。		88%		
	三、活动时能与同伴分工合作，遇到困难能一起克服。				
	四、不欺负别人，也不允许别人欺负自己。				
对周围的自然事物感兴趣	一、喜欢自然环境。	23%			
	二、喜欢接触大自然，对周围的很多事物和现象感兴趣。		77%		
	三、喜欢接触新事物，经常问一些与新事物有关的问题。				
	四、对自己感兴趣的问题总是刨根问底。				

第四节 综合主题活动中教师及幼儿的发展评价

我们在主题活动开展的过程中，不仅有对主题活动的评价，还有过程中、过程后对教师及幼儿的评价，具体做法如下。

一、幼儿发展评价

在主题活动的结束阶段，我们会把每一个幼儿的表现进行整理和综合，将类似的作品进行比较，发现幼儿的进步，并找出幼儿存在的不足，最终对幼儿在综合主题活动中的发展做出综合评价。

例如，将不同时期幼儿的类似作品进行分析和比较。表6-8中展现的是9月

15日的作品分析，表6-15展现的是10月26日的作品分析。我们可以清晰地看到，幼儿进行了持续性的观察、记录，对猜测进行了实验验证，并产生了自己的发现。我们也能看出幼儿在观察上更加细致，记录更为详细（见表6-15）。

表6-15　幼儿档案

姓名：吴月桐	班级：中一班	活动时长：9:10—9:20（10分钟）	
日期：10月26日	指标：科学探究过程	□核心项目	☑个人项目
活动名称： 玉米宝宝发芽啦 活动目标： 1. 能通过观察、比较与分析，发现并描述不同种类物体的特征或某个事物前后的变化。 2. 大胆猜测和记录。	学生表现（照片附后）： 　　在历经了一段时间后，桐桐在自然角观察植物时发现玉米竟然发芽了！这一现象令桐桐感到非常不可思议，于是她用笔记录了玉米发芽的观察实录。我仔细地观察了她的记录表，发现桐桐每个星期至少有三天都会来观察一下玉米是否发芽，以及玉米芽的生长变化。		
勾出作品的背景信息： ☑幼儿主动发起 □教师发起 ☑新任务 □熟悉任务 ☑独立完成 □在成人引导下完成 □小组合作完成 □用时1～5分钟 ☑用时5～10分钟 □用时10～15分钟 ☑达到期望 □需要发展	图6-12　幼儿作品		
注释：无			
评价与分析： 　　桐桐主动将玉米会再发芽的这一观察结果与教师、小朋友、家长分享交流，最终得到了"玉米粒就是玉米的种子"这一知识点。			

经过这样的比较，教师可以清楚地看到幼儿的进步，然后对幼儿进行综合的评价，并针对全班幼儿进行总结性发展评价（见表6-16）。

表6-16 综合主题活动幼儿发展评价表

班级：中一班　　　教师：李雪　　　日期：2019年11月28日

科学领域	表现		进步		综合述评：在表现部分，若勾选"需要加油"，请述明原因；在进步部分，若勾选"异于期望"，请说明原因，并描述未来帮助学生成长的计划。
	符合期望	需要加油	符合期望	异于期望	
赵俊宇	✓		✓		通过观察，该幼儿能经常动手动脑寻找问题的答案，在探索中有所发现时感到兴奋和满足，但维持兴趣的时间较短，需要教师用多种方法激励其坚持科学探究活动。
李颜汐		✓	✓		通过观察，该幼儿在生活中解决实际问题的能力有待加强，需要教师帮助其树立自信心，鼓励其动手动脑，主动探索问题，寻找解决问题的答案。
韩瑞哲	✓		✓		通过观察，该幼儿参与活动的兴趣浓厚，喜欢探索事物，能够积极动脑思考，通过观察、比较提出与话题相关的问题，并能够主动寻找解决问题的方法。
马文祺	✓			✓	通过观察，该幼儿活动兴趣很高，能够积极动脑思考问题，并尝试解决问题。但在探索中，观察事物不够细致，讨论容易受外界影响并谈论与主题无关的话题。在今后的活动中，需要教师鼓励其围绕一个话题进行思考、讨论。
……	……	……	……	……	……

另外，教师可以借助于整体性评价表（如表6-1），在主题活动结束时对幼儿的整体发展进行全面的分析与评价，鉴别幼儿在整个主题活动实施的过程中所获得的经验和能力的发展与提升（见表6-17）。

表6-17 综合主题活动幼儿发展总结评价表

班级：中二班　　　人数：35人　　　观察者：崇光寅　　　日期：2019年11月29日

指标	评价标准	发展水平（%）			
		一	二	三	四
对周围的自然事物感兴趣	一、喜欢自然环境。				
	二、喜欢接触大自然，对周围的很多事物和现象感兴趣。			30%	

表6-17 综合主题活动幼儿发展总结评价表（续表1）

指标	评价标准	发展水平（%）			
		一	二	三	四
对周围的自然事物感兴趣	三、喜欢接触新事物，经常问一些与新事物有关的问题。				70%
	四、对自己感兴趣的问题总是刨根问底。				
喜欢观察和探索事物	一、对大自然中的事物现象有好奇心。				
	二、经常问各种问题或好奇地摆弄物品。			37%	
	三、常常动手动脑探索动植物和材料，并乐在其中。				63%
	四、能经常动手动脑寻找问题的答案，在探索中有所发现时感到兴奋和满足。				
会对物体和事件进行比较	一、对感兴趣的事物能仔细观察，发现其明显特征。				
	二、能通过看、摸、闻、听等多种感官体验，比较物体的相似和相异的一种特征。			31%	
	三、会使用与数目、大小、形状、材质、重量、颜色、速度、体积等有关的比较级字眼。				69%
	四、能通过观察、比较与分析，发现并描述不同种类物体的特征或某个事物前后的变化。能了解或运用与度量衡有关的词汇，也能了解或运用一些简单的测量工具。				
猜测问题的答案并验证	一、能够对简单事物现象进行猜测。		4%		
	二、能用多种感官或动作去探索动植物，进行大胆猜测。			50%	
	三、能根据观察结果提出问题，并大胆猜测答案。				46%
	四、能用一定的方法验证自己的猜测。				
探究和解决问题	一、学着用成人或同伴的方法来解决问题。		2%		
	二、能一物多用，尝试用工具解决问题。			30%	
	三、遇到问题时，会想办法解决。				68%
	四、会用各种方法灵活解决问题。				
会对物体进行分类	一、能找出一样的两个物品来，并说出它们的特性，或者将它们放在一起。				

表6-17 综合主题活动幼儿发展总结评价表（续表2）

指标	评价标准	发展水平（%）			
		一	二	三	四
会对物体进行分类	二、按某个特性对物品分类，如大小、形状、颜色、用途。			50%	
	三、先以一种特性对一堆物品分类，然后用另一种特性来进一步分类。				50%
	四、把物品分成几大类，再在其下分小类，并能说出理由。				
认识周围事物和现象	一、认识常见的动植物，能注意并发现周围的动植物是多种多样的。				
	二、感知和发现不同季节的特点，体验季节对动植物和人的影响。			30%	
	三、初步了解人们的生活与自然环境的密切关系，知道尊重和珍惜生命，保护环境。				70%
	四、能察觉到动植物的外形特征、习性与生存环境的适应关系。				

总结阶段的评价是教师对幼儿在主题活动中得到的发展进行总结，是主题活动开展的价值体现。

二、教师的自我评价

教师是素质教育的主要实施者，是教育过程中的主体，同时是幼儿学习、模仿的对象。教师的人格特征、言行举止、心理健康状况以及对待幼儿的态度，直接影响着幼儿的发展。

在综合主题活动中，教师的自我评价很重要，教师通过自我评价能够更深入地认识自己与评价要求的差异，能够更自觉地达到更高的要求。教师的自我评价主要从以下几点来进行（见表6-18）。

教师可以通过写教育随笔、建立个人档案等方式来促进和记录有关综合主题活动的专业反思，用这些资料来评价自己的教育实践和开展主题活动中的专业发展。

表6-18　综合主题活动中教师自我评价

评价日期：　　　　　教师：　　　　　主题名称：

评价项目	具体要求	评分（1—10）
责任感	对主题活动有浓厚的兴趣，能客观地、持续地对幼儿进行观察、记录、分析和评价。	
与幼儿相处的能力	尊重、理解、信任幼儿，对幼儿的问题和想法给予支持，鼓励幼儿进行主动探索。	
教育艺术	以细致、敏锐的观察，准确的判断和丰富的经验为基础，灵活地运用教育的方法、技巧进行有效的教育。	
业务知识	掌握有关主题活动的知识，有准确的概念意识，帮助幼儿获得正确的知识。有广阔的知识视野、较强的表达能力、熟练的工作能力。	
工作能力	能熟练地引导幼儿参与综合主题活动，活动有计划、有条理。	
工作效率	能在有效时间内完成记录、评价，突出表现在以很快的速度完成某些活动上。	
计划性	有丰富的创造力和想象力，能想出适当的办法解决问题，有很好的见解和较系统的计划。	
人际关系	具有组织、应变、协调和交往的能力，和同事、家长的关系融洽，能根据主题活动与他人进行良好沟通。	
总结、表达能力	有较强的口述和笔述技巧，能对幼儿的表现进行记录及总结，与幼儿交流时能使用生动形象、内容丰富、有吸引力的语言。	
理论学习和研究能力	依据主题活动的情况刻苦钻研、不断学习，有较强的理论学习和研究能力，能根据研究结果写出有条理的论文。	

第七章

综合主题活动案例精选

儿童的学习是一个不断积累经验的过程,每一个经验都建立在前期经验的基础上。在过往优秀的综合主题活动中,教师都尊重幼儿的兴趣和需要,注重活动的系统性,注重事物发展的规律以及联系,对实践教学有很好的借鉴意义。下面介绍六个综合主题活动精选案例。

案例1 小班综合主题活动"我的好朋友"
北京市大兴区第七幼儿园 窦亚婷

来自不同家庭的孩子们已经逐步适应了幼儿园的生活,随着年龄的增长,他们的交往愿望逐渐增强,但缺少一定的交往方法,因此,教师结合幼儿的兴趣与需要,生成了小班综合主题活动。

 问题引入

活动背景

假期过后,幼儿都迫不及待地跟旁边的小朋友讲述自己的假期生活。有的小朋友跟小区内的好朋友一起出去玩,有的小朋友和班里的好朋友一起出去玩。在日常生活中,幼儿和同伴的交往必不可少,但小班幼儿以自我为中心,在与他人交往中常常会发生纠纷。因此,根据幼儿的兴趣和发展需要,教师生成了此次综合主题活动。

问题排序

为了了解本班幼儿的发展现状，教师收集了一些幼儿提出的与"好朋友"相关的问题，并统计出幼儿的关注度，一边了解幼儿的兴趣点，一边了解幼儿的发展现状（见表7-1）。

表7-1　幼儿问题和关注度调查表

幼儿问题	幼儿关注度
（1）怎样结交新朋友？ （2）我想跟别人一起玩，应该怎么做？ （3）在和小朋友一起游戏时，我们需要注意什么？	（1）10名幼儿关注　30% （2）13名幼儿关注　38% （3）11名幼儿关注　32% 本班共34名幼儿

小结：幼儿想结交新朋友的愿望很强烈，对于"我想跟别人一起玩，应该怎么做？"的关注度最高。

现状调查

根据好朋友的话题，我们开展了相关的谈话活动，收集了幼儿对交友的一些已有经验，以便幼儿在原有经验上获得发展（见表7-2）。

表7-2　小班幼儿关于"好朋友"的原有经验调查

幼儿姓名	怎样结交新朋友？	我想跟别人一起玩，应该怎么做？	在和小朋友一起游戏时，我们需要注意什么？
马文祺	问她：我能做你的好朋友吗？	跟他商量。	不能乱发脾气。
张梓睿	和她一起玩。	问：我能玩吗？	不抢玩具。
刁禹尧	抱抱他。	询问：能带我一起玩吗？	说话要有礼貌。
王奕涵	请他到家里做客。	拿新玩具去邀请她一起玩。	商量着玩。
韩瑞哲	他遇到困难就帮助他！	好好跟他说。	不打架，好好玩。
……	……	……	……

小结：通过调查了解，本班幼儿对结交新朋友有强烈的愿望，大部分幼儿在想加入同伴的游戏时，都能想办法进行尝试。在与朋友相处的过程中，幼儿能结合自己的已有经验进行谈论。

活动分析

对幼儿的分析

（1）年龄特点。3—4岁幼儿开始具有最初步的对社会规则、行为规范的认识，有了与其他小朋友一起活动的愿望。幼儿的行为带有强烈的情绪性，受外界事物和自身情绪所支配，自制力差，易冲动，自我中心化强。他们开始站在他人的立场上感受情境，理解他人的感情，与同伴共同玩的意识加强，逐步学会和同伴分享玩具。但他们往往不能与人友好合作，常常发生纠纷。

（2）已有经验。本班幼儿喜欢与人交往，有了与其他小朋友一起活动的愿望，喜欢和同伴一起游戏。他们具有初步的规则意识和行为规范，喜欢用语言、动作与人交往，但社会性交往能力较弱，遇到问题时不能很好地解决，常常发生纠纷。

对活动的分析

《指南》在社会领域中指出："幼儿的社会性主要是在日常生活和游戏中通过观察和模仿潜移默化地发展起来的。成人应注重自己言行的榜样作用，避免简单生硬的说教。"在本次综合主题活动中，幼儿知道自己不仅可以在家里有好朋友，也可以在幼儿园里有好朋友。幼儿介绍自己在家里的好朋友，说说一起发生的有趣的事情。教师组织幼儿开展游戏，让幼儿以自己喜欢的方式表现在幼儿园里的好朋友，请其他小朋友猜一猜他（她）是谁。教师鼓励幼儿大胆地表现自己的好朋友。在环境创设上，教师以情景为主，将幼儿喜欢在幼儿园里玩的游戏创设出来，鼓励幼儿结交新的好朋友，使所有幼儿都成为彼此的好朋友。

活动网络

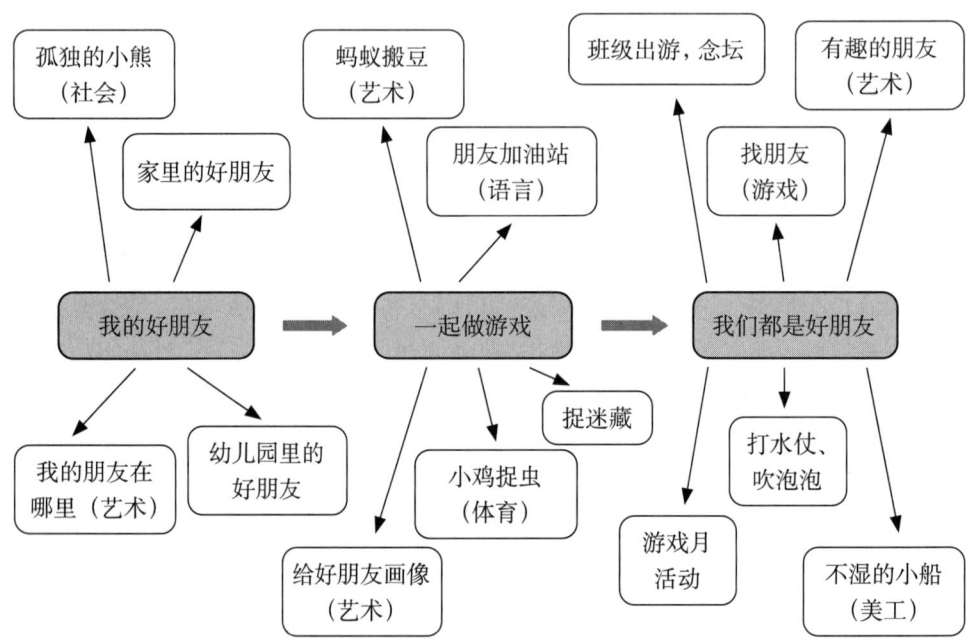

图7-1 "我的好朋友"主题活动网络图

活动目标

1. 体验微笑在交往中的作用。
2. 敢于当众讲话,能够清楚地进行自我表述。
3. 想加入同伴的游戏时,能友好地提出请求。
4. 乐意与人交往,学习互助、合作和分享,有同情心。
5. 会使用简单的美术工具和材料,并能大胆地表达自己的想法。
6. 喜欢参加各种活动,愿意和小朋友一起游戏。

区域创设

娃娃家

1．区域目标。

(1) 乐意扮演角色并和小朋友一起玩。

(2) 学习使用简单的礼貌用语来招待小客人。

(3) 能按自己的意愿选择游戏。

2．区域墙饰："我会使用文明用语"（见图7-2）、角色挂牌。

3．区域材料：橱柜、灶具、各种仿真的蔬菜水果、餐具等。

4．指导重点。

(1) 引导幼儿选择角色并进行游戏。

(2) 引导幼儿使用"你好""请进""再见""谢谢"等文明用语。

(3) 引导幼儿和同伴一起游戏（见图7-3）。

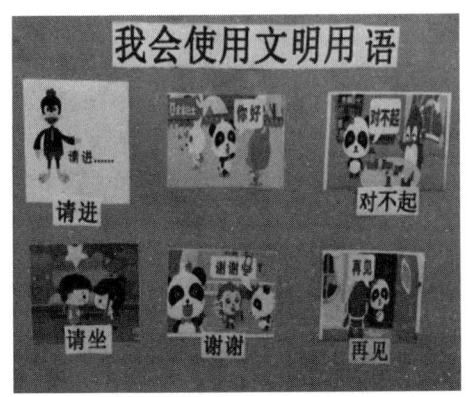

图7-2　文明用语提示墙饰

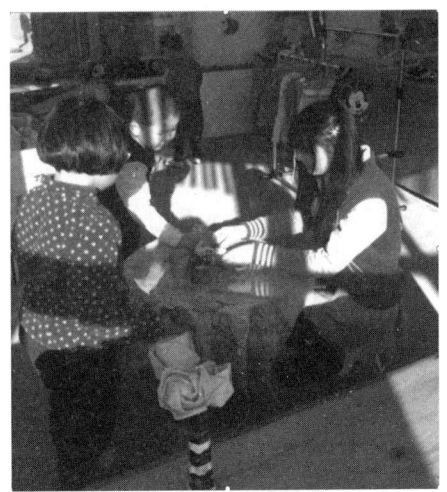

图7-3　幼儿有礼貌地交往

建筑区

1．区域目标。

(1) 对建构游戏感兴趣，体验游戏过程的快乐。

(2) 喜欢与同伴交流，表达自己搭建的感受和发现。

(3) 逐步学习与同伴分享玩具材料，感受与同伴一起游戏的快乐。

2．区域墙饰："漂亮的动物园""我来搭建动物园""可以这样搭房子"（见图7-4）。

图7-4　建构区域墙饰

3．区域材料：各种积木和辅助材料。

4．指导重点。

(1) 引导幼儿运用不同的建构方式或辅助材料来丰富搭建内容，鼓励他们和同伴一起搭建。

(2) 鼓励幼儿主动讲述自己的作品，或者与伙伴交流与分享（如搭建后相互讲述和欣赏）。

(3) 引导幼儿体验规则的作用，初步学会等待、轮流。

表演区：小舞台

1．区域目标。

(1) 会使用常见的乐器，并掌握它们的用法。

(2) 能随音乐做简单律动，进行自我表现。

(3) 初步体验与他人沟通、交往的快乐。

2．区域墙饰："今日表演""小演员守则"等（见图7-5、图7-6）。

3．区域材料：各种服装、乐器、表演道具等。

4．指导重点。

(1) 引导幼儿对自己熟悉、喜爱的歌曲和乐曲进行即兴表演。

图7-5 幼儿自制的表演节目单

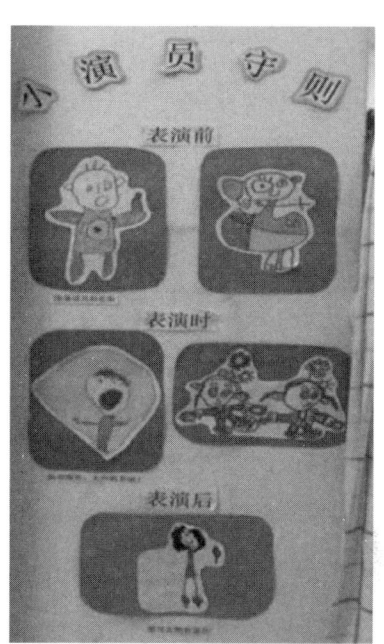

图7-6 幼儿绘画的演员守则

（2）引导幼儿在表演的过程中初步学习合作和商量。

活动举例

活动一：孤独的小熊（社会）

【活动目标】

1．体验小熊孤独和快乐的情绪，知道微笑在交往中的重要性。
2．能大胆表达自己对故事的理解。

【活动准备】

1．幻灯片、背景音乐。
2．一个小熊毛绒玩具（系红领结）。
3．照相机。

【活动过程】

1. 导入。

教师:"小朋友们,今天老师和你们玩一个变脸的游戏。听到老师说什么表情的时候,小朋友们就把这个表情表演出来,看谁反应快,演得好。"

2. 激发兴趣,引出主题。

(1) 教师出示小熊,引起幼儿的兴趣。

教师:"今天,老师请来了一位小客人,你们看是谁呀?我们一起看看他长什么样子。他穿着什么颜色的衣服?他脖子上系的是什么?小熊长得漂亮吗?可这只漂亮的小熊每天孤零零的,谁也不跟他玩,这是为什么呢?猜猜看!"

3. 观看幻灯片。

(1) 欣赏故事第一段:孤零零的小熊。(从开头至"小熊每天孤零零的,谁也不跟他玩"。)

提问:①小熊先去找谁玩?小熊和他玩了吗?②小熊又去找谁玩?小熊和他玩了吗?③大家都不跟他玩,小熊这时的心情会怎样?

(2) 欣赏故事第二段:小熊去找河马。

小熊伤心极了,他又会去找谁呢?(从"小熊找到大河马,难过地问"至"你照着镜子瞧瞧"。)

提问:小熊问大河马,大河马是怎么回答的?

(3) 欣赏故事第三段:小熊笑了。

小熊最后笑了吗?接着往下看。(从"小熊心里想"至故事结尾。)

提问:①小熊真的笑了,小熊一笑,动物们发生了什么事情?②大家喜欢怎样的小熊?

教师小结:"小动物们喜欢的不是小熊的圆鼻子,也不是他脖子上的红领结,而是好看的微笑。"

4. 观看幻灯片,自由讲述。

"今天老师还给你们请来了一位小朋友呢!大家看她脸上的表情怎么样?再来看这一张照片,她脸上的表情怎么样?你喜欢哪一张?为什么?""原来大家都喜欢开心的小朋友,不喜欢板着脸的小朋友,'板着脸'可真是一件糟糕的事情啊!看,我们小三班的老师和小朋友笑得多开心呀!"

5．观看照片，体验微笑带来的欢乐情绪。

"小朋友笑的时候真漂亮！微笑不仅能使别人喜欢我们，还有利于我们的身体健康呢！如果经常微笑，我们就很少生病，而且越长越漂亮！"

6．结束部分。

"小熊笑眯眯的，小动物都喜欢这位爱笑的朋友。小朋友们，你们喜欢他吗？听！音乐响了，我们带上微笑和小熊一起跳支舞吧！"

活动二：我的朋友在哪里（艺术）

【活动目标】

1．初步熟悉歌曲的节奏，了解歌词的内容。
2．喜欢参加音乐活动，体验与同伴一起参加音乐游戏的快乐。

【活动准备】

4个小鸭子头饰、音乐、幻灯片。

【活动过程】

1．活动导入。

教师出示7只小鸭子的图片，戴上小鸭子头饰说："大家好，我是一只小鸭子。今天天气真好，我和我的朋友们一起出去玩。请你们看看，我有几个好朋友？"

（教师和幼儿一起数一数图片上的鸭子）——1、2、3、4、5、6、7。

教师："原来，今天我有7个好朋友和我一起出去玩，我们玩得真高兴呀！可是走了一会儿，我和朋友们走散了，那可怎么办呀？"（安慰它、帮助它找到朋友。）

2．具体过程。

（1）教师出示只有草丛的图片："我的朋友们不见了，你们愿意做我的好朋友吗？"

（教师念歌曲的前半段："1234567，我的朋友在哪里？"）"谁愿意做我的好朋友？举手，我来看一看。原来你们愿意做我的好朋友啊，我来看一看。"（教师边数边念歌曲的后半段："在这里，在这里，我的朋友在这里。"教师同时轻轻地摸一摸举手的幼儿的头。）

(2)"这么多小朋友愿意做我的朋友,我真开心,我要唱首歌给大家听。"(教师弹琴,完整地演唱歌曲。)教师带幼儿分段演唱歌曲,然后连起来唱。

(3)"现在我要来找朋友啦!你们和我一起唱,等唱到'我的朋友在哪里'时,请你们举起小手,我看看谁想和我做朋友。"(教师、幼儿一起跟音乐唱歌,当唱到"我的朋友在哪里"时,幼儿举手,教师边唱边摸一摸举手的幼儿的头。)

(4)"现在该你们找朋友了,谁想做小鸭子来找朋友?"教师将头饰戴在幼儿的头上,请1~3名幼儿做小鸭子来找朋友。幼儿边唱边摸一摸举手的幼儿的头。

3.活动结束。

"今天我们帮小鸭子找了朋友,除了可以轻轻地摸摸他们的头,还可以怎么做?"(握手、拥抱、拉钩等。)"今天,我们帮小鸭子找到了好朋友,现在,我们一起来找好朋友。""当你找到身边的好朋友时,你们可以互相摸一摸头,或者握握手。"

活动三:蚂蚁搬豆(艺术)

【活动目标】

1.理解歌曲内容,初步学唱歌曲。
2.能想办法帮助小蚂蚁克服困难。
3.喜欢演唱,愿意大胆地表演。

【活动准备】

小蚂蚁的头饰、布缝制的"豆子"、《蚂蚁搬豆》歌曲。

【活动过程】

1.发声练习。

"春天到了,草地上来了许多可爱的小动物,让我们听一听,是谁来了?""我爱我的小鸡,小鸡怎样叫?"……

2.跟着《蚂蚁搬豆》的旋律,模仿小蚂蚁的动作。

(教师戴上蚂蚁的帽子。)"你们看——小蚂蚁也来了!""蚂蚁的头上长着什么?""请小朋友和小蚂蚁一起听着音乐活动活动吧!"

第一段:"小触角动一动,小触角摇一摇。"

第二段："找个好朋友，碰碰小触角。"

第三段："看到好吃的，赶快搬回家。"

第四段："小蚂蚁笑眯眯。"——小蚂蚁回家了。

3．出示第一幅图片："这只小蚂蚁在干什么？"请幼儿仔细地看图片回答。

教师运用歌词小结："让我们一起来听一听，小蚂蚁在干什么？"（"一只蚂蚁在洞口，看见一粒豆，用力搬也搬不动，急得直摇头。"）

教师巩固歌词："用力搬也搬不动，小蚂蚁是怎样做的？"

4．讨论："搬不动怎么办？谁有好办法？"

（1）请幼儿根据自己的认识来回答。

（2）出示第二幅图片："让我们来看一看，小蚂蚁想了什么好办法？"

教师运用歌词小结："小小蚂蚁想一想，想出好办法，回洞请来好朋友，一起抬着走。"

5．教师完整地清唱："小蚂蚁把搬豆子的事编成了一首好听的歌曲，歌曲的名字就叫'蚂蚁搬豆'，我们一起来听一听。"

6．幼儿学唱歌曲。

7．表演歌曲《蚂蚁搬豆》。

"小朋友们学会了这首歌，我们来玩一个好玩的游戏。你们看，这儿有粒大豆子，老师先来扮演小蚂蚁，我的触角碰到了谁，谁就来当我的好朋友和我一起搬豆子，好吗？"幼儿扮演小蚂蚁，带动其他幼儿表演。

8．结束："我们都来当小蚂蚁，到户外来表演这个游戏，好吗？"

活动四：给好朋友画像（艺术）

【活动目标】

1．仔细观察好朋友，并学会描述其特征。

2．通过绘画的方式大胆地表现同伴。

【活动准备】

1．经验准备：幼儿事先学过《找朋友》歌曲，并会画简单的人物画。

2．物质准备：纸、油画棒、水彩笔。

【活动过程】

1．找朋友。

（1）"找呀找呀找朋友，找到一个好朋友，拉拉手，抱一抱，你是我的好朋友"，幼儿边念儿歌边找朋友，找到朋友后，二人面对面地坐在一起。

（2）"你的好朋友是谁？你觉得好朋友的脸上有什么特征？"教师引导幼儿仔细观察，并描述好朋友的特点。

2．好朋友是什么样的？

（1）你的好朋友的脸是什么形状的？有什么特点？（如椭圆形或圆形，尖下巴，有点瘦等。）

（2）你的好朋友的头发是什么样的？提示幼儿可以运用长短或曲直不同的线条来表现好朋友的不同发型。

（3）你的好朋友的眼睛是什么样的？提示幼儿可以运用图形、线条来表现好朋友的不同形状的眼睛。

（4）你的好朋友的鼻子是什么样的？嘴唇是什么颜色的？笑起来会怎样？

（5）你的好朋友是胖胖的（或瘦瘦的、高高的）吗？今天穿什么颜色的衣服呢？

3．画画好朋友。

（1）引导幼儿根据自己的观察，在纸上表现同伴的五官以及全身特点。

（2）引导能力强的幼儿大胆表现，鼓励其在进一步观察的基础上表现绘画对象的与众不同的特点。

4．猜猜好朋友。

（1）展示幼儿的作品，让幼儿猜猜同伴画的好朋友是谁。

（2）引导幼儿相互介绍自己的好朋友。

活动五：小鸡捉虫（体育）

【活动目标】

1．能够体验与同伴游戏的乐趣。

2．有初步的自我保护能力。

【活动准备】

老鹰头饰两个,鸡妈妈头饰两个,小鸡头饰若干。

【活动过程】

1．引入。

(1)(教师扮鸡妈妈,幼儿扮小鸡。)"小小蛋儿把门开",教师边唱边做动作进场。

(2)准备运动:小鸡操。

2．游戏一:小鸡捉虫。

(1)小鸡出行:"小鸡们,今天的天气真好,妈妈带你们去锻炼身体,好不好?"幼儿分组活动——通过各种自制器械,训练幼儿走障碍物、平衡、立定跳远的技能。

(2)小鸡捉虫:训练幼儿手指的灵活性。

3．游戏二:老鹰捉小鸡。

通过游戏,幼儿发展快速跑的能力,学会躲闪。

4．结束。

(1)舞蹈:小鸡小鸡在哪里。

(2)"小鸡们,今天你们表现得真勇敢,也很能干,捉到了很多小虫,我们一起把小虫带回家,好不好?"

活动六：朋友加油站（语言）

【活动目标】

1．知道朋友间吵架不开心是常有的事,应互相宽容、谅解。

2．感受为友谊"加油"的氛围,理解原谅他人的重要性。

【活动准备】

玩具小兔和老虎。

【活动过程】

1．出示玩具小兔，激发幼儿的活动兴趣。

（1）"小朋友们看，今天谁来咱们班做客了？你们喜欢她吗？为什么呢？"教师引导幼儿说说小兔的特征（长耳朵等）。"可是今天小兔不高兴，因为她生气了。"

（2）"小朋友们会生气吗？你们为什么生气呢？""今天，这只长耳朵兔也生气了，小朋友们想听听长耳朵兔为什么生气吗？"

2．生气的长耳朵兔。

"长耳朵兔和小老虎是好朋友，小老虎和她开了个玩笑，长耳朵兔就生气了。我们一起来听听关于长耳朵兔生气的故事，故事的名字叫'不肯原谅的长耳朵兔'。"

（1）幼儿聆听故事的第一、二段。

"小老虎开了什么玩笑？"（把长耳朵兔的时钟拨慢了。）

"长耳朵兔为什么会生气？"

（2）"你的朋友和你开玩笑吗？你生气吗？"

（3）看看长耳朵兔生气的样子。幼儿聆听故事的第四、五段。

"长耳朵兔生气了吗？她生气的样子是怎么样的？你从故事的哪些地方听出来了？"

（4）"你和你的朋友生气的时候是怎么样的？你会怎样做呢？"

3．长耳朵兔消气。

"长耳朵兔会一直生气吗？长耳朵兔后来有没有原谅小老虎呢？""你和好朋友吵架后，你原谅他了吗？"

4．为好朋友加油。

（1）引导幼儿互相谅解，说些原谅他人的话。

（2）游戏：找个朋友跳个舞或手拉手。

活动七：有趣的朋友（艺术）

【活动目标】

1．喜欢参加艺术活动，体验创作的乐趣。

2．能够用各种方法表现人的外部特征及特点。

3．能够有序地收放美工材料及工具。

【活动准备】

1．经验准备：幼儿有捏小鱼的经验。

2．物质准备：幻灯片、超轻黏土、相框、《好朋友》歌曲。

【活动重点】

利用各种材料及方法制作朋友的黏土模型。

【活动难点】

通过观察人的外部特征和特点，能够大胆地想象和创作。

【活动过程】

1．引入环节，激发幼儿兴趣。

（1）出示图片。"咦，这是谁？""你是怎么看出来的？"教师鼓励幼儿大胆地说出图片中人物的特征和特点。

（2）认识你的朋友。幼儿通过外部特征、特点来介绍自己的朋友。

小结："你们对自己的好朋友观察得可真仔细啊。我发现了，你们的朋友有的梳两条辫子，有的梳一条辫子，有的戴眼镜，有的眼睛很大……"

2．制作环节，幼儿制作朋友的黏土模型。

（1）教师出示相框，相框里只有教师。"老师好孤单，也很想跟小朋友们在一起，你们有什么好办法呢？"教师鼓励幼儿想出办法。

（2）幼儿制作时，教师巡回指导。

3．教师小结。

教师请个别幼儿出示自己的作品："请大家猜猜这是谁？你是怎么看出来的？所有的小朋友都在这个相框里，我一点儿也不觉得孤单了，和你们在一起可真幸福啊。"

4．结束活动。

教师边播放音乐，边说："和你的好朋友手拉手，我们一起唱歌吧！"

活动反思

在小班下学期，幼儿的自我意识正逐步形成，他们的交往范围也发生着变化。3—4岁幼儿已经有了强烈的交往欲望，因此幼儿是很需要伙伴的。教师为幼儿创设亲切、温馨的氛围，开展丰富多彩的同伴游戏，让他们感受到和好朋友一起游戏的快乐，从而喜欢和同伴一起分享玩具、快乐和秘密。在开展综合主题活动的过程中，教师也有意识地激发幼儿主动与他人交往，尝试运用多种方法了解、关心朋友，学习与人交往的正确方法，丰富交往技能和经验，初步体验与朋友交往、合作、分享的快乐。幼儿在与好朋友游戏的过程中，体验着自己和他人的愉悦，分享着自己和他人的快乐，逐渐建构和谐的伙伴关系。

- 幼儿的发展：
  - 幼儿敢当众讲话，能够较清楚地表达自己的想法；
  - 幼儿加入同伴游戏时，能友好地提出请求；
  - 幼儿喜欢和同伴一起游戏、活动；
  - 幼儿在社会交往方面有所提高。
- 教师的提升：
  - 教师能够根据幼儿的年龄特点开展相关的活动；
  - 教师能够关注幼儿的个体差异，有目的地观察幼儿；
  - 教师能够根据幼儿的行为和表现，有针对性地介入。

案例2 中班综合主题活动"运动真快乐"

北京市大兴区第七幼儿园　崇光寅

随着年龄的增长，中班幼儿的运动能力不断加强，愈发热衷于参与不同的运动，并在运动中体现和发展自身的能力，但幼儿个体的运动能力差异显著，在运动中缺乏自我保护意识及能力，因此教师以更换运动场地为契机，以问题为引线来开展综合主题活动，促进幼儿身心健康发展。

 问题引入

活动背景

本班幼儿在小班时生病较多,出勤率较低,升入中班后,幼儿换了新的运动场地——由幼儿园前院的草地转变为宽阔的操场,户外玩具也增加了很多。幼儿对新的户外活动环境和玩具十分感兴趣,同时提出了很多问题,比如:有哪些新玩具?我们可以玩哪个新玩具?新玩具怎样玩?……教师借助于幼儿的问题和兴趣,引导幼儿对户外玩具进行探索,开展了一系列的主题活动。通过主题活动,幼儿能了解几种常见的项目,并能积极参与,从而在运动中获得满足感、愉快感和成功感。幼儿喜欢参加多种体育运动,初步形成良好的运动习惯。幼儿在体育活动中尝试学习保护自己,使自己能够完成体育活动。教师鼓励幼儿大胆地与别人交流自己的看法,提出问题,并学习自己找到问题的答案。

问题排序

为了了解本班幼儿的原有经验和新兴趣,教师收集了一些幼儿提出的问题,并统计了幼儿的关注度,以便了解幼儿的兴趣点(见表7-3)。

表7-3 幼儿问题和关注度调查表

幼儿问题	幼儿关注度
(1) 升入中班后,有哪些变化? (2) 新的玩具都怎么玩? (3) 足球怎么玩?	(1) 35名幼儿关注 100% (2) 32名幼儿关注 91% (3) 30名幼儿关注 85% 本班共35名幼儿

小结:幼儿对新的运动场地最感兴趣,在活动中幼儿对足球的玩法更加感兴趣。

现状调查

根据幼儿对周围环境变化的关注,教师开展了相关的谈话活动,并根据幼儿的兴趣,让幼儿充分体验各种户外玩具的玩法,以便幼儿在原有经验上获得发展(见表7-4)。

表7-4　幼儿升入中班后对周围变化的兴趣调查

幼儿姓名	升入中班后,有哪些变化?	新的玩具都怎么玩?	足球怎么玩?
王子嫣	小班在一楼,中班在二楼	跟小班一样,中班也有球	手传球
王悠然	床的颜色不一样了	有轮胎,可以滚着玩	可以传球,爸爸带我玩过
侯奕彤	没有娃娃家了	有小高跷,我玩过	踢球
薛云骐	环境布置不一样了	可以骑小车	我也跟小朋友一起踢过足球
袁浩瑜	玩儿的地方变了	可以自己骑小车,还可以载人	灌篮
田昱涵	没有滑梯了	我见过哥哥姐姐们搭积木	我们可以推球玩
蔡安阳	运动场地有彩色跑道	有一个攀爬架,可以爬,爬到最高的地方就赢了	踢足球得有守门员
赵彦开	有很多我们之前没玩过、没见过的玩具	我们可以在沙坑里堆城堡	爸爸告诉我,只能用脚踢球
温馨	有很多大桶和大梯子	我看见哥哥姐姐们把梯子放在桶上,然后他们爬梯子	得有好多小朋友一起踢球,踢到对方的门里就赢了
王柳泽	前边的操场上有小花,后边的操场上没有小花了	我最喜欢骑小车,有各种各样的小车	只有守门员能用手摸球

小结:通过调查可知,本班幼儿升入中班后能关注到周围环境的各种变化,大部分幼儿比较关注运动场地的变化,部分幼儿能结合自己的生活经验对足球的玩法进行讨论。

活动分析

对幼儿的分析

(1) 年龄特点。进入中班后，幼儿的基本动作更为灵活，他们不仅能够自如地进行跑、跳、爬等动作，还敢于尝试、探索各种动作。幼儿的观察能力逐步提高，能够发现生活中的各种变化，喜欢接触新事物，对自己感兴趣的事物能够提出问题，能够大胆猜测，有求知欲。幼儿还能够通过简单的调查收集信息，并且初步使用图画或其他符号进行记录。

(2) 已有经验。升入中班后，幼儿可以发现身边的变化，例如楼层的变化、班级环境的变化、运动场地的变化。幼儿喜欢户外活动，对之前没有玩过的（如小车、攀爬架、大积木）有兴趣。对于球，因为小班幼儿玩得较多，所以他们可以自发地、主动地探索球的多种玩法。

对活动的分析

中班幼儿对户外运动非常感兴趣，他们喜欢玩大型玩具、踢足球、进行体育游戏及上体育课。他们初步学会创编各种器械的玩法，会想象自己就是一个运动员，有自己喜欢的运动项目，有自己崇拜的体育明星，还开始向教师讲述和爸爸妈妈一起看球赛的感受……出于幼儿的动机与兴趣，孩子们一起探索了户外玩具的多种玩法，也出现了许多新的创意。因此，本班开展了"运动真快乐"的活动，在活动中孩子们通过不断探索球的多种玩法，逐渐对足球产生了问题和兴趣。通过观看视频、家长助教、亲手实施、发现问题并解决问题这一系列活动，幼儿从运动中感受游戏的快乐，并在运动中发展观察能力与探究能力，从而获得发展。

活动网络

主题活动预设图（此图为活动前教师的预设，见图4-13）

主题活动生成图（此图为主题推进过程中师幼共同生成的、开展的活动，见图4-14）

活动目标

1. 通过活动初步了解一些基本知识，激发喜爱运动的情感和参与锻炼的积极性，能积极参与体育锻炼活动。
2. 知道运动给人的身体带来的好处——身体健康，喜欢参加多种体育运动，初步形成良好的运动习惯。
3. 了解一些简单的运动项目，认识一些简单的运动器材，并尝试利用这些器材进行运动，体验各种运动所带来的快乐。
4. 在运动中学会简单的自我保护身体主要器官和自身安全的方法、技能，具有初步的自我保护意识和能力。
5. 能自由选择各种线条进行绘画，大胆表现运动时人物的身体状态。
6. 学习随音乐节奏做出相应的身体动作，激发想象力。

区域创设

益智区：一起踢足球

1. 区域目标。
(1) 喜欢接触新事物，经常问一些与新事物有关的问题。
(2) 常常动手动脑探索物体和材料，并乐在其中。
(3) 感受规则的意义，并能遵守基本规则。
2. 区域材料：足球桌（图7-7）。
3. 指导重点。
(1) 引导幼儿动手进行操作，探索新玩具的玩法（图7-8）。
(2) 与幼儿一起制定规则，遵守共同约定的游戏规则。
(3) 观察、发现幼儿的自发游戏，必要时可参与幼儿的游戏，跟他们一起进行记录。

图7-7　足球桌游戏材料　　图7-8　幼儿探索足球桌游戏

语言区

1．区域目标。

(1) 幼儿喜欢谈论自己感兴趣的话题。

(2) 幼儿尝试边操作边用自己的语言表达，讲述比较连贯。

2．区域材料：自制玩具、足球小将。

3．指导重点。

(1) 引导幼儿想象一下自己在踢足球时发生了哪些有意思的事，请幼儿自己描述出来。

(2) 引导幼儿大胆想象，比较连贯地操作与表述。

活动举例

活动一：户外玩具真好玩（健康）

【活动目标】

1．喜欢参与户外游戏，感受户外游戏的乐趣。

2．了解户外游戏场地及各种玩具。

3．知道各种户外玩具的基本玩法。

【活动准备】

1. 经验准备：看过以前中、大班的哥哥姐姐们的户外游戏。
2. 物质准备：户外游戏区域、各种户外玩具。

【活动过程】

1. 认识户外活动场地，激发幼儿兴趣。

师："从小班升入中班后，我们的户外活动场地从前院的草地转换为后院的操场啦，小朋友们觉得我们的新户外游戏场地怎么样啊？""咱们一起来看一看操场上都有什么吧。"

小结：户外操场分为五个游戏区，即车区、球区、搭建区、平衡区和沙水区。

2. 请小朋友们自主选择喜欢的游戏区进行游戏。

师："操场上有这么多游戏区，你最想玩哪一个？为什么？"

教师请小朋友们自主选择游戏区进行游戏。教师在活动中指导幼儿注意安全。

3. 分享自己玩过的玩具玩法。

教师请小朋友们说一说："你刚才去哪个游戏区做游戏了？玩了哪些玩具？"

教师请小朋友们展示玩过的玩具，与大家分享玩具的基本玩法。

4. 小结。

师："在以后的户外活动时间，小朋友们可以自主选择游戏区进行游戏，尝试探索不同玩具的多种玩法。"

活动二：足球（语言）

【活动目标】

1. 观察画面，鼓励幼儿根据自己的理解描述画面内容。
2. 理解儿歌内容，知道足球的形状特征和用途，了解玩足球的一些规则。

【活动准备】

足球一个、踢足球的图片、儿歌。

【活动过程】

1．出示足球，引出活动主题。

师："小朋友们看看，这是什么？足球是怎么玩的？"（结合已有经验自由表述。）

2．观看图片，初步了解踢足球的运动。

师："你们看过别人踢足球吗？踢足球是什么样子的？有些小朋友也在踢足球，我们一起来看看吧。"

师："你在图片中看到了什么？谁看到了不一样的东西？足球是什么样子的？这些小朋友为什么有的站着，有的躺着呢？"（学习动词"抢"。）

小结："有个圆圆的像西瓜的大足球，小朋友们都去踢足球，你抢、他抢、我也抢，抢到又把它往远处踢，踢足球真有趣呀！"

3．欣赏儿歌，理解儿歌的内容。

师："刚才我们观察的图片体现了一首儿歌的内容。"

（1）完整欣赏一遍儿歌。

提问：儿歌里说了谁？他们在干什么？儿歌的名字是什么？

（2）再次欣赏儿歌。

提问：儿歌的名字是什么？小朋友们是怎样踢足球的？（幼儿学习理解动词"抢""踢"，教师引导幼儿用肢体动作来表现动词。）

（3）幼儿边观察画面，边唱儿歌。

活动三：制作足球邀请卡（艺术）

【活动目标】

1．喜欢参与手工制作活动，完成作品后有成就感。

2．能够自主选择多种材料对邀请卡进行装饰。

3．尝试根据不同材料的特点，大胆创新装饰邀请卡。

【活动准备】

1．经验准备：幼儿有手工制作的经验，对邀请卡有过观察和了解。

2．物质准备：幼儿收集的废旧材料、美工区辅助材料、胶钉、胶棒、双面胶、丝带。

【活动重点】

能用多种材料装饰邀请卡。

【活动难点】

幼儿在制作邀请卡的过程中,能够根据材料的特点进行粘贴。

【活动过程】

1．出示幼儿设计的"邀请卡设计图",介绍活动材料,激发幼儿的创作欲望。

(1)带领幼儿回顾设计的邀请卡。

(2)请幼儿介绍自己收集的废旧材料。

(3)提问:你想怎样使用这些材料来制作邀请卡呢?

2．幼儿制作足球邀请卡。

(1)引导幼儿使用多种材料进行制作。

(2)引导幼儿发现材料的特点,选择适宜的粘贴工具进行粘贴。

3．欣赏作品。

(1)请几名小朋友向大家介绍自己的邀请卡使用了哪些材料。

(2)教师小结,肯定幼儿的作品。

4．活动延伸。

将幼儿制作的邀请卡应用于邀请其他班幼儿参加足球比赛。

活动四:小小裁判员(社会)

【活动目标】

1．体会规则在体育活动中的意义。

2．形成初步的规则意识,学会控制自己的情绪和行为。

3．学习按轮流的方式解决游戏及生活中出现的问题。

【活动准备】

裁判员角色卡——胸卡,黄牌、红牌各3个,球若干,圈6个。

【活动过程】

1．热身运动。

2．集体游戏——小小裁判员。

（1）出示裁判员的胸卡和黄牌、红牌，引起幼儿的兴趣。介绍裁判员的任务和黄牌、红牌的用法。

（2）教师佩戴胸卡，扮演裁判员，组织幼儿用球玩"快跑快拍"的游戏。

3．游戏玩法。

（1）将幼儿分成人数基本相同的3组，每组排成两排，分别站在起跑线后，在场地的另一端有圈，圈内有一个球。

（2）裁判员发出游戏开始的口令，各队的第一名幼儿迅速跑到场地的另一端，从圈内取出球，按规定的次数拍球，然后将球放回圈内，迅速跑回出发地，拍第二个小朋友的手后，自动站到队尾。最后一名幼儿跑回后，游戏结束，先完成的队伍为胜。

4．游戏规则。

（1）幼儿必须按照规定的次数拍球。

（2）排队等待的幼儿必须和前一名幼儿拍手后才能跑。

（3）第一次违反规则接受黄牌警告，第二次违反规则红牌罚下，停止游戏一次。

（4）幼儿集体游戏，教师随时讲评遵守规则的情况。

5．请幼儿担任裁判员，分组游戏。

（1）引导幼儿选出裁判员并商定轮换规则。

（2）小组游戏：快跑快拍，提醒幼儿遵守规则。

6．幼儿分散活动。

活动五：踢足球（体育）

【活动目标】

1．能够身体协调地带球跑。

2．能够遵守足球比赛规则。

【活动准备】

若干个足球、几个拱形门、一些细绳。

【活动过程】

1. 热身活动：教师组织幼儿进行热身运动，让幼儿充分活动开自己的身体。
2. 教师介绍足球的相关踢法和技巧，在介绍过程中请若干幼儿做示范。
3. 踢球练习：幼儿自由结伴，两人一组，相互踢球。左、右脚都可以练习。
4. 足球比赛。

（1）教师把幼儿分成四队（红、黄、蓝、绿队）。

（2）教师宣布比赛规则，使幼儿清楚比赛规则，如过程中不能推、拉、踢其他小朋友等。

（3）比赛开始，教师组织幼儿有序地进行比赛，及时地提供帮助。

（4）比赛结束，教师鼓励和表扬胜出的幼儿。

5. 活动结束。教师组织幼儿进行放松活动。

活动反思

幼儿园健康教育要根据幼儿身心发展特点，综合运用多种活动形式，提高幼儿活动和锻炼的兴趣。《纲要》中指出："用幼儿感兴趣的方式发展基本动作，提高动作的协调性、灵活性。""要根据幼儿的特点组织生动有趣、形式多样的体育活动，吸引幼儿主动参与。"球是幼儿最喜爱的活动材料之一，具有会滚动、能弹跳等特性，能促进幼儿发展走、跑、跳、平衡等动作，对其非智力因素的发展具有潜移默化的影响。而幼儿期的孩子们仅限于对皮球及其玩法的认识，随着运动经验的积累，他们常会把皮球当作足球来踢着玩。足球运动是最具魅力的体育项目之一，具有丰富性、生动性及竞赛性等特点。如果利用足球来设置适合幼儿玩乐的足球游戏，幼儿便会对其感兴趣，并在足球运动中促进身心健康发展。因而，针对幼儿对球类活动的兴趣点和需要，教师特设计此次综合主题活动，以进行足球技能练习的游戏为主，提高幼儿的运动能力，使幼儿在足球运动中体验玩足球的乐趣。在活动中，为了增强幼儿的规则意识，教师请家长助教为幼儿讲解相关的足球玩法及规则。随着天气越来越冷，户外活动的时间逐渐减少，教师和幼儿一起探索了在室内玩球的多种方法，随着活动的不断深入，幼儿能够发挥自主性，积极探索球的多种玩法并自己尝试，在发现问题后自己主动解决问题，幼儿的自主性有了一定的提高。在综合主题活动开展的过程中，教师和幼儿都有了相应的提高。

- 幼儿的发展：
  - ◆ 幼儿的自主探究能力有了明显提高；
  - ◆ 幼儿对足球的玩法有了基本的了解和体验；
  - ◆ 通过足球比赛活动，幼儿有了初步的合作意识与团队精神；
  - ◆ 幼儿有基本的规则意识，在活动中能遵守规则；
  - ◆ 幼儿有了创新精神，探索球的多种玩法。
- 教师的提升：
  - ◆ 教师支持幼儿进行探究活动的能力有很大的提升；
  - ◆ 教师能有目的地观察幼儿，师幼互动的水平有所提高；
  - ◆ 教师帮助幼儿梳理经验和总结分享的能力逐步增强；
  - ◆ 教师对以幼儿为主体的探究式主题活动的把握更加清晰。

案例3 大班综合主题活动"我们的图书朋友"
北京市大兴区第七幼儿园　徐影

"我们的图书朋友"这一主题活动源于幼儿对不同类型图书的关注，教师和幼儿开展了一系列的收集活动，在观察与比较的过程中幼儿了解图书的结构，发现不同图书的秘密。为了有更多的阅读机会，教师组织幼儿开展了图书漂流和图书宣传活动，让幼儿将自己的经验分享给其他幼儿。

 问题引入

活动背景

升入大班后，幼儿对图书的兴趣越发浓厚。一个小朋友从家里带来一本3D[1]立体书，吸引了全班幼儿的兴趣。借助于幼儿对图书的兴趣，结合大班幼儿的年龄特点和对前阅读经验的需求，教师组织幼儿开展了问题探究式综合主题活动——"我们的图书朋友"。

问题排序

表7-5　幼儿问题和关注度调查表

幼儿问题	幼儿关注度
(1) 书都有什么样的？ (2) 我想看其他小朋友的书怎么办？ (3) 我想让更多的小朋友看到我们的书该怎么办？	(1) 40名幼儿关注　93% (2) 32名幼儿关注　74% (3) 30名幼儿关注　70% 本班共43名幼儿

 现状调查

表7-6　关于图书的幼儿认识调查

幼儿姓名	你喜欢什么书？	书都有什么样的？	我想看其他小朋友的书怎么办？
王嘉源	《神奇校车》全套我都喜欢，我家都有。	我见过能翻起来的书，有两层，上面一层，翻起来下面还有一层。	跟小朋友交换着看。
殷紫晴	《小公主苏菲亚》	有全是字的，也有带图案的。	跟小朋友借。
田灵熙	《三只小猪》	我姐姐家里有点图书。	去图书馆里借。

---

[1] 3D 是英文 "Three-Dimensions" 的简称，中文指三维、三个维度，即"立体的"。

表7-6 关于图书的幼儿认识调查（续表）

幼儿姓名	你喜欢什么书？	书都有什么样的？	我想看其他小朋友的书怎么办？
佟毅	《超有趣幼儿十万个为什么》	我爸爸给我买了好几本关于宇宙的书，里面的图案能立起来。	让爸爸给我买一本。
刘浩玥	《我成功了》	我家里有点图书，妈妈给我买的。	跟小朋友借。
……	……	……	……

小结：通过调查了解，本班幼儿全部接触过图书，大部分幼儿有自己喜欢阅读的图书，部分幼儿有不同形式的书（如翻翻书、立体书、点读书等），对图书有兴趣，能结合自己的已有经验进行谈论。

活动分析

对幼儿的分析

（1）年龄特点。大班幼儿能够专注地阅读图书，对文字符号感兴趣，知道文字表示一定的意义。他们在遇到问题时能够主动探索，动手动脑寻找问题的答案。他们在活动时能与同伴分工合作，收集资料，对有关图书的各方面知识有兴趣。

（2）已有经验。通过班级图书区的设置和家庭教育的渗透，幼儿对图书有较多接触，具有良好的阅读习惯，能够理解图书中的情节和意义。在日常生活中，幼儿接触过种类较多的图书，对图书的多种形式有所了解。

对活动的分析

图书陪伴着幼儿长大，在大班的第一学期，幼儿对图书的兴趣逐渐增强。此次综合主题活动由一本与众不同的图书引发，激发了幼儿对图书的关注。在活动中，幼儿从喜欢的图书入手，自主收集了形式多样的图书。综合主题活动的开展完全遵循幼儿的兴趣，以幼儿的问题和兴趣为导向，引导幼儿讨论如何向别人借书，如何展示自己的图书等。整个主题活动的过程由幼儿做主，充分发挥幼儿的自主性，使幼儿成为主题活动的主人，让幼儿真正在主题活动中有所收获。

活动网络

见图4-1。

活动目标

1．喜欢与他人一起谈论图书和故事的有关内容。
2．理解规则的意义，能与同伴协商制定活动规则。
3．活动时能与同伴分工合作，遇到困难能一起克服。
4．能用数字、图画、图表或其他符号记录。
5．能用多种工具、材料或不同的表现手法表达自己的感受和想象。

区域创设

图书区

1．区域目标。
(1) 养成良好的阅读习惯，按标记整理和摆放图书。
(2) 利用表格做记录，按要求填写借书记录。
(3) 遵守图书漂流站公约，理解规则的含义。
2．区域墙饰：开设"图书漂流站"，投放借书记录表。
3．区域材料：图书、借书记录表、笔。
4．指导重点。
(1) 引导幼儿正确书写自己的名字和日期。
(2) 培养幼儿良好的阅读习惯，知道爱护图书。

美工区

1．区域目标。
(1) 尝试制作立体书、翻翻书。

(2)为图书区投放辅助材料。

2．区域材料：各种质地的彩色卡纸、剪刀、胶棒等工具。

3．指导重点。

(1)鼓励幼儿在尝试制作立体书和翻翻书时从书中寻找解决办法。

(2)鼓励幼儿与同伴合作制作，一起克服困难。

活动举例

活动一：有趣的图书（语言）

【活动目标】

1．知道图书的种类很多，发现不同类型图书的明显特点。

2．能够积极发言，大胆表达自己的想法。

3．感受阅读图书的乐趣。

【活动准备】

和幼儿一起收集各种各样的图书。

【活动过程】

1．引导幼儿阅读图书，激发对各种图书的兴趣。

(1)教师从书名、封面、封底、内容等方面介绍图书。

(2)幼儿与同伴自由交换图书阅读，要求交换时做介绍。

2．幼儿自由交谈。

讨论：你喜欢图书吗？为什么？

3．初步了解图书的多种类别。

(1)向幼儿分别展示收集到的图书（如立体书、折叠书、翻翻书等），引导幼儿了解不同形式的书。

(2)幼儿讲讲见过或知道什么特别的图书。

(3)激发幼儿通过多种渠道继续发现多种图书的兴趣。

4．讨论：你想制作一本什么样的图书？

5．活动延伸。

（1）将自己的想法画下来。

（2）继续收集各种各样的书。

活动二：图书分类（科学）

【活动目标】

1．了解各种书的基本内容和作用。

2．学习图书分类的方法，会按大小、用途、内容、色彩等给书分类。

3．引导幼儿认识图书分类标记，制作图书区的分类标志。

【活动准备】

各类图书、纸、笔，幼儿有去图书馆的经验。

【活动过程】

1．引导幼儿回忆去图书馆的情景。

提问：在图书馆里看到了什么？书是怎样摆放的？书架上有什么标记？

2．给图书分类，并讲述理由。

请幼儿为不同种类的书分类。

提问：你是怎样分类的？为什么这样分类？你是按什么分类的？（引导幼儿按大小、厚薄、用途、内容、色彩等分类。）

3．师幼讨论图书的分类。

（1）请幼儿讲述分类方法和理由。

（2）师幼归纳分类的方法。

4．师幼讨论本班图书区的分类和标记。

（1）小组商讨。

（2）制作相应的标记。

（3）对图书进行分类并将其摆放整齐。

活动三：我会修补图书（科学）

【活动目标】

1．培养幼儿热爱图书、爱护图书的情感。

2．学习几种修补图书的方法，能独立地修补图书。

3．理解"白雪公主和洞洞"故事的基本内容，领会故事的主题思想。

【活动准备】

撕破的、有破洞的图书若干本，新书一本；纸张、修补工具；修补图例（方法一栏空缺）。

【活动过程】

1．幼儿谈论"白雪公主"的故事，说说喜欢故事里的谁，不喜欢谁，以及原因。幼儿能用较恰当的词语来形容白雪公主和坏皇后。

2．讲述"白雪公主和洞洞"的故事，理解故事内容。

提问：晨晨为什么把书上的图片剪下来了？妈妈为什么讲故事时总说"洞洞"？晨晨为什么脸红了？他是怎样做的？

3．出示破书和新书，激发幼儿爱护图书、修补图书的愿望。

提问：这里有两本书，你们喜欢哪一本？为什么？

讨论：除了像晨晨那样用透明胶修补，还可以用什么方法？

4．指导幼儿修补图书。

(1) 归纳出几种基本的图书修补法。

(2) 师幼共同修补图书。

(3) 幼儿独立修补图书。

教师观察、指导，及时给幼儿提供必要的帮助。

5．将修补好的图书放在书架上，激发幼儿爱护图书及为自己的劳动成果而自豪的情感。

6．活动延伸。

将修补工具放置于图书区，鼓励幼儿随时修补破损图书。

活动四：制作图书（综合活动）

【活动由来】

随着"我们的图书朋友"综合主题活动的开展，孩子们纷纷将家里好玩的书都带到幼儿园。很多孩子带来了立体书，在相互借阅图书的过程中，孩子们觉得立体书比自己平时看的书更有意思，于是产生了制作立体书的兴趣，因此教师设计了本次教育活动。

【活动目标】

1. 了解立体书中让图画立起来的设计结构。
2. 能够尝试用折叠、粘贴、组合等技能让图画立起来。
3. 乐于参与探究活动，感受自主探究的乐趣。

【活动准备】

1. 经验准备：看过立体书，有收获土豆的经验。
2. 物质准备：彩色卡纸、水彩笔、油画棒、胶棒等。

【活动重点】

尝试用多种方法让图画立起来。

【活动难点】

立起来的图画部分能够反复开合。

【活动过程】

1. 回忆收获土豆的过程。

提问：你还记得咱们收获土豆的事情吗？收获土豆时令你印象最深的事是什么？

师："今天老师邀请全班小朋友一起制作一本立体书，书中的内容就是我们收获土豆的事情，你想负责哪个情节呢？"

2．围绕立体书进行讨论。

提问：你看过立体书吗？立体书有什么特别之处？立体书是怎样让图画立起来的？

3．第一次尝试让图画立起来。

(1) 提问：在制作收获土豆的立体书时，你想怎样让图画立起来？

(2) 请按照你的想法尝试将收获土豆时印象最深的故事情节制作成立体画面。

(3) 幼儿第一次尝试，需要材料时可以去美工区自取。

(4) 分享制作过程，请成功的幼儿分享经验。

4．第二次尝试让图画立起来。

(1) 观察立体书，发现立体书的设计结构（立体书中的立体图画部分能够反复开合）。

(2) 结合观察所得和已成功幼儿的经验进行第二次尝试。

5．分享和交流制作过程。

(1) 请成功的幼儿分享自己的制作方法。

(2) 欣赏其他形式的图书，激发幼儿自制图书的兴趣。

6．活动延伸。

将各种形式的图书投放在图书区内，鼓励幼儿尝试自制多种形式的图书。

活动五：制作宣传海报（艺术）

【活动目标】

1．知道"图书展览会"海报中需要呈现的相关内容。

2．能够借鉴翻翻书、立体书等制作"图书展览会"宣传海报。

3．体会小组分工合作的乐趣。

【活动重点】

能够清晰地在海报中呈现图书展览会的宣传内容。

【活动难点】

能够借鉴翻翻书、立体书等丰富宣传海报的呈现方式。

【活动准备】

1．经验准备。

（1）见过海报，了解海报中需要呈现的内容。

（2）做过计划表，知道自己负责制作的部分。

2．物质准备：计划表、水彩笔、油画棒、卡纸、胶棒等。

【活动过程】

1．回顾幼儿计划表。分发计划表，回忆海报内容。

提问：

（1）看一看自己组的计划表，说一说"图书展览会"宣传海报上需要显示什么内容。

（2）看一看计划表中的分工是怎样安排的。

（3）与小组同伴说一说自己组的宣传海报用了哪些特殊的形式，分别体现在什么地方。

2．幼儿分组制作海报。

（1）请小组长负责拿材料。

（2）幼儿分组制作。

a．教师巡回观察，提醒幼儿按照计划表进行制作，分工明确。

b．教师引导幼儿利用多种特殊形式进行海报制作。

c．教师适时给予引导和帮助。

3．欣赏海报，分组粘贴。

（1）请各组幼儿说一说海报制作的方法和特殊形式。

（2）教师小结：①海报的内容是否完整；②小组合作情况；③特殊呈现方式的应用。

（3）小组结伴，将宣传海报贴到其他班级的门前。

活动反思

在综合主题活动开展之前，教师对活动的整体走向有预设计划，但是当开展到第二个环节后，教师发现孩子们的兴趣点不在预设的计划里。这时，教师对孩子们进行了充分的观察和倾听，了解孩子们的兴趣和需求，尊重孩子们的意愿，以孩子们的思路来确定主题活动接下来的发展方向，让主题活动真正由幼儿做主。

在主题活动开展的过程中，教师主要采用了讨论分享、收集资料、模仿制作等形式，引导幼儿深入了解各种各样的图书，激发幼儿对图书的兴趣。在主题活动开展的过程中，教师和幼儿在各方面都有了相应的提高。

- 幼儿的发展：
    - ◆ 幼儿的自主探究能力有了明显提高；
    - ◆ 幼儿对图书的兴趣十分浓厚；
    - ◆ 幼儿能够与同伴合作尝试制作立体书，遇到困难能够自主解决；
    - ◆ 幼儿有基本的规则意识；
    - ◆ 幼儿在社会交往方面有所提高，更加自信、自主。
- 教师的提升：
    - ◆ 教师能够更有效地支持幼儿进行探究活动；
    - ◆ 教师能够有目的地观察幼儿，倾听幼儿；
    - ◆ 教师对以幼儿为主体的探究式主题活动的把握更加清晰。

案例4 小班综合主题活动"可爱的蜗牛"

中国人民武装警察部队总部机关幼儿园 薄乐

蜗牛是幼儿喜欢饲养和观察的小动物之一。幼儿通过主题活动，在饲养的过程中进行了一系列的观察和记录，主动探索蜗牛的典型特征、食性、排泄物与食物的关系等知识，在多种形式的探究、表达、学习中，不断获得新经验和新发展。

问题引入

小班教室中有养殖区,有6只白玉蜗牛是升到中班的哥哥姐姐们留给弟弟妹妹们的小礼物。开学后不久,有些尚处于分离焦虑阶段的小班幼儿会去看这些蜗牛,但只是看了看就走了。随着幼儿的情绪逐渐稳定,他们去看蜗牛的次数越来越多,关于蜗牛的问题也随之而来:"老师,它大便了吗?""老师,这蜗牛可真大啊。"看到孩子们对蜗牛越来越感兴趣,教师决定带着他们一起照顾蜗牛,共同探索蜗牛的小秘密。

活动网络

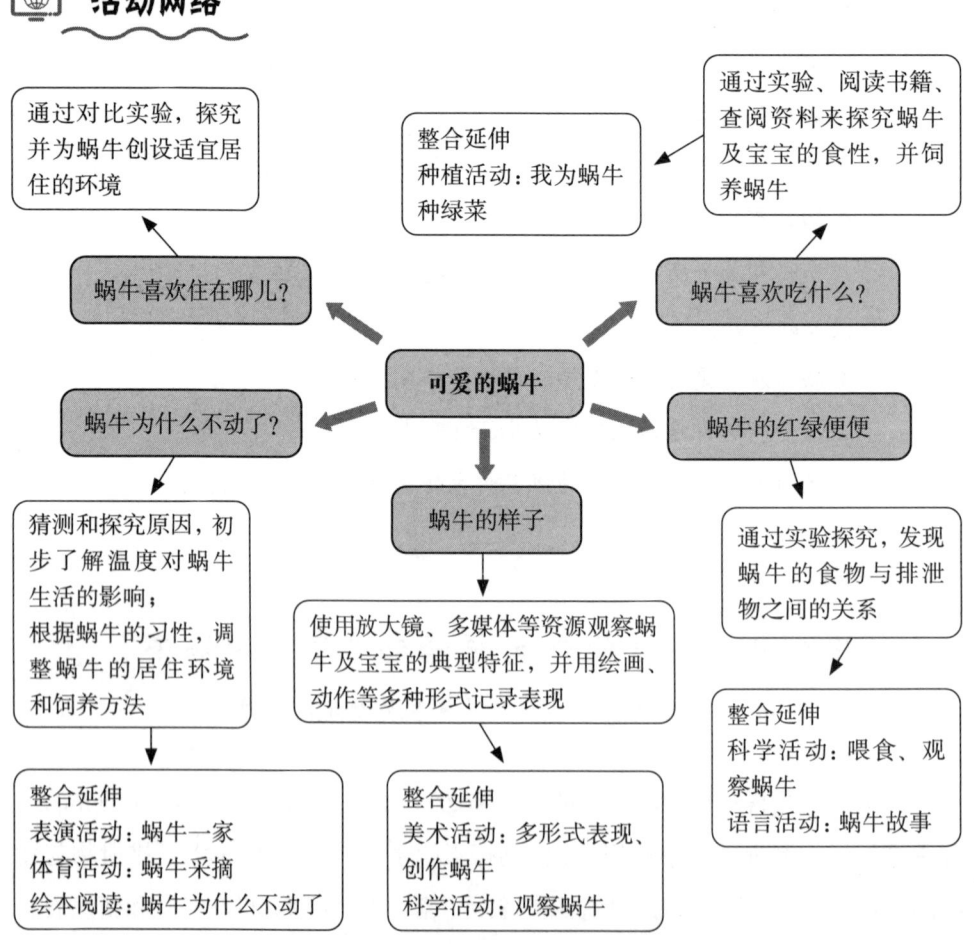

图7-9 "可爱的蜗牛"主题活动网络图

活动目标

1. 萌发尊重和爱护小蜗牛的生命、愿意饲养和照顾它们的美好情感。
2. 初步了解蜗牛外部的明显特征、生长变化、食性、生活环境等。
3. 认识并学习使用放大镜、小喷壶等工具。
4. 在教师的引导下初步发展观察、简单记录等科学探究能力。
5. 愿意表达自己的想法,并能用语言、动作、绘画等多种方式呈现。

活动准备

白玉蜗牛6只、不同颜色的养殖箱6个、放大镜、钙土、松木、喷壶、加热垫、食物、养殖角等。

区域创设

自然角:我为蜗牛种绿菜

1. 区域目标。
(1) 通过种植活动,初步了解植物的生长变化过程。
(2) 满足和激发幼儿精心饲养和照顾小蜗牛的情感。
2. 区域墙饰:植物的生长观察记录、照片、小蜗牛食谱。
3. 区域材料:种植所需的工具、盘子等。
4. 指导重点。
(1) 引导幼儿猜想和讨论蜗牛爱吃什么绿菜。请幼儿将猜想结果记录下来。
(2) 根据幼儿的猜想结果,师幼或亲子查阅资料,看看哪些蔬菜适合在当季种植且种植周期比较短。
(3) 师幼共同种植,了解和记录植物的生长变化过程(见图7-10、图7-11)。
(4) 体验用亲手种植的绿菜来喂蜗牛的喜悦心情。

图7-10 亲手种菜（1）

图7-11 亲手种菜（2）

美工区：可爱的小蜗牛

1．区域目标。

（1）掌握正确使用美术工具的方法，有序地收放材料。

（2）能利用多种材料制作小蜗牛，大胆创作。

2．区域墙饰：作品展示台——可爱的小蜗牛。

3．区域材料：废旧物、自然物、纸张、各类美术工具等。

4．重点指导。

（1）引导幼儿仔细观察蜗牛的结构特征，选择适宜的材料进行制作。

（2）引导幼儿根据自己的想法大胆创作，并尝试用语言进行表达（见图7-12、图7-13）。

图7-12 蜗牛美术活动（1）

图7-13 蜗牛美术活动（2）

阅读区：蜗牛的故事

1. 区域目标。

(1) 喜欢听故事、看图书，初步形成阅读兴趣。

(2) 会看画面，能根据画面简单说出有什么、发生了什么。

(3) 喜欢用涂涂画画来表达自己的想法。

(4) 通过观察、阅读，初步了解蜗牛的眼睛、触角能够感知环境。

2. 区域墙饰：蜗牛图书标志。

3. 区域材料：与蜗牛相关的绘本、自制蜗牛小书、操作材料盒等。

4. 重点指导。

(1) 经常抽时间与幼儿一起看书、读书（见图7-14）。

(2) 耐心倾听，鼓励幼儿大胆表达。

(3) 鼓励幼儿将自己的想法画下来并讲给别人听（见图7-15）。

图7-14　幼儿翻阅有关蜗牛的书　　　图7-15　自制有关蜗牛的书

表演区：蜗牛一家

1. 区域目标。

(1) 熟悉故事的主要内容，初步尝试表演。

(2)通过使用道具,初步表现蜗牛一家的情绪。

(3)在表演的过程中,尝试创编动作。

2. 区域墙饰:蜗牛一家背景图、自制节目单。

3. 区域材料:音乐、道具、打击乐器、头饰、服装等。

4. 重点指导。

(1)通过讲述故事,让幼儿理解故事的内容。

(2)与幼儿一起讨论哪些对白可以加上动作,鼓励幼儿创编。

(3)在表演的过程中,鼓励幼儿大胆讲话(见图7-16、图7-17)。

图7-16　表演蜗牛故事(1)

图7-17　表演蜗牛故事(2)

生活环境创设

1. 购买蜗牛靠垫,并将其投放在娃娃家、图书区,营造氛围。

2. 将亲子制作的蜗牛作品装饰在区域墙面、班级白墙上。

3. 将亲子制作的蜗牛作品定期展览,在家园共育墙饰中开辟作品专区(见图7-18、图7-19、图7-20)。

图7-18 与主题相关的环境创设（1）

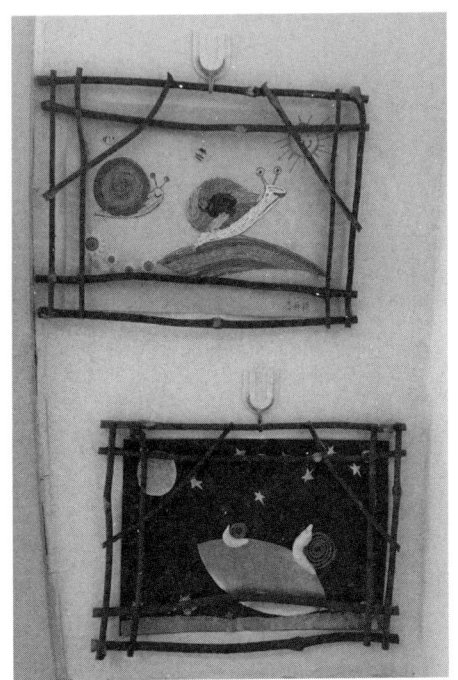

图7-19 与主题相关的环境创设（2）

图7-20 与主题相关的环境创设（3）

活动举例

活动一：给蜗牛一个舒适的家（科学）

【活动目标】

1．萌发尊重和爱护蜗牛的生命，并愿意饲养和照顾它们的美好情感。

2．通过比较、观察，初步了解蜗牛喜欢温暖、湿润的生活环境。

3．通过饲养蜗牛，学习基本的照顾蜗牛的方法。

【活动准备】

白玉蜗牛、养殖箱、钙土、沙子、喷壶。

【活动过程】

1．师幼观察蜗牛，猜想蜗牛生活在哪儿。

孩子们在养殖角观察蜗牛，引发猜想。

六六："蜗牛的壳就是蜗牛的家。""不对，蜗牛的家在泥土里。""蜗牛的家在草丛里。"

师："我们在哪里见过小蜗牛？""你们觉得蜗牛喜欢住哪儿？"

薇薇："它应该住在土里。"

馨馨："不对，下雨天蜗牛就出来了。"

墨墨："有时候它在泥里。"

师："你们觉得蜗牛喜欢在干的土里生活，还是喜欢在湿的土里生活？"

2．师幼通过实验，验证猜想的结果。教师和幼儿将6个养殖箱分成两组，分别在箱里放钙土，认为蜗牛喜欢生活在干土里的小朋友不给钙土喷水，认为蜗牛喜欢生活在湿土里的小朋友给钙土喷水。

师："通过两天的观察，你们发现蜗牛喜欢住在哪儿了吗？"

墨墨："我知道，它喜欢在湿的土里生活。"

馨馨："对，喜欢湿的地方，但是不能太湿，就是不能喷太多水。"

3．教师帮助幼儿梳理和总结经验。

结合《看！蜗牛》绘本和相关的图片及资料，进一步了解蜗牛的生存环境。

【活动小结】

在这次的活动中，教师通过关键提问启发幼儿思考，引导幼儿观察，帮助孩子们梳理蜗牛到底喜欢住在什么样的环境里，孩子们了解了照顾蜗牛的方法，喜欢上了小蜗牛。同时，幼儿锻炼了自己的语言表达能力，每个孩子都愿意与同伴分享自己的发现。

活动二：蜗牛喜欢吃什么？（科学）

【活动目标】

1. 通过喂养蜗牛，初步了解蜗牛能吃什么、喜欢吃什么。
2. 能仔细地观察并饲养蜗牛，敢于表达自己的发现。
3. 喜欢饲养蜗牛，愿意照顾它们。

【活动准备】

幼儿自带各种食物。

【活动过程】

1. 幼儿猜想蜗牛的食性，大胆表达自己的想法。

师："我们已经为蜗牛寻找了舒服的家，那你们猜一猜，蜗牛喜欢吃什么呢？"

幼儿充分地表达自己的想法。

2. 根据幼儿的猜测，进行验证。

(1) 幼儿从家里拿来一些食物，喂给蜗牛吃。

师："你们这些天都给蜗牛喂了什么？"

九儿："我喂了巧克力。"

梓懿："我喂了葡萄。"

师："蜗牛吃了哪些东西？没吃哪些东西？"

贝贝："蜗牛没有吃我喂的巧克力和薯片。"

琪琪："我也喂了薯片，但是蜗牛喜欢吃白菜，也喜欢吃梨和黄瓜。"

（2）通过反复验证，初步了解蜗牛喜欢吃什么。

3．幼儿提出新问题，猜想并验证。

（1）小马："老师，我发现吃了黄瓜和梨的蜗牛，一整天都不睡觉，触角伸得特别长。"

师："这个发现真棒，这是为什么呢？"

豆豆："它可能爱吃蔬菜吧！"

芮语："那梨是水果，又不是蔬菜啊！"

师："要不咱们试一试，看看是不是只有吃了黄瓜和梨的蜗牛才不睡觉。"

（2）师幼验证猜想结果。孩子们通过观察和比较，高兴地发现班里的这几只蜗牛吃了甜的、带有清香味道的食物后会比之前更爱活动（图7-21）。

图7-21　爱活动的小蜗牛

【活动小结】

通过这次的意外收获，幼儿了解蜗牛喜欢甜的、带有清香味道的食物。同时幼儿发现了，蜗牛可以吃很多种食物，只是更喜欢吃黄瓜和梨。在活动中，教师引导幼儿经历了猜想、实验、观察、多感官体验的探究过程，幼儿不仅观察到了蜗牛吃什么，并且进一步细致地观察蜗牛对不同食物的表现和反应，幼儿仔细观察的能力进一步提高，语言能力也得到了发展。

活动三：蜗牛长什么样子？（艺术）

【活动目标】

1. 通过多种感官认识白玉蜗牛，了解并记录其外部的明显特征。
2. 尝试用绘画、粘贴等多种形式、多种材料制作蜗牛的形象。
3. 通过美术创作活动，表达对蜗牛的喜爱之情。

【活动准备】

绘画纸、扭扭棒、木片、树枝、超轻黏土、火柴棍、白色泡沫袋、瓶盖、扣子、棉花、皱纹纸、废光盘、胶棒、胶水、纸黏土、水彩笔、蜡笔、玻璃笔、图片、彩色复印纸、放大镜。

【活动过程】

1. 幼儿观察蜗牛，并尝试记录。

孩子们想摸一摸蜗牛妈妈的壳和肉，于是，教师和幼儿开展了一次观察活动。

师："大家摸完蜗牛有什么感觉？"

笑笑："这么硬的壳。"

九儿："对啊，肉真白啊，还凉凉的。"

悠悠："老师快看，我一摸它，它的触角就缩回去了。"

海洋："老师，我觉得它的壳像龙卷风一样。"

师："你们想不想在纸上画一画蜗牛呢？"（见图7-22、图7-23）

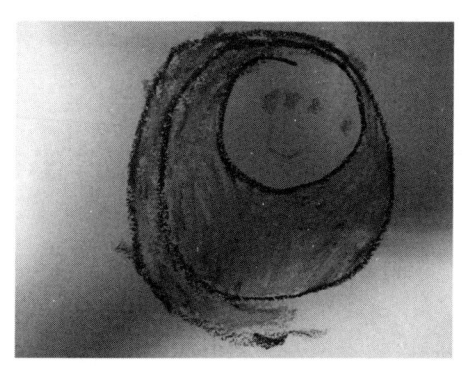

图7-22 幼儿第一次记录（1）

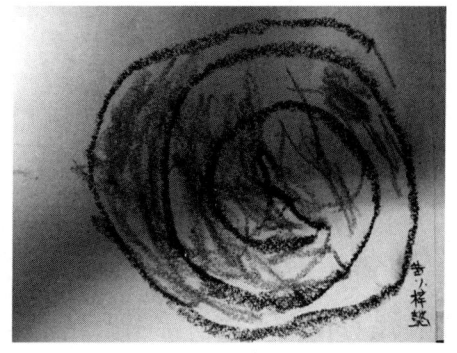

图7-23 幼儿第一次记录（2）

2. 幼儿细致观察,尝试第二次记录。

(1) 丫丫:"老师,我怎么看不见蜗牛的眼睛呢?"

佳怡:"老师,我只看到了两个触角。"

师:"那你们猜一猜,哪儿是蜗牛的眼睛?""怎么才能知道蜗牛有几个触角?大家仔细地观察一下。"

(2) 教师提供放大镜,让幼儿近距离地观察。

(3) 教师看图片、视频,详细地向幼儿讲述蜗牛身体各部分的特征和名称,进行小结和梳理。幼儿有了第二次的绘画记录(见图7-24、图7-25)。

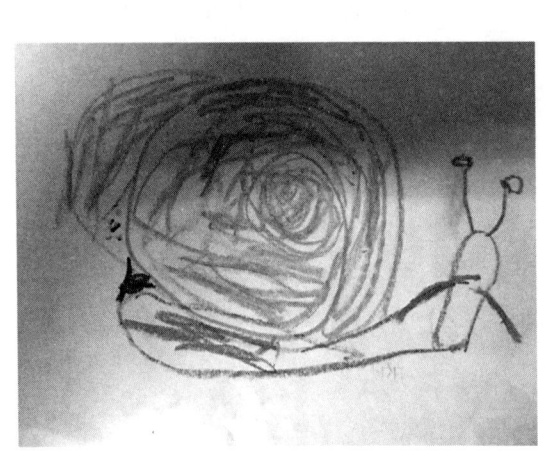
图7-24 幼儿第二次记录(1)

图7-25 幼儿第二次记录(2)

3. 欣赏不同外形特征和姿态的蜗牛的图片,进一步感知蜗牛的明显特征。

(1) 师:"这只小蜗牛是什么样子的?它的背上是什么?它看起来像什么?它的头上有什么?"

(2) 幼儿讲述,教师引导幼儿用手指书空来表现蜗牛壳的特点。

(3) 师小结:蜗牛有一个圆圆的、硬硬的壳,壳上有花纹。蜗牛的身体是白白的、软软的、长长的,头上有两个长长的触角,触角的顶端有两只小小的眼睛。

(4) 师:"这些蜗牛长得一样吗?(颜色、大小不同)它们的身体动作一样吗?它们好像在做什么?"(引导幼儿观察蜗牛的身体和头部的方向不同,有的头部向前伸,有的头部向上伸……)

4．感知美工操作材料与蜗牛的身体特点之间的关系，尝试用多种材料制作。

（1）认识材料，通过触摸感知材料的质地。

（2）启发幼儿说一说：每种材料与蜗牛身体的哪个部分很像，可以做蜗牛身体的哪个部分？

（3）师幼一起将可以做壳、身体、触角的材料放在一起。

（4）自主选择各种材料制作小蜗牛。

【活动小结】

在这次活动中，教师通过有目的性的提问，提供可以观察蜗牛的工具，并鼓励幼儿摸一摸、数一数、看一看、画一画等，让孩子们细致地观察和了解蜗牛的外形特征。同时，教师提供多种美术材料，让幼儿自由选择、发挥想象去创作。

活动四：蜗牛生宝宝啦（科学）

【活动目标】

1．通过观察，初步感知蜗牛是卵生动物。

2．通过猜测和讨论，感知蜗牛卵孵化出小蜗牛所需的环境和条件。

3．通过饲养，激发幼儿尊重和爱惜小动物的情感。

【活动准备】

塑料盒、沙子、钙土、纱布、喷壶、绿菜叶。

【活动过程】

1．幼儿发现蜗牛产卵了，产生猜想（见图7-26）。

虫虫："老师快来看，这里面怎么有这么多白色球球啊？"

豆豆："真的真的，这是什么啊？"

彬彬："老师给它放的吃的，我看见了。"

知行："这怎么能是吃的呢，它只吃蔬菜和水果啊。"

悦悦："怎么看着像蛋，就跟鸡蛋一样。"

图7-26　小蜗牛产卵了

2. 分组观察蜗牛卵，教师帮助幼儿梳理和总结。

（1）幼儿通过看一看、摸一摸，了解蜗牛卵的外部特征。

（2）通过观看视频、图片，了解白色的球就是蜗牛的卵，能孵出蜗牛宝宝。

3. 猜测和讨论蜗牛卵孵出宝宝所需要的环境和条件。

师："小朋友们猜一猜，这些刚产的卵放在哪里比较合适？怎样照顾它们才能快一点儿孵出小蜗牛呢？"

虫虫："要不放在纸盒子里？"

墨墨："不行，纸盒子会憋死它们的，应该把它们放在装蜗牛妈妈那样的盒子里。"

师："我们该怎么照顾它们呢？"

虫虫："它们需要喝水、吃东西吗？"

元宝："给它吃点胡萝卜吧，这样它能长快点儿。"

4. 查阅资料，师幼一起安置蜗牛卵，等待孵出宝宝。

小结："刚产的卵要单独放在一个盒子里，盒子要有洞，这样才会有空气。要在盒子的底部放一层沙子或土，把卵放上去，再盖一层被子（纱布）。如果沙子或土干了，要喷水，但不能喷太多。"

5. 师幼讨论如何照顾刚孵出来的宝宝。

大概等待了20天的时间，昕宸第一个发现蜗牛卵已经孵出小蜗牛了（见图7-27、图7-28）。

仔仔："老师，这么小的蜗牛什么时候才能长大呀？"

图7-27 孵出来的小蜗牛（1）　　　　图7-28 孵出来的小蜗牛（2）

师："那我们就要好好照顾它们啊，你们觉得应该怎么照顾呢？"

元宝："跟照顾大蜗牛一样吧，给它吃好多好吃的，给它喷水。"

师："那我们一起试一试？"

小结：孩子们按照自己的方法喂养了小蜗牛两天，结果发现小蜗牛一口没吃。孩子们对这方面的知识了解得并不多，教师将事前从网上搜集的视频和照片给他们看，告诉他们刚出生的蜗牛宝宝只能吃一些特别嫩的绿菜叶或薄薄的胡萝卜片，并且需要每天被喷3～4次水。等它们慢慢长大了，它们就能和大蜗牛吃一样的食物了。

【活动小结】

对于小班幼儿来说，理解"卵生"这一概念通常比较困难，但是恰逢蜗牛产卵这一"突发"事件，幼儿能够对蜗牛产卵的过程（录像）、卵的样子和卵孵化出小蜗牛（后续观察）有直观的观察和了解，在此基础上初步了解蜗牛是卵生动物。但是小班幼儿观察的持续性有限，因此对于蜗牛卵会有怎样的变化，教师采取先告知，再观察验证的方式，满足幼儿当下的好奇心。通过这次活动，孩子们感知到蜗牛是卵生动物，了解了蜗牛卵孵化的环境和条件，激发了尊重和爱惜小动物的情感。

活动五：为什么蜗牛拉红色、绿色大便？（科学）

【活动目标】

在猜想和验证的过程中，初步了解蜗牛的排泄物和食物之间的关系。

【活动准备】

胡萝卜、油菜、绘本等。

【活动过程】

1. 幼儿发现绿色、红色的东西，并猜想它们是什么（见图7-29、图7-30）。

图7-29　小蜗牛的便便（1）　　　　图7-30　小蜗牛的便便（2）

石头："老师，那个绿色的、红色的东西是什么？"

师："你猜猜？在养殖箱里的是什么呢？"

石头："是没吃完的绿菜吗？"

墨墨："不会吧，难道是大便？"

师："对，确实是蜗牛的大便。那为什么它们的颜色不同呢？"

馨馨："是不是蜗牛喝水少？"

贝贝："它们被染上颜色了？"

墨墨："不是的，蜗牛本来就会拉好几种颜色的便便。"

2．师幼验证猜想，初步了解排泄物与食物之间的关系。

(1) 教师引导幼儿想一想："你们这两天喂蜗牛吃什么了？"

(2) 试一试，验证猜想。

幼儿把胡萝卜和油菜喂给蜗牛吃，并进行观察。

吃油菜的蜗牛拉出了绿色的便便，吃胡萝卜的蜗牛拉出了红色的便便。

(3) 幼儿将草莓、番茄、白菜喂给蜗牛吃，进一步验证自己的猜想。

【活动小结】

通过猜测、实验及阅读《我不挑食》绘本，幼儿了解到蜗牛吃什么颜色的食物，就会拉出什么颜色的大便，初步了解蜗牛的排泄物和食物之间存在的关系。

活动六：蜗牛为什么不动了？（科学）

【活动目标】

1．通过猜测探究原因，初步了解温度、湿度对蜗牛生活的影响。

2．根据蜗牛的习性，调整蜗牛的居住环境和饲养方法。

3．激发幼儿喜爱蜗牛、热爱生命的情感。

【活动准备】

毛巾、树叶、纸张、布、加热垫、蔬菜、水果、喷壶、相关资料。

【活动过程】

1．幼儿观察蜗牛，猜想蜗牛为什么不动了并寻找原因。

(1) 虫虫："老师，你看蜗牛怎么一动不动？"

师："你猜猜这是怎么回事？为什么蜗牛会不动？"

(2) 幼儿充分表达自己的想法（有的说蜗牛饿了；有的说蜗牛睡懒觉；有的说太冷了，蜗牛不想动；还有的说没给小蜗牛喷水）。

2．幼儿想办法让蜗牛动起来。

(1) 师："怎么才能让蜗牛动起来？"

豆豆："盖一片叶子，它就不冷了。"

世勋:"我多给它喷水,它应该能出来吧?"

乐乐:"多给它一些好吃的,它闻到香味就出来了。"

(2)幼儿大胆地表达自己的想法,并尝试用想到的方法进行验证。

觉得蜗牛太饿了的小朋友,给"小太阳"的养殖箱里放了白菜、黄瓜和蜗牛喜欢的梨;觉得蜗牛太干了的小朋友,给"小苹果"的养殖箱里喷了一些水;觉得蜗牛冷的小朋友,给"小圆"的养殖箱里放了几片树叶。

小结:对于喷水和提供带有清香味道的食物,蜗牛伸出了触角;对于放叶子的方法,蜗牛还是无动于衷。

(3)师:"我们怎么解决冷的问题呢?"

海洋:"要不用布把它盖起来,就跟盖被子一样?"

九儿:"我家的小狗有专门的衣服,蜗牛有没有专门的衣服?"

(4)教师出示加热垫,让幼儿摸一摸加热垫,感知温度。

(5)把加热垫放在养殖箱的下面,调整蜗牛的居住环境(需要人工加热)。

【活动小结】

通过这次活动,孩子们发现班级里的蜗牛是因为空调的凉风、室内干燥、没有及时被喷水和喂食而产生不动的情况。原本蜗牛在冬季就没有在春夏季时活跃,因此想让它重新动起来,必须要根据季节的特点,调整蜗牛的生活环境,如:在9月份时,每天喷4次水,就能保证土壤的潮湿;而在冬天则不行,差不多隔两小时就要喷1次水。另外,要给它带有清香味道的食物,为它调整加热垫的温度等,这样小蜗牛才能动起来。

活动七:户外游戏——蜗牛采摘(健康)

【活动目标】

1. 在游戏中感知蜗牛爬的动作形态,自然协调地向前爬。
2. 能按照标志将蔬菜和水果分类投放。
3. 喜欢参加体育活动,体验运动游戏的快乐。

【活动准备】

蜗牛头饰、水果和蔬菜、背包、地垫、拱形门、篮子、采摘园地。

【活动过程】

1．引入"采摘"话题，吸引幼儿参加游戏的兴趣。

2．热身：头、肩关节、腕关节、踝关节、髋关节、膝关节、腰等部位。

3．师幼讨论小蜗牛平时怎样"走路"，鼓励幼儿大胆地表达自己的想法。

世勋："小蜗牛走得特别特别慢。"

馨馨："它是慢慢地向前爬。"

芮语："它是整个身子一起爬的。"

4．幼儿尝试模仿蜗牛爬的动作。

5．介绍玩法。

师："今天小蜗牛要去采摘园采摘。当经过障碍物时，我们要爬过去，用什么动作爬过去都可以。当经过地垫或拱形门时，我们要用爬的动作来到采摘园，摘一两种蔬菜或水果，并将它们放进背包，再慢慢地爬到篮子前，按照标志来分类投放蔬菜和水果。"

6．幼儿做游戏，教师提供指导。

在指导的过程中，教师要根据幼儿爬的动作，提示幼儿掌握相应的动作要领，注意安全。

【活动小结】

此次活动以幼儿喜欢的蜗牛为切入点，幼儿在游戏中充分感知蜗牛爬行的姿态。教师在游戏中不限定幼儿爬的动作，只是鼓励他们开动脑筋，想出各种与别人不同的爬行动作。这个活动既能够锻炼幼儿的身体协调性和灵活性，又能够与主题活动很好地结合。

活动反思

（1）注重多样性、整合性。此次活动的内容来源于幼儿，是他们熟悉和感兴趣的内容。通过学习《指南》，教师能够了解幼儿的年龄特点和学习方式，在目标的制定上，考虑幼儿的情感、态度、能力、学习品质等方面。教师通过教学、区域活动、生活环节、户外活动相整合的方式来达成目标，而不是关注单一的知识技能或领域教学。同时，在活动中教师能关注幼儿的学习和发展特点，支持幼儿运用经验解决问题，通过反复观察、使用工具、观看图片和视频资料、简单记录等多种方式，让幼儿获得相关的知识经验，让每个幼儿都能在原有水平上有所提高。

（2）注重自主性、灵活性。在活动过程中，幼儿愿意参与、主动探究、自主建构、大胆想象、积极创作。教师既注重幼儿的感知、操作与体验过程，又培养幼儿自主发现问题、分析问题、解决问题的能力。随着活动的不断开展，新的目标、新的活动内容也不断生成。例如，"蜗牛生宝宝啦""怎样照顾蜗牛宝宝"等活动，就是"突发"事件衍生出的活动。教师应该抓住教育契机，并根据幼儿的兴趣增加预设内容，体现教学的计划性和灵活性。

（3）注重开放性、合作性。《纲要》中指出，家庭是幼儿园重要的合作伙伴。教师在这次活动中充分利用家长资源，调动家长的积极性来开展一系列活动。制作小书、制作装饰画、搜集蜗牛知识、制作蜗牛海报等多种形式，让家长能够参与主题活动，形成合力，促进每个幼儿的全面发展。

活动后记：孩子们每天都会到养殖区去照顾蜗牛，孩子们根据在种植区浇花的经验，会先用小手摸一摸土壤的湿度，再决定给不给蜗牛喷水。他们还给蜗牛喂食、清理粪便。渐渐地，他们萌发了关爱小生命、喜欢小蜗牛的情感。通过这次活动，教师发现孩子们对蜗牛活动依然有很大的兴趣，因此将追随孩子们的兴趣点，带领孩子们继续探究……

案例5 中班综合主题活动"走,去散步!"

中国科学院第三幼儿园 魏迎迎、乔欢

幼儿园及周边环境是幼儿可见可闻、熟悉并可以理解的宝贵资源,为幼儿的学习与生活提供良好的条件,为幼儿开展各种活动提供素材,丰富幼儿游戏的内容,扩大幼儿探究与实践的空间,从而激发幼儿的探究兴趣,提升幼儿的探究能力,让幼儿形成探究精神。幼儿喜欢亲近自然,对周围的事物感兴趣,好奇心强,喜欢提问,乐于探究。教师应有意识地开发和利用幼儿园及周边资源,秉承"活动源于幼儿、源于生活、就地取材"的原则,开展综合主题活动。

问题引入

每天吃完午饭后,孩子们都会到幼儿园的院子里散步。在散步时,大家会有很多发现,如"小树发芽了""小鸟落在树枝上""地上有好多小蚂蚁"……有时,孩子们会捡回一些树枝、树叶、小石头等宝贝。围绕这些事物,教师开展了一系列有趣的探究活动。当一名幼儿提出想到幼儿园周边走一走时,其他孩子立刻兴奋起来:"我们能去吗?""谁陪着我们去呢?""到幼儿园周边走一走要准备什么呢?"教师关注到幼儿的想法,尝试为幼儿提供支持。

《指南》中指出:"成人要善于发现和保护幼儿的好奇心,充分利用自然和实际生活机会,引导幼儿通过观察、比较、操作、实验等方法,学习发现问题、分析问题和解决问题。"于是教师结合幼儿的兴趣与发展需要开展了"走,去散步!"的综合主题活动。在活动中,幼儿围绕身边熟悉的事物进行观察、讨论、猜想、验证。教师充分尊重幼儿的兴趣与想法,鼓励幼儿通过直接感知、亲身体验和实际操作的方法验证猜想,获得新经验,并将经验运用到生活中,真正成为活动的主人。

活动网络

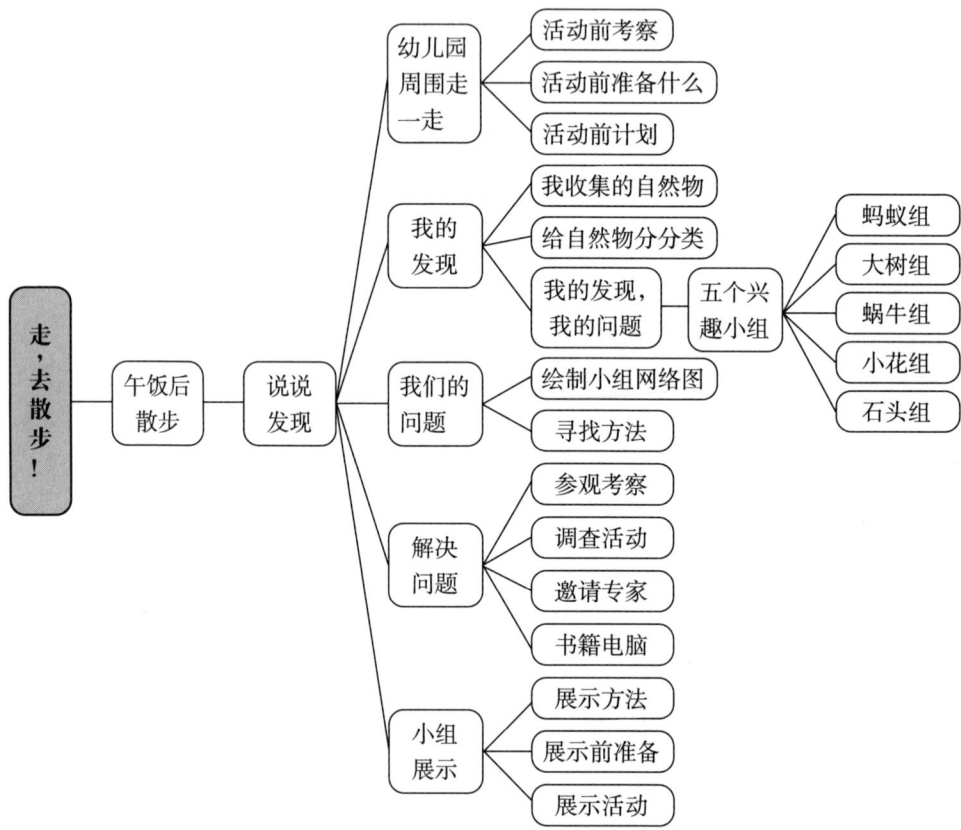

图7-31 "走,去散步!"主题活动网络图

活动目标

1. 散步时对周围的事物和现象感兴趣,喜欢参与到活动中。
2. 尝试使用不同的方法寻找问题的答案,愿意与同伴分享与交流。
3. 愿意参与散步后的观察、讨论、猜想、验证等活动,感受探究的快乐。
4. 通过策划展示活动,学会有计划地做事,有初步的小组合作能力。
5. 在制作和操作活动中提高动手操作能力和问题解决能力。

活动举例

活动一：午饭后散步（健康）

【活动目标】

1. 在散步的过程中，尝试想办法收集感兴趣的事物，愿意与大家分享。
2. 愿意参与散步活动，感受身边事物的美好。

【活动准备】

1. 物质准备：幼儿想到的收集物品，如袋子、小盒、纸、笔、相机等。
2. 经验准备：喜欢散步，谈论过如何收集的注意事项。

【活动过程】

午饭后，教师和孩子们到教室外散步。在散步的过程中，孩子们发现：大树长出了绿叶，小草露出了地面，喜鹊飞来飞去寻找食物，蚂蚁在树上匆忙地爬来爬去……孩子们看到这些景象后，高兴地谈论着。为了给孩子们更多的时间，继续关注身边的事物，教师利用户外时间，带孩子们在幼儿园里散步，寻找孩子们感兴趣的事物。

通过在幼儿园里散步，孩子们看到了很多感兴趣的事物，也收集了很多物品。在这个过程中，孩子们想办法记录自己的发现，与同伴们分享自己的快乐。

活动二：榆钱，树（科学）

【活动目标】

1. 大胆猜想并积极寻找"榆钱是什么？""怎样摘榆钱？"等问题的答案。
2. 主动参与摘榆钱、做榆钱美食的活动，感受成功的喜悦。

【活动准备】

物质准备：亲子寻找的相关资料，摘榆钱需要的工具，做榆钱美食的材料。

【活动过程】

1."这是树的什么部分？"

"这是什么？难道是树上开的花？"

"为什么这些花是绿色的？"

"如果不是花，那它是什么呢？"

四五个孩子围着班级门口的大树，一边看，一边说着……

回到班级后，悠悠立刻将自己发现的这棵班级门口的大树和自己的疑惑告诉大家。话音刚落，孩子们立刻沸腾起来。

"这是大树开的花。"

"这是大树的树叶。"

"这是榆树，我家小区里就有。"

"对，我也知道，这就是榆树。我的爸爸告诉过我。"孩子们纷纷说着自己的想法。

"这棵树是不是榆树？"

"上面的绿片片是花，是叶，还是……？"带着问题，孩子们回到家里与爸爸妈妈一起寻找问题的答案。

2．分享自己的小调查。

第二天早晨，宸宸兴奋地跑进教室，对教师说："老师，我知道门口的树是什么树啦。就是榆钱树，上面长的是榆钱，榆钱是它的果实，榆钱还能吃呢。"

经过大家的分享，孩子们知道：班级门口的树就是榆钱树，上面的绿片片叫榆钱，是榆树的果实，而且榆钱可以吃。

3．姥姥讲榆钱的故事。

这时，小小的姥姥正好送小小入园。姥姥听到孩子们正在谈论"榆钱"，于是和孩子们一起分享自己小时候和榆钱的故事。保育教师也和孩子们说起"当年爬树摘榆钱的故事"。孩子们全神贯注地听着。

4．摘榆钱，制作美食。

听完故事，孩子们对吃榆钱更加感兴趣。"可是，树那么高，怎么摘榆钱呢？"丫丫刚说完自己的困惑，孩子们就开始介绍自己想到的方法。

经过集体讨论，大家一起得出摘榆钱的规则：①方法要安全；②不能破坏榆树;③用到的材料要能找到。约定好三条规则,孩子们就开始和好朋友一起想办法,找材料,准备摘榆钱。

摘到榆钱后,大家把它们带回家制作榆钱美食喽!

活动三:谁丢的手链?(社会)

【活动目标】

1. 能够大胆猜想并尝试"寻找手链主人"的不同方法,积极参与活动。
2. 养成助人为乐、拾金不昧的良好品质。

【活动准备】

1. 物质准备:捡到的手链,制作海报的材料,广播设备。
2. 经验准备:有制作海报、听广播的经验。

【活动过程】

1. "看,这是什么?"

在户外散步时,多多在大树下发现了一条红色的带有金珠的手链。多多大声喊:"看,这是什么?"孩子们立刻围过来,一起猜想这条手链为什么会在这里。

雯雯:"一定是有人不小心把手链丢在这里了。"

"那它的主人得多着急啊?"

"我们怎样能找到它的主人呢?"

2. 想办法寻找手链的主人。

丫丫:"我们可以在广播站广播'谁丢了一条手链?'。"

平平:"我们可以制作一张海报。手链的主人看到海报就会到咱们班来找了。"

翎翎:"我们还可以拿着手链去问一问,看是谁丢的。"

孩子们想到各种各样的方法。

接着,大家分为三个小分队,开始按照方法进行准备工作,为手链寻找它的主人。

3. 找到手链的主人啦。

经过大家的努力,孩子们终于找到了手链的主人,原来是大六班的耶老师丢的手链。在孩子们贴出海报的时候,耶老师才发现手链不见了。耶老师说:"真的太感谢中四班的小朋友们了,你们真是拾金不昧的好孩子。"

第二天,耶老师为孩子们送来了亲手制作的小红旗。孩子们体会到"助人为乐""拾金不昧"的快乐。

活动四:这是什么树的树枝?(科学)

【活动目标】

1. 利用多种感官发现树枝的秘密,用自己的方式进行记录。
2. 结合树枝的秘密寻找大树妈妈,愿意与大家分享自己的想法。
3. 养成爱护树木、保护环境的好品质。

【活动准备】

1. 物质准备:寻找到的树枝、记录的纸和笔。
2. 经验准备:幼儿有基本的观察能力。

【活动过程】

1. 发现树枝的秘密。

在户外散步的过程中,孩子们捡到一根被折断的树枝。这是什么树的树枝呢?这棵树在幼儿园里的什么地方呢?孩子们开始对这根树枝进行仔细观察,并用自己的方法记录树枝的秘密。

"我发现这根树枝摸上去滑滑的。"

"我发现这根树枝的上面有桃心的形状。"

"我发现桃心里面的颜色和别的地方不一样。"

"我发现桃心里有点点。"

"我发现树枝的最上面是凹进去的。"

……

当天晚上放学时,宸宸主动找到老师说:"老师,我能把树枝带回家,和爸爸一起查查这是什么树的树枝吗?"

宸宸把树枝带回家,和爸爸一起查找关于这根树枝的知识,他们觉得这根树枝可能是香椿树的树枝。宸宸将自己和爸爸查找到的知识记录下来并录成视频,然后分享给大家。

2．我是小侦探。

孩子们变身为小侦探,根据香椿树枝的秘密和宸宸的相关介绍,开始在幼儿园里寻找香椿树。大家根据自己了解到的关于香椿树枝的知识,对照操场上的树,一棵一棵地认真观察。

"这棵不是香椿树,它摸起来太粗了。"

"这棵不是香椿树,树上没有桃心的形状。"

"这棵也不是香椿树,这棵树的树皮颜色太深了。"

"这是香椿树,大家看,这棵树的树枝上也有桃心形,摸上去和香椿树枝一样滑滑的……"

经过大家的努力,小侦探们一致同意:班级门口的小花园里的小树就是香椿树(见图7-32)。

图7-32　幼儿观察香椿的树枝

3．制作标牌,保护小树。

"看,香椿树这么矮,还需要继续生长。我们怎样保护小树,不让它的树枝再被折断呢?"教师问道。

"我们可以告诉幼儿园里的其他小朋友,不能折树枝。"悠悠第一个说。

瑶瑶说:"我们可以给树做一个防护墙,保护它。"

仔仔说:"我们可以制作一个'不要折树枝'的标牌,告诉大家不要折树枝。"

经过讨论,大家一致同意仔仔的方法:制作提示牌,提醒大家不要破坏小树。

活动五:到园外走一走之准备活动(健康)

【活动目标】

1. 设想外出活动时可能遇到的危险情况,将安全防护方法用情境表演的方式表现出来。
2. 积极参与讨论、表演活动,为外出活动做好准备。

【活动准备】

1. 物质准备:情境表演中用到的道具,教师记录的纸和笔。
2. 经验准备:幼儿有基本的自我保护方法。

【活动过程】

1. 提供悬疑故事,引出活动。

在幼儿园里散步时,孩子们发现了榆钱树,想办法摘到榆钱,制作成美味的榆钱食物;发现了香椿树枝,通过发现香椿树枝的特点,找到幼儿园里的香椿树;发现了一条小手链,通过在广播站内广播、制作海报等方法,为小手链找到主人。在幼儿园里的发现激发孩子们探寻新发现的兴趣。于是,孩子们想到幼儿园外走一走,寻找新的发现。

在幼儿园外寻找新的发现和在幼儿园里活动有很多不同的地方。教师们第一个想到的就是安全问题。为了增强孩子们的安全意识,教师设计了在实际情境中的体验活动。通过这种形式,孩子们能够积累在不同情况下自我保护的方法。

在活动的开始阶段,教师以"明明怎么了?"的故事引出话题。教师讲述:"明明昨天和我们一样,外出散步寻找新发现,可是他今天没来幼儿园,而是去了医院。大家猜一猜,在昨天外出时,明明可能发生了什么事?"聪聪说:"他是不是被车撞到了?"多多说:"他肯定是走路时不小心摔倒了。""他是踩井盖时掉下去了吧?""他是……"孩子们根据自己的经验开始预设外出活动时可能会发生的危险情况。教师将幼儿想到的危险情况进行图文记录,便于为接下来的活动提供参考。

2．情境表演"遇到不同的危险情况怎么办"。

接下来，孩子们和教师一起参照猜想的"明明遇到的危险"，用情境演示的方法表演外出活动时遇到危险情境的应对办法。

孩子们想到：路过路口时怎么办？

孩子们想到：遇到障碍时怎么办？

细心的孩子发现幼儿园旁边的小区正在施工，于是孩子们想到：路过施工地时怎么办？

孩子们还想到：在路上遇到流浪猫或流浪狗怎么办？遇到陌生人和自己说话怎么办？经过车多、人多的路口怎么办？经过讨论与情境表演，大家总结出在不同情境下自我保护的方法，为外出活动奠定了一定的基础。

活动六：邀请爸爸妈妈参加活动（语言）

【活动目标】

1．用不同的形式向家长说明班级的外出活动。

2．大胆表达自己的想法，愿意与同伴一起为邀请活动做准备。

【活动准备】

物质准备：各组需要的材料。

【活动过程】

1．活动导入。

为了保证外出活动的安全，孩子们想到邀请保安叔叔来保护大家，邀请保健医生来处理意外事故。孩子们想到直接现场邀请保安叔叔参加活动，制作邀请函邀请保健医生。"还要邀请谁呢？"教师问道。"邀请爸爸妈妈。"孩子们纷纷表达自己的想法。"那怎样邀请你们的爸爸妈妈，让他们知道我们的活动，并参与活动呢？"

2．"我来邀请爸爸妈妈"。

师："怎样让你们的爸爸妈妈知道我们外出这件事呢？"

佳佳："我们可以制作一张海报，并把它贴在班级门口。"

翎翎："我们可以发微信，告诉爸爸妈妈。"

嘟嘟："可是我们不会写字啊？"

小雅："我们可以发语音，还可以发小视频。"

根据孩子们的想法，大家分成几个小组，用不同的方式邀请爸爸妈妈参与外出活动。

翎翎和嘟嘟几名小朋友为录制视频做准备，以邀请爸爸妈妈参加外出活动。

瑶瑶和佳佳几名小朋友想通过制作海报的方法来邀请爸爸妈妈参加外出活动。

讨论结束后，各组小朋友开始进行自己的活动。

活动七：围着幼儿园走一走（科学）

【活动目标】

1. 发现自己感兴趣的事物，想办法进行收集。
2. 在活动中积极发现，能够将自己的问题和发现记录下来。

【活动准备】

1. 物质准备：幼儿计划单及相关材料。
2. 经验准备：幼儿讨论外出注意事项。教师提前与家长沟通好，做好准备。

【活动过程】

1. 出发前准备。

迎着清晨的阳光，中四班的小朋友们陆陆续续来到班级里，只见孩子们穿着统一的服装，带着自制的太阳帽，清点着自己的计划单上要准备的材料。

出发之前，魏老师向家长们再次介绍了本次活动的意义与活动中的注意事项，使家长们更加明确当日活动内容及活动中自己的职责。

2. "寻找之旅"开始啦。

寻找之旅开始，孩子们认真地观察路边的一切，寻找属于自己的"宝贝"。小小发现地上有一连串的井盖，立刻用记录纸画下来，还写上大大的"污"字。"这是什么意思？为什么都是同一个字呢？"

小小妈妈在旁边解释:"'污'就是脏的意思,这个字告诉我们井盖的下面是脏水管道……"小小听完后说:"我知道了,这就是臭井盖,我们不能踩井盖。"

飞飞边走边观察路边的大树,他在一棵大树前停下来,用放大镜仔细观察着。

然后他起身叫道:"魏老师,你看!这棵大树长了个大疙瘩。"

"哦,真的呢,每棵树都有这样的疙瘩吗?"教师问。

飞飞说:"不是,刚刚我看到的树就没有。"

"为什么会有这个疙瘩呢?"教师继续追问。

"它可能是生病了吧。"飞飞说着自己的猜想。

"那我们把这个发现记录下来,回班后问问大家有没有不一样的答案。"教师鼓励飞飞把自己的发现记录下来。

"那我让爸爸给我和大树照张相吧。"飞飞叫来爸爸,和大树一起合影。

"魏老师,你听……"嘟嘟大声叫着老师,然后用木棍敲击一棵大树的树干。

"这是……咚咚咚的声音,"敲完后嘟嘟补充道,"我再敲敲那棵树,你听听。"嘟嘟跑到旁边的一棵树旁敲起来。

"你听,这棵树和刚才的那棵树的声音就不一样。"嘟嘟边敲边解释道。

"好神奇啊,为什么大树会发出不同的声音呢?"教师提出问题。

嘟嘟说:"你看刚才敲的那棵树,一片叶子都没有,是死树。这棵树上长满叶子,是活树,死树和活树有不一样的声音。"

甜甜在墙角发现蜗牛壳。孩子们立刻围过来讨论:"这里面有没有蜗牛?""蜗牛壳为什么粘在墙上?"

为了知道蜗牛壳里到底有没有蜗牛,孩子们小心翼翼地把蜗牛壳摘下来,准备带回班级一起观察。

"小蚂蚁爬来爬去在做什么?"甜甜问道。

"难道它们也在寻找新的发现?"教师笑着说。

孩子们寻找着自己感兴趣的事物,用自己的方式记录这些有趣的发现(见图 7-33、图 7-34)。

图7-33 幼儿发现树上的"大包"

图7-34 幼儿用放大镜观察蚂蚁

活动八：散步后的分享（语言）

【活动目标】

1．愿意将自己外出的发现与他人分享。

2．认真倾听他人的分享，积极表达自己的想法。

【活动准备】

物质准备：外出散步时收集的事物、记录单等。

【活动过程】

1．分享自己的新发现。

孩子们围着幼儿园走一圈后有了很多新的发现：有把实物带回班级的，有在纸上记录的，有请爸爸妈妈拍照片、录视频的。回到班级后，孩子们高兴地和同伴分享自己的新发现。

教师给孩子们充分的集体和小组时间来展示、分享自己的发现。

2．布置展示台。

"收集了这么多的东西，我们摆在哪儿，怎么摆合适呢？"教师在孩子们分享结束后提出问题。

"摆到玩具柜上。这样大家都看得见。"晴儿大声说道。

"怎么摆呢？"教师立刻追问。

"按大小摆,大的放在一起,小的放在一起。"

"按颜色摆,一样颜色的放在一起。"

"把树枝放在一起,小花放在一起,叶子放在一起。"

教师补充道:"是同一类的放在一起吗?"孩子们点点头。

经过讨论,大家找到很多分类的方法。孩子们在活动区里开始给"发现"分一分,摆一摆。

3."小蜗牛出来啦"。

平平和悠悠对大家带回来的小蜗牛特别感兴趣,一直拿着蜗牛看来看去。"你们猜这个圆圆的壳子里有蜗牛吗?"教师走过来提出问题。

"不知道啊,现在里面什么都看不到。"平平举着蜗牛说。

"我知道该怎么办。把蜗牛放在碗里,放上一些水,里面的蜗牛就会爬出来,我和爸爸在家里这样做过。"悠悠肯定地说。

平平和悠悠按照这种方法准备好碗和水,把蜗牛放进去,静静等待……

当天下午起床后,平平兴奋地说:"大家快看,蜗牛出来啦!"小蜗牛果然钻出了壳。

活动九:组建兴趣小组(社会)

【活动目标】

1. 根据自己的兴趣加入兴趣小组。
2. 积极参与到小组起名字、编造型等准备活动中,与同伴共同游戏。

【活动准备】

1. 物质准备:展示台和展示物。
2. 经验准备:幼儿有初步的小组合作意识。

【活动过程】

1. 组建兴趣小组。

时间飞快,转眼又到了新的一周。刚入园,朱秦就飞快地跑到植物角的花架旁看小蜗牛,其实谁也不知道,朱秦早就在心中默默地给小蜗牛起了一个可爱的名字：小可爱。看着小小的蜗牛背着重重的壳，在杯子里爬来爬去，朱秦产生了很多关于蜗牛的问题，但是不知道该如何解决这些问题，于是他开始四处求助。

"魏老师，蜗牛为什么爬得那么慢？"

"冯老师，蜗牛有没有兄弟姐妹？"

"姜老师，蜗牛的眼睛长在哪里？"

……

他一股脑儿地问出了好多问题。原来有问题的小朋友不止朱秦，还有柳晴、悠悠、王牧云等好多小朋友。

教师把几名问题比较多的小朋友请到小朋友们的中间，把他们的问题说给大家听，看看大家的想法是怎样的。

大家你一言我一语，说了很多问题和猜想。就在大家说得热火朝天的时候，佘修平说："老师，我有个建议，我们可以把大家的问题进行分类，比如所有关心大树问题的小朋友可以组成一组，关心蜗牛问题的小朋友可以组成一组，还有关心其他问题的小朋友可以组成一组，大家按小组来寻找问题的答案……"

还没等佘修平说完，大家就纷纷说：我要加入大树组。我要加入蜗牛组。我要……很快，中四班的小朋友们各自找到了自己喜欢的小组。它们分别是：大树组、小花组、蚂蚁组、蜗牛组、石头组。

2．为小组起名字，编造型。

接着教师提议："小朋友们都找到了自己感兴趣的小组，那么我们要不要给自己的组起一个响亮的名字？""好！"小朋友们齐声回答。"现在，各组小朋友一起开动聪明的小脑瓜给自己组想一个好听又响亮的名字。"

陈昕瑶、王怡然和王牧云想到五颜六色的花朵，看到这些花朵就好像看到了彩虹："哎，有了，我们就叫七彩小花组。"很快，陈昕瑶就画了彩虹下的小花朵，对魏老师说："魏老师，这就是我们组的名字，我们还想了一个动作。"说着其中一个小朋友就扮作花朵，另两个小朋友一只手围着花朵，另一只手打开呈绿叶状，一朵可爱的小花立刻呈现在小朋友们的面前。魏老师朝他们竖起了大拇指。其他组的小朋友看到后纷纷模仿，蚂蚁组的小朋友分工组成蚂蚁的样子。蜗牛组的小朋友遇到了问题：我们怎么扮演蜗牛呢？看到趴到地上的辜弘毅，飞飞就蜷着身子趴到辜弘毅的背上，充当蜗牛的壳，其他小朋友很快就学着他们的样子组成一只只小蜗牛。

3．小组展示。

师："每一个小组都有了自己的新名字——七彩小花组、蚂蚁小纵队、五彩石头、蜗牛家园、大树组。让我们一起看一看，各组的招牌动作吧！"

活动十：绘制问题网络图（科学）

【活动目标】

1．将自己感兴趣的问题用不同的方式记录下来。

2．制作问题网络图，为接下来的活动做准备。

【活动准备】

1．物质准备：记录问题的纸和笔，教师用的记号笔。

2．经验准备：幼儿有关于本组的问题，有简单的记录经验。

【活动过程】

1．由幼儿的问题引出活动。

悠悠问："大树的树枝会不会在热的地方融化？"冯老师慎重地记下了这个问题，对悠悠说："悠悠问的这个问题非常好，但是冯老师暂时回答不了你，我查查资料再给你讲，好不好？"

像悠悠一样，每个小朋友都有很多问题。因此教师提议，大家将自己的问题记录下来，然后分享给其他的小朋友。

2．小组制作问题网络图。

在一张大大的白纸上，小朋友们密密麻麻地记录了各种各样的符号。教师用记号笔简单地记录下每个问题的大概意思，以便于后期进行整理（见图7-35）。

3．小组分享。

幼儿记录完问题后，一起分享本组内幼儿的问题。如大树组提出17个问题：①大树上有没有手枪型的树枝？②大树上会有什么样的细菌？③大树的树枝被火烧过后能不能变成木炭？④是不是所有大树的叶子都会像含羞草的叶子一样会开合？……

图7-35　幼儿和教师一起画问题网络图

活动十一：走，去考察（社会）

【活动目标】

1．通过实地考察的方式，寻找本组问题的答案。

2．能够与同伴一起商量决定考察的时间、地点、准备活动等事项。

【活动准备】

1．物质准备：各组需要准备的材料清单和材料，各组的问题图。

2．经验准备：经过小组的讨论，为考察做好准备。

【活动过程】

1．带着问题去考察。

"石头里有什么？""石头只有一种颜色吗？""有没有不同形状的花心？""花都生长在水里吗？"……

带着各种疑问，小花组和石头组的小朋友们在爸爸妈妈的陪同下自发地进行了一次实地考察。他们分别前往地质博物馆和植物园进行参观，了解更多关于自己组的相关知识，并为他们的问题寻找答案。

周末一到，小花组的小朋友们就来到了植物园，他们一起在花的世界里感受着美好的一天（见图7-36）。大家一边欣赏不同的花朵，一边听瑶瑶的爸爸为大家讲关于花的知识，除了这些，大家还一起品尝了花蜜！

图7-36 幼儿观察各种颜色的花

石头组的小朋友们也没有休息。一大早大家就按约定的时间来到地质博物馆,在这里大家看到了各种各样的石头:"原来真的有不一样颜色的石头呀!""好漂亮的水晶呀!"孩子们通过手机记录了不同的石头,并将照片带回去和其他组的小朋友分享。

2. 小组考察分享。

周一一到幼儿园,石头组的百合小朋友就迫不及待地为大家介绍关于石头的各种知识。在家长们的帮助下,孩子们带着照片、标本、幻灯片来到幼儿园与大家分享。小花组的瑶瑶也记录了关于小花组的问题的答案,像一位小老师一样为大家介绍自己的收获。通过外出考察,小朋友们在欢乐中学到了各种知识,在分享中展示了"小老师"的风采。

活动十二:爸爸妈妈进课堂(科学)

【活动目标】

1. 通过专家讲解的方法解决幼儿小组的问题。
2. 主动有礼貌地与专家互动,大胆表达自己的需求。

【活动准备】

1. 物质准备:小组问题网络图。
2. 经验准备:幼儿整理出本组已解决和未解决的问题。

【活动过程】

在开展项目活动时，教师和幼儿都得到了家长们的大力支持。为了让孩子们更直接地感受与学习，家长们费尽心思，找来图片、视频、动画、绘本、古诗来丰富自己的讲解。

第一位家长是在中国科学院动物研究所工作的辰辰妈妈，辰辰妈妈来给大家介绍小蚂蚁。

一段"蚂蚁大搬家"的视频，吸引所有孩子的眼球，孩子们全神贯注地看着视频里的小蚂蚁如何齐心协力搬走食物。接下来，辰辰妈妈用图片和视频为孩子们介绍了更多关于蚂蚁的小知识，比如：蚂蚁有多少种？常见的蚂蚁叫什么名字？蚂蚁有没有兄弟姐妹？蚂蚁的家在哪里？

辰辰妈妈还专门带来小蚂蚁，供孩子们进行细致的观察。孩子们拿着观察盒，举着放大镜，认真地看着。"蚂蚁运西瓜"的故事更是让孩子们真正感受到蚂蚁的惊人力量和蚂蚁的团结品质。

齐齐妈妈带着中国科学院植物研究所的好朋友陈老师，为孩子们带来"花儿知多少"的活动。陈老师用漂亮的图片将所有孩子的注意力吸引过来，然后根据季节为孩子们介绍不同的花。在介绍时，结合孩子们知道的古诗，与孩子们一起吟诵。

"墙角数枝梅，凌寒独自开。"

"小荷才露尖尖角，早有蜻蜓立上头。"

"人间四月芳菲尽，山寺桃花始盛开。"

最后，齐齐妈妈为孩子们介绍了不同的花语。在母亲节将要来临之际，齐齐妈妈和孩子们一起为妈妈们绘制了康乃馨。

瑶瑶爸爸，也就是大家喜爱的陈老师，带来了关于大树的知识。

对于"世界上有多少种树？""最高的大树在哪里？""哪些树能开花？""树的叶子有什么不同？"等一系列问题，幼儿都能够在瑶瑶爸爸的介绍中找到答案。

在瑶瑶爸爸介绍的时候，孩子们充分调动自己的经验进行猜想、回答。通过瑶瑶爸爸与幼儿的互动，可以看出孩子们关于大树的知识越来越丰富。

活动十三：我要出本书（语言）

【活动目标】

1．通过小组讨论的方式，确定本组进行展示的方法。
2．小组成员通过协商，分工完成展示活动，体验合作的快乐。

【活动准备】

1．物质准备：各组收集到的资料，如图片、视频、标本等。
2．经验准备：幼儿有初步的小组协商与分工合作的经验。

【活动过程】

1．讨论"怎样展示我们的本领？"，引出活动。

小花、大树、蜗牛、蚂蚁、石头等事物在生活中很常见，但蕴藏着很多知识和秘密。

小班幼儿要升入中班了，大班幼儿要上小学了。中四班的孩子们想送给弟弟妹妹和哥哥姐姐们一份特殊的礼物——"邀请大家加入好玩的游戏"。因为教师曾说：最好的礼物是把快乐分享给别人。

蜗牛有没有牙齿？它们如何吃东西和拉粑粑？

有没有长在水里的花？花蜜是什么？

大树能不能被烧成木炭？手枪型的树枝是在哪里找到的？

世界上最坚硬的石头是什么样子的？……

还有好多好玩的内容，中四班的小朋友想将它们分享给其他年级的孩子。

魏老师带着中四班的小朋友一起讨论这个问题："我们该怎样把每个小组的收获分享给大家呢？"

问题刚说完，黄光汉第一个站出来说："我要做个大大的海报。"

"你的想法太棒啦！那海报上该写什么内容呢？"教师问。黄光汉挠挠头，说不出来了。别的小朋友纷纷说："我们要表演出来。""我要做一本书。"

各小组用什么方法来分享呢？大家一起商量自己组的方法。没过多久，每个小组都有了自己的选择。

2．小组用表演的方式来分享本组的展示方法。

第一组的小朋友们排成了一排，站在大家的面前，什么话也没有说。大家开始猜了，刘子墨举手回答："老师，我知道，他们要做一本书，每个人代表一页页的纸。"

下一组的小朋友开始表演他们的方法。迟含章和赖羽翎小朋友趴在地上，翎翎从章章的背上翻下来，他俩一个脸朝下，一个脸朝上（见图7-37）。很快就有小朋友举手说，他们在表演翻书的动作。

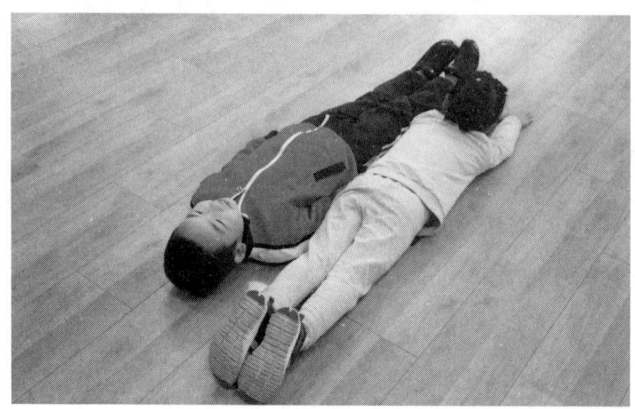

图7-37 幼儿表演"一本翻开的书"

小花组的小朋友围成一圈，说要做一个展示的画册。大树组的小朋友选择做海报。蚂蚁组的小朋友用叠罗汉的方式来表演一本平放的书——五个小朋友摞在一起表演一本书（见图7-38）。

图7-38 幼儿表演"一本很厚的书"

活动十四：创编剧本《蚂蚁的春夏秋冬》（艺术）

【活动目标】

1. 通过集体讨论、情景演示的方法创作舞台剧剧本。
2. 结合已有经验，大胆创编剧本内容，表达清晰完整。

【活动准备】

1. 物质准备：黑板、笔。
2. 经验准备：各组幼儿在活动中获得的新经验。

【活动过程】

1. 确定故事主角，开始创编故事。

经过一段时间的实地观察、专家讲解和博物馆的参观考察，各组感兴趣的问题——得到解答。"怎样把我们知道的有关蚂蚁的知识展示给大家呢？"孩子们想到制作图书、制作海报、编故事等方法。

在编故事之前，大家需要从五个组里选出主角。是蚂蚁适合当主角，还是蜗牛适合当主角？或者选择石头、小花、大树当主角？郑天成说："我看过蚂蚁当主角的动画片。"其他小朋友也说自己看过，而且大家听过很多关于蚂蚁的故事。最后，大家一致同意选蚂蚁当主角。

2. 结合活动中获得的新经验，创编故事。

师："故事开始啦！我们是从春天开始散步的，我们在散步的时候发现了蚂蚁，那我们就从那个时候开始吧。""故事的开始是在一个春天的早晨，有一只小蚂蚁……在做什么呢？"

"小蚂蚁出来找食物。"孩子们异口同声地说。

师："找到什么了呢？"

晴儿说："找到一块糖果。"

"然后，小蚂蚁想把糖果运回家。"晴儿接着补充道。她直接躺在地上说："我是一块糖果，我要一动不动，不然小蚂蚁会被吓跑。"

师："小蚂蚁会怎么做呢？"翎翎走到"糖果"前，皱着眉，咬着牙，使劲儿搬：

"哎哟，我搬不动啊。我要找我的同伴来帮忙。"他转身爬到平平的面前，将胳膊伸过头顶，平平立刻伸出胳膊，和翎翎的胳膊碰了几下。翎翎说："蚂蚁是用触角和同伴说话的。"几只小蚂蚁爬到糖果前，把糖果抬走。

"春天过去，夏天来了。小蚂蚁会发生什么故事呢？"孩子们将蜗牛和蚂蚁成为好朋友的故事作为夏天的故事。

"那秋天呢？"

"小蚂蚁又出去找食物了。"小小说。"这次它遇到了什么事情呢？"教师继续问道。"它发现了一块饼干。"丫丫刚说完，平平就补充道："它发现了一块饼干和一只死苍蝇，它先把死苍蝇搬回家，又叫来同伴一起搬饼干。这是我们在实验中看到的。"平平一边说，一边扮演小蚂蚁。

"在蚂蚁们回家的路上，它们会遇到什么危险的事情吗？"淘淘说："它们被一个小男孩用树枝拦住。""蚂蚁们很害怕，排成一队跑开。蚂蚁不会自己跑自己的，他们会跟着第一只蚂蚁排队跑。"说着，几个孩子"变成"小蚂蚁，开始表演蚂蚁逃跑的情景。

"冬天呢？""冬天小蚂蚁就在洞里过冬啦，只有兵蚁在洞口保护大家。"嘟嘟的总结将故事画上完美的句号。

3．为故事起名字。

孩子们将活动中的收获融合到故事之中，创编出独一无二的故事。孩子们还为故事起了好听的名字，有"蚂蚁日记""蚂蚁一家人""蚂蚁世界""蚂蚁的春夏秋冬"等。最后，全班投票选出故事的名字，丫丫的"蚂蚁的春夏秋冬"呼声最高，以17票胜出。于是"蚂蚁的春夏秋冬"就成为大家所创编的故事的名字啦！

活动十五：《蚂蚁的春夏秋冬》演员选拔赛（社会）

【活动目标】

1．通过选拔赛的形式，激发幼儿参与表演的兴趣。

2．活动中积极主动参与选拔赛，大胆表现自己。

【活动准备】

1. 物质准备：评委准备"通过"和"未通过"的标志，工作人员布置场地，参赛选手准备需要的道具。

2. 经验准备：幼儿在活动过程中有一定的表演经验。

【活动过程】

1. 选拔赛准备工作。

"我们要把故事表演出来。"自从编完故事后，很多小朋友想要把故事表演出来。这么多人想表演，那么该怎样选小演员呢？

弘毅说："让我们来选选演员，想要当小演员的请举手。"举手的小朋友还真不少。当然，也有愿意当工作人员的小朋友。大家秉持着自愿报名、公平选拔的原则。小评委制作"通过"和"未通过"的标志，工作人员布置选拔赛场地，参赛选手准备需要的道具，并且在后台认真排练。

2. 选拔赛正式开始。

"《蚂蚁的春夏秋冬》选拔赛开始，有请第一组演员。"随着主持人柳晴的介绍，选拔赛正式开始（见图7-39）。

图7-39　幼儿的竞选表演

每组小朋友都将自己想要表演的角色表演出来，由四名小评委进行点评和裁决（弘毅评委制作了通过——"大拇指"、未通过——"×"的标牌）。表演通过的小演员会得到评委授予的"明星勋章"。欢欢作为第一名选手，旗开得胜，获得评委的全票通过。

每名小演员认真地表演，小评委一丝不苟地观看，并进行"专业"点评。阳阳评委在点评多多时，说道："多多表演得很好，虽然多多膝盖上的伤还没好，但他仍能坚持表演，所以我给他竖起大拇指。"看来坚持、不怕困难的好品质会成为加分项。

经过两轮选拔，大家成功地选出15名小演员。接下来，大家将进入准备道具和排练阶段。

活动十六：辛勤的工作人员（区域游戏）

【活动目标】

1. 根据表演需要，各组进行相应的准备。
2. 在活动中能够积极主动参与，与同伴分工合作完成本组工作。

【活动准备】

1. 物质准备。

道具组：演员需要的道具清单，制作道具的材料（无纺布、KT板[1]、颜料、瓦楞纸、皱纹纸、即时贴等）。

场务组：制作门票的材料、检票工具、工作人员的标志、椅子、纸、即时贴、剪刀等。

【活动过程】

在上次的活动中，教师和幼儿进行了《蚂蚁的春夏秋冬》舞台剧的演员选拔，今天担任舞台剧"工作人员"的小朋友要一起合作，为表演做好准备。

1. 工作人员之道具组。

在小演员们排练的过程中，大家发现：小蚂蚁没有触角，大树没有树枝和树叶，小花没有花瓣和叶子……需要这么多的道具，大家该怎么办啊？

瑶瑶提出："我们可以去别的班找。"大家走遍中班，找来了两套小花道具（各班有很多表演服、首饰，可是没有大家需要的）。于是，弘毅主动说："让我们来做

---

[1] 一种由聚苯乙烯颗粒经过发泡生成板芯，经过表面覆膜压合而成的一种新型材料。

吧！"小小、齐齐、甜甜、孜孜、博南立刻加入道具组，组成强大的阵容。

大家决定先把春天的桃树做出来。"桃花长什么样？"弘毅刚问完，王怡然就说："桃花是粉色的，花瓣是这样的（一边说，一边用手摆出圆形），有五个花瓣。""对了，桃树是先开花后长叶的。"王怡然说完，跑到图书区拿来《植物小百科》。了解完桃花的样子，道具组开始制作桃花。大家找来泡泡泥、毛根、卡纸等材料制作桃花。利用一天的时间，道具组制作了两根带有树枝的桃花。教师用胶枪把桃花固定在树枝上，孩子们看着满枝的桃花，脸上洋溢着幸福的微笑。

第二天，谦谦、仔仔和妹妹加入道具组，一起制作夏天和秋天的大树。"夏天的树和秋天的树有什么不同吗？"博南说："夏天的树叶是绿色的，秋天的树叶就变黄了。"瑶瑶（大树的扮演者）说："需要绿色和黄色的树叶，我们要做很多的树叶。"谦谦站出来说："我们可以把树叶的一面做成绿色的，另一面做成黄色的。这样就不用做太多的树叶了。"道具组的全体成员都同意这个做法。就这样，道具组为表演组制作出一件件独特的道具。

"我的树叶坏了，帮我修一修吧。"

"我需要一个糖果的包装，记得要粉色的哦。"

"糖果的包装上需要有一些漂亮的花纹。"

"道具组，我要表演苍蝇，帮我做苍蝇的翅膀吧。"（道具组的工作人员拿着放大镜，观察苍蝇的翅膀后开始制作。）

"兵蚁需要一件武器。"（道具组制作了棍子和剑。）

"大树的衣服穿着不舒服，能换一件软一点儿的吗？"（纸盒大树——纸箱大树——即时贴大树——无纺布大树。）

道具组每天都会将表演组的意见进行汇总，然后和教师一起讨论：谁做什么，谁和谁一组，需要什么材料。

孩子们还特地制作了一份大海报，并将其贴在班级的门口，吸引其他小朋友来观看演出。

2. 工作人员之场务组。

场务组的工作太多、太杂了，工作人员需要承担检票员、小警察、引导员、发票员、场地布置员等角色。

场务组的工作人员不仅要制作门票、摆观众椅、贴座位号，还要负责发票、检票、帮助观众检查座位号、维护现场秩序等工作。

演出门票是工作人员自己设计的，教师负责打印门票的边框和舞台剧的名字。工作人员负责编座位号、画温馨提示，以及装饰门票。嘟嘟、弘毅和小小将温馨提示画在门票的背面，但是大家发现不同的温馨提示会混在一起，于是小小用编序号的方法（1、2、3……），弘毅用点点的方法（第一个提示点一个点，第二个提示点两个点……），嘟嘟则用画方框的方法来区分不同的温馨提示。

布置场地的工作人员讨论：摆多少把椅子合适？一排摆几把？怎么摆？怎样帮观众快速找到座位？他们边讨论，边尝试和调整，将观众椅摆放得整整齐齐。

准备工作做完后，表演前的工作也不能松懈。发票、检票、帮助观众找座位……每名工作人员用尽职尽责的工作换来观众们的有序进场。

从排练到演出，舞台剧中处处都有小演员们的身影。从设计对话到解读旁白，从动作表现到音乐烘托，都是演员们一次又一次地讨论、排练、调整、再排练的成果。

大家在选择合适的音乐时，教师出示了两段低沉、紧张的音乐。有演员说：这两段音乐适合用在发生危险的时候。有演员说：嗯，这两段音乐可以连在一起用，先放一段，再放另一段。有演员说：可以在发生危险前放音乐，在小蚂蚁还不知道危险时放一段，在小蚂蚁真正发生危险时放另一段。孩子们甚至会用音乐来暗示剧情。

3. 演员组。

在表演的过程中，每个孩子根据自己对情节的理解、对角色的理解进行表演。雯雯、怡然和小雅表演的小花，各具特色又不偏离剧情。雯雯用身体立直表示夏天盛开的小花，用倒向一旁表示秋天快要枯萎的小花，用倒在地上表示冬天死掉的小花；怡然用开心的笑脸表示夏天盛开的小花，用皱眉撇嘴的表情表示秋天要枯萎的小花；小雅用抬头表示夏天盛开的小花，用低头表示秋天打蔫儿的小花。

表演大树的瑶瑶，在第一次表演中就被观众评为"最佳演员"（见图7-40）。"因为瑶瑶从开始到结束一动不动，特别像大树。""因为瑶瑶需要举着树枝，但她一直在坚持。""因为瑶瑶在春天、夏天、秋天、冬天的变化都很快，很认真。"

每名演员都认真演绎自己的角色："四季变化的大树、小花""一动不动的糖果、死苍蝇""被风吹落的树叶""团结可爱的小蚂蚁""双人合一的蜗牛先生""给

图7-40 幼儿的表演

蚂蚁捣乱的淘气男孩""威武的兵蚁"……孩子们在舞台上的认真、专注堪比专业演员!

整个活动不仅是教师与幼儿一起研究的过程,也是亲子不断互动的过程。教师调动了家园合作的积极性,提升了幼儿的兴趣,调配了更多的资源,从而更好地为幼儿的发展服务。

活动反思

(1) 幼儿的活动。《指南》中指出:幼儿对周围的事物、现象感兴趣,有好奇心和求知欲。"走,去散步!"综合主题活动充分尊重幼儿爱寻找、爱发现、爱探索的特点。从开始到结束,整个活动历经两个月的时间,教师尊重幼儿的兴趣与想法,生成了大大小小的活动。有浓厚兴趣做依托的综合主题活动,一定能最大限度地激发幼儿的参与度,并达到更好的效果。通过午饭后散步、幼儿园散步、幼儿园外走一走,幼儿每次都会有新的发现,教师会随着幼儿在不同阶段的兴趣点与关注点生成活动。教师真正做到了"退到"幼儿的身后,做一名观察者、支持者。

(2) 活动中的幼儿。在活动中，教师充分调动幼儿的主动性与积极性，让幼儿成为活动的主人，真正地参与到活动之中。从活动引入，到方案确定、动手操作，再到实践反馈，都是幼儿与伙伴一起完成的。在活动中，教师真正地感受到幼儿的力量。

(3) 热爱自然，尊重生命。综合主题活动的开展激发了孩子们对大自然的好奇心，他们经常会和好朋友一起聊收集到的小石头、树叶、小果子，谈看到的蚂蚁、蜗牛、小昆虫……综合主题活动让他们更加热爱自然，乐于发现。

在参观地质博物馆时，幼儿看到了大大小小、形态各异的石头。在参观植物园时，幼儿看到了各种各样、不同品种的大树和小花。在"观察蚂蚁"的活动中，孩子们在专家讲解与观察中发现小蚂蚁的惊人力量、勤劳和蚂蚁大家庭的团结。但是，小蚂蚁每天都会遇到各种危险，有些小朋友还会故意伤害小蚂蚁。于是大家决定，要将自己学到的有关蚂蚁的知识做成一本书，介绍小蚂蚁的秘密，告诉其他孩子不能伤害小蚂蚁。通过综合主题活动，孩子们感受到了大自然的神奇与伟大，感受到了生命的宝贵。

(4) 在活动中注重学习品质。"大胆表达自己的想法""认真倾听他人""与同伴商量解决问题""积极主动参与活动"……在活动中，教师在每个环节中注重幼儿学习品质的培养，营造良好的环境，创造表现的机会，使幼儿不仅能够学到知识，还能够获得终身受益的品质。

案例6 大班综合主题活动"我要上学啦"
北京市六一幼儿院 朱金岭、周佳琳

幼儿园大班阶段的教育重点之一是小学的入学准备教育，这也是备受关注的教育热点之一。2021年4月，教育部发布了《关于大力推进幼儿园与小学科学衔接的指导意见》，首次提出了幼儿园与小学"双向衔接"，为幼儿园与小学如何科学、平稳过渡，提供了更为明晰的指南。

幼儿园与小学是两个不同的教育阶段，但存在着密切的联系，是教育的连续性与阶段性的统一。从幼儿园过渡到小学阶段，不仅是学习环境发生了转换，学

习方式、人际交往、师幼关系、行为规范及社会期望等方面都发生了很大的变化，形成了一定的"坡度"，易发生"陡坡效应"，导致儿童有学习兴趣低落、疲劳、厌学、焦虑、恐惧等"适应性障碍"。因此，如何设计适宜的活动来弥补断层，支持幼儿顺利地适应小学生活，是必要且急需的。教师要做好幼小衔接工作，使幼儿能够较快、较好地适应小学的学习和生活，"为幼儿一生的发展打下基础"。

问题引入

升入大班后，幼儿对上小学有强烈的好奇心：小学是什么样的？小学生上什么课？有没有玩的时间？都玩些什么？对于即将成为一名小学生，每个幼儿的感受是不同的。教师在日常谈话中了解到：有的幼儿觉得开心，有的则觉得紧张，还有的幼儿会感到有一点害怕。有的幼儿会想：没有新朋友怎么办？写不完作业怎么办？每天都有许多的问题等待被解答，针对幼儿的真实困惑，为满足幼儿的兴趣与需求，教师生成了"我要上学啦"系列活动，引导幼儿正确认识小学、了解小学，从而对小学生活充满向往。

活动网络

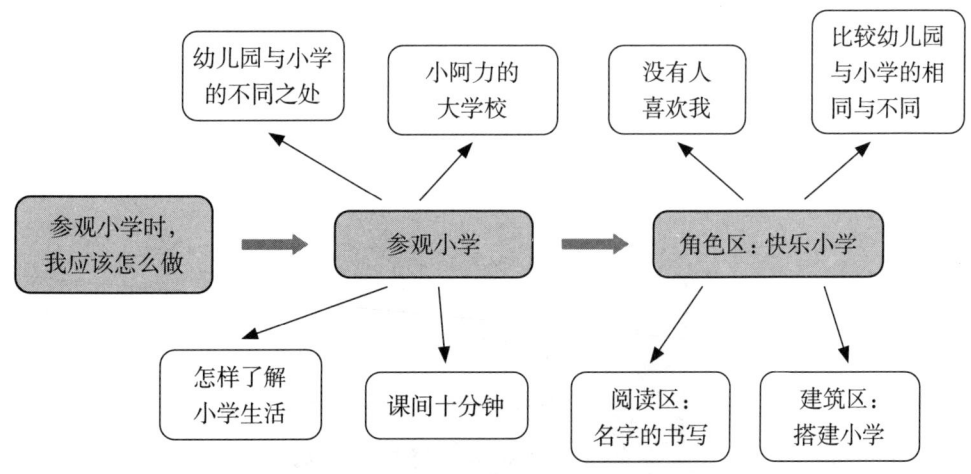

图7-41 "我要上学啦"主题活动网络图

活动目标

1. 通过了解小学生的学习、生活以及校园环境,对小学有好奇和向往,能够积极地面对新环境。
2. 能够积极地寻找解决问题的方法和策略,能够关注他人的需要,愿意帮助他人出主意、想办法,给予力所能及的帮助。
3. 具有一定的时间观念及任务意识,能够在成人的帮助下通过制订计划、制作提示标识等方式安排好自己的事情,为小学生活奠定基础。
4. 尝试运用多种方式、大胆表达自己的想法和感受。

区域创设

角色区:快乐小学

1. 区域目标。
(1) 通过体验小老师的角色,初步了解教师的"备课—授课—课后思考"等教学环节,有角色意识及初步的责任感。
(2) 通过体验小学生的角色,能够在听不懂或有疑问时主动提问。
(3) 能够用正确的姿势写和画,愿意用图画和符号表现事物或故事。
2. 区域墙饰。
"小学课程表""小学课堂制度""小学生上课的照片"等(见图7-42)。

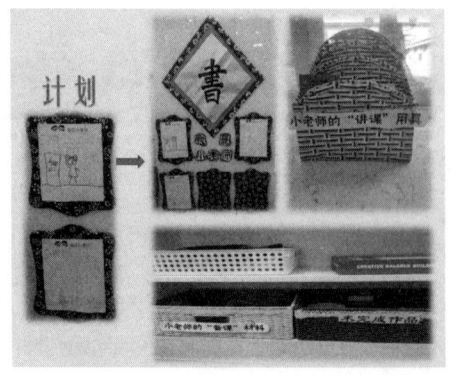

图7-42 "快乐小学"活动区墙饰

3．区域材料。

小学一年级上册课本（语文、数学），白板，白板笔，课前资料，铅笔，橡皮，白纸等。

4．指导重点。

（1）引导幼儿根据上课内容准备相应的课前资料、文具等。

（2）鼓励幼儿认真倾听、大胆表达，引导幼儿在课堂中积极回答问题。

（3）支持幼儿用简单的符号、汉字进行初步的书面表达，关注幼儿的写画姿势、握笔姿势是否正确。

5．活动过程。

由幼儿来担任教师和小学生的角色，教师根据自己的兴趣和特长来选择学习内容（见图7-43）。

图7-43　幼儿模拟小老师上课

建筑区：我心中的小学

1．区域目标。

（1）在持续、深入的搭建过程中，能够运用转向、交叉等方式组合搭建小学，发展空间知觉。

(2) 能够根据主题的需要，创造性地选择和制作辅助材料，不断丰富搭建主题。

(3) 在搭建活动中愿意与同伴进行协商、合作，解决遇到的问题。

2．区域墙饰。

"各种小学的环境照片"。

3．区域材料。

积木、搭建的辅助材料（易拉罐、小盒子等）。

4．指导重点。

(1) 激发幼儿创造的兴趣，发展他们的建构能力。

(2) 利用已有的搭建经验进行搭建（见图7-44、图7-45），重点发现搭建中出现的问题，有针对性地进行指导。

图7-44　用积木搭建小学教室

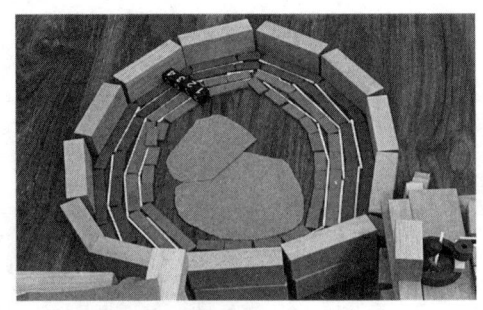
图7-45　用积木搭建操场

(3) 用启发式语言鼓励幼儿积极思考，遇到困难时能够自己想办法解决问题，不轻易求助。

阅读区：名字的书写

1．区域目标。

(1) 掌握正确的写字姿势和握笔方法。

(2) 能够书写自己的名字，并了解基本的书写要求。

2．区域材料。

沙盘、白纸、笔。

3．指导重点。

（1）引导幼儿正确书写自己的名字。

（2）培养幼儿掌握正确的握笔方法和坐姿。

活动举例

活动一：我想了解小学的……

【活动目标】

1．能围绕"我想了解小学的……"进行讨论。

2．大胆表达自己对小学的看法，并尝试用绘画的方式进行记录。

【活动准备】

1．经验准备：幼儿与家长在家里搜集过有关小学的图片和照片。

2．物质准备：纸、笔。

【活动过程】

1．通过讨论，了解幼儿最关注小学哪方面的问题。

教师请幼儿根据自己的想法和经验，提出最想了解有关小学的哪些问题。教师要注意鼓励每一个孩子进行表达，并请幼儿用绘画的形式记录自己的想法。

2．了解解答这些问题的途径和方法。

（1）讨论：如何知道我们想知道的有关小学的问题？

（2）自由讨论。

（3）把幼儿想到的方法记录下来。

3．进行分类整理，制订寻找答案的计划。

教师和幼儿一起对问题进行分类，讨论哪些问题适合用什么途径来找到答案，幼儿根据自己的情况选择并确定自己采用什么途径。

活动二：参观小学时，我应该怎么做？

【活动目标】

1．能够在成人的帮助下制订参观计划，具有一定的任务意识。

2．外出时能够遵守规则，初步理解规则的意义。

【活动准备】

1．经验准备：幼儿对小学生活有好奇和向往，参与过有关"我想了解小学的……"讨论。

2．物质准备：参观计划表、笔。

【活动重点】

尝试提前制订参观计划，愿意通过多种方式寻找自己感兴趣的问题的答案。

【活动难点】

幼儿敢于提问，能够将自己的问题用绘画的形式记录下来。

【活动过程】

1．交流参观小学时自己最想看的内容。

指导语：明天我们就要参观小学了，你们想看什么？

教师请幼儿根据自己最想看的内容来设计参观小学调查表（见表7-7），把自己最想知道的问题用图文并茂的形式记录下来。

2．讨论参观小学时应该遵守的规则。

指导语：在参观小学时，我们应该怎么做？应该遵守哪些规则呢？

教师引导幼儿学习考虑别人的感受：如果参观小学时小学生们在上课，那么我们如何做才能不打扰别人呢？教师和幼儿一起讨论和制定参观的规则。

表7-7 参观小学调查表

参观小学啦!	
记录人：	
最想看到……	我的发现

活动三：参观小学

【活动目标】

1．初步了解小学生的学习生活以及校园环境，对小学有好奇和向往。

2．尝试通过多种方式（如观察、咨询等）寻找自己感兴趣问题的答案。

3．愿意与小学生及小学教师进行交流，有疑问时能够主动提问。

【活动准备】

1．经验准备：与幼儿交流他们想了解小学哪些方面的信息，有哪些困惑或问题，并与幼儿协商制订个性化参观计划。

2．物质准备：照相机、记录表格等。

【活动重点】

通过参观小学，初步了解小学生的学习、生活以及校园环境。

【活动难点】

幼儿愿意向同伴、小学生、小学教师大胆表达自己的想法和感受。

【活动过程】

1．教师带幼儿按照拟定的参观路线（如入校—早操—升旗—专业教室—楼道环境）进行参观，初步了解小学的常规性活动。

2．到一年级教室中听一节小学的课，进一步感受小学生的学习生活（见图7-46）。

3．与小学教师和小学生进行交流（见图7-47）。

图7-46　幼儿参观小学（1）

图7-47　幼儿参观小学（2）

4．回幼儿园后分享与整理相关资料，为下一阶段的活动做准备。

活动四：小阿力的大学校

【活动目标】

1．通过阅读故事，能够感受小阿力上学前后的情绪和心理变化，并能用丰富的词汇来表达。

2．结合自己的实际，能大胆说出自己的想法，并寻找解决问题的策略。

【活动准备】

1．经验准备：通过前期的参观小学的活动，已经对小学有初步的了解。

2．物质准备：故事书及主要插图，幼儿记录时用的纸、笔。

【活动过程】

1. 通过故事，感受人物的情绪和心理变化，并能用丰富的词汇来表达。

(1) 教师阅读故事并结合插图来帮助幼儿理解故事。

(2) 提问：小阿力知道自己要上学，他的心情是什么样的？为什么？他是怎么想的？

(3) 提问：他上学后，心情是什么样的？为什么？他是怎么做的？

(4) 讨论：他的心情为什么会有变化？是什么让他有变化呢？

2. 结合自己的实际，大胆说出自己的想法，并寻找解决的策略。

(1) 提问：小朋友们要上学了，面对新环境，你们的心情怎么样？有什么想法？

(2) 幼儿用绘画的方法记录自己的想法与心情，并与他人自由交流。

(3) 集体分享。

(4) 讨论：有什么办法能缓解我们的情绪？

【活动延伸】

1. 继续寻找适宜的应对策略。

2. 关注其他班级的幼儿是否有同样的情绪和心理，引导幼儿："我们怎么做，才能把我们知道的方法介绍给更多的人？"

活动五：课间十分钟

【活动目标】

1. 通过体验活动，了解小学生的"课间十分钟"的内容，初步建立时间观念。

2. 有一定的制订计划、完成计划、调整计划的能力。

3. 有自我解决问题的意识和能力。

【活动准备】

1. 经验准备：前期进行过"参观小学"活动，幼儿对小学的生活有初步的了解。

2. 物质准备：制作计划表的各种材料，铃鼓，前期"参观小学"活动内容的墙面支持。

【活动重点】

让幼儿亲身体验"十分钟"的长短,并了解哪些活动适合在这段时间内进行。

【活动难点】

在制订计划方面,幼儿的差异较大,所以教师准备的材料要有层次性,并对个别幼儿有针对性的指导。

【活动过程】

1. 利用主题活动墙面,回顾了解到的小学生生活。
2. 讨论:小学生的一天和我们的一天有什么一样的地方?有什么不一样的地方?(教师用钟表图示来帮助幼儿整理。)

"你们最喜欢小学生一天中的什么活动?"——引出"课间十分钟"。

3. 讨论:"课间十分钟"都可以进行哪些活动内容?
4. 幼儿自己制订"课间十分钟"的活动计划。
5. 模拟体验"课间十分钟"活动。
6. 体验结束后,幼儿对照计划来检验:完成了哪些内容?没完成哪些内容?为什么?
7. 幼儿自由讨论,教师用图表的形式和幼儿一起整理:"课间十分钟"必须进行哪些活动?适合做什么游戏?如何更好地安排课间十分钟的活动?

活动六:比较幼儿园与小学的不同之处

【活动目标】

1. 分析、比较后发现幼儿园与小学的不同之处,提升比较、概括能力。
2. 运用绘画的形式来表现幼儿园和小学的主要特征、布局。

【活动准备】

1. 经验准备:参观小学的照片、小学的课本。
2. 物质准备:纸、笔。

【活动过程】

1．引导幼儿借助于小学的照片及图片进行比较，同时幼儿互相说一说、比一比幼儿园和小学在哪些地方不一样。

2．在幼儿进行比较的时候，教师可以在黑板上写出几个提示性词汇，便于后期对不同点进行分类、归纳。

3．教师在归纳时一定要对应地进行陈述，例如：幼儿园里有早饭，小学里没有早饭；幼儿园的厕所没有"男"或"女"字，小学的厕所有"男"或"女"字。

4．引导幼儿用自己的绘画表达出这些不同点，在幼儿绘画时教师要提醒他们对应着画。

5．教师让幼儿给大家讲讲自己画的幼儿园和小学的不同点。

活动七：没有人喜欢我

【活动目标】

1．通过活动，学习"如何结交新朋友"的方法。

2．通过与客人教师的"交朋友"体验，能大胆与人交往，感受结交朋友的快乐。

【活动准备】

1．经验准备：对"朋友"有一定的认识，愿意向大家介绍自己的朋友。

2．物质准备：《没有人喜欢我》绘本，记录方法的纸、笔，舞蹈音乐。

【活动过程】

1．通过回顾前期内容，进一步感受"有朋友"的快乐。

指导语：通过上次的活动，我们一起交流了有关"朋友"的话题。小朋友们都有自己的朋友，谁来介绍一下：你的朋友是谁？你们在一起时有什么有趣的事？

2．通过阅读故事，讨论"如何结交新朋友"。

(1) 阅读《没有人喜欢我》绘本故事。

指导语：小朋友们都知道有朋友真是一件开心的事情。今天，我给你们带来了一个故事。故事里的小狗巴迪到了一个新地方，很想有朋友一起玩，但却在交朋友时遇到了问题，我们一起听一听到底是怎么回事。

（2）交流讨论：我们一起为巴迪想想办法。

（3）结合自己的经验，讨论"如何结交新朋友"。

指导语：我们为巴迪想了这么多办法，如果我们自己来到了一个新地方，那么怎么做才能结交到新朋友呢？

教师记录幼儿的想法，并与幼儿一起进行梳理：做出什么表情、说什么、做什么……

3．通过与客人教师的互动，运用交流的方法，并想出更多的方法。

指导语：我们讨论出这么多的方法，那这些方法是否管用呢？今天有这么多的客人来，大家都是第一次见面，你们想不想用这些方法试一试，看看能不能交到新朋友？在交往的过程中，如果你用了什么新的方法，一会儿可以介绍给大家。

（1）幼儿自己去交朋友。

（2）分享：介绍自己结交到的新朋友，用了什么方法，用了什么新的方法，以及感受如何。

大家一起跳"朋友舞"，感受朋友们在一起的快乐。

4．小结。

（1）指导语：今天我们讨论了许多"如何结交新朋友"的方法，也用这些方法交到了新朋友，希望你们上学后能结交到更多的新朋友。

（2）指导语：我们为小狗巴迪想了这么多的办法，那它交到新朋友了吗？它后来会遇到什么事呢？回班后咱们继续把故事听完。

【活动延伸】

1．把讨论出的方法绘制成册，将画册放在图书区，引导幼儿继续实践、继续丰富画册中的内容。

2．根据"朋友"的主题中孩子们喜欢的内容和话题继续开展不同的活动。

活动反思

"幼小衔接"是一个陈旧、新鲜且重要的话题：说它陈旧，是因为每年的大班活动均会涉及这一话题；说它新鲜，是因为对于每一名学龄前儿童的家长来说，它永远是一个全新的话题；说它重要，是因为从儿童的身心发展看，从幼儿园进入小学是一个重要的过渡时期，幼儿的身心会发生一定的质变。"我要上学啦"综合主题活动根据幼儿的兴趣及需要开展活动，能够帮助幼儿尽快地适应未来的小学生活。

通过与幼儿交流，了解他们的原有经验，教师发现幼儿对"小学"的兴趣与好奇更多地体现在两个方面。一个方面是他们特别想了解小学的各种情况，如：教室是什么样的？教师厉害吗？小学生都学什么？操场是什么样的？小学生是怎么上课的？另一个方面是对于上小学这件事，幼儿有复杂的心情和感受，有人高兴，有人紧张，有人担忧，有人害怕……根据这些情况，综合主题活动的内容主要聚焦于这两个方面。

在活动策略和形式上，针对幼儿了解小学的活动，教师主要采取了交流讨论、模拟体验、真实参观的形式，通过幼儿的看、说、感受来引导他们了解小学。在幼儿特别感兴趣的"课间十分钟"的活动中，幼儿基于初步的经验，通过"制订计划—亲身体验—调整计划—再次体验"这样的过程，了解了"课间十分钟"必须做什么，应该做什么。此外，在一日生活中，教师确立了"小学日"，每周都会有一天按照小学的作息时间来安排，引导幼儿进一步体验与感受。

上小学，对每一名幼儿来说都是面临一个新环境，而且这个新环境需要他们从有人照顾、有人提示、有人帮助转换到基本上靠自己来完成各种事情。再加上社会和家长的压力，幼儿的心情和感受极其复杂。那么如何帮助他们更好地面临这个新环境，排解一些消极的情绪呢？教师选择利用绘本这个非常好的教育资源，通过故事中主人公的经历来引导幼儿感同身受，运用共情的策略帮助幼儿正确地面对上学这件事，起到事半功倍的效果。

参 考 文 献

[1] 陈贝贝. 5—6岁幼儿的学习观研究[D]. 南京：南京师范大学，2020.

[2] 戴自俺. 张雪门幼儿教育文集[M]. 北京：北京少年儿童出版社，2009.

[3] 冯晓霞. 幼儿园课程[M]. 北京：北京师范大学出版社，2001.

[4] 加德纳. 多元智能[M]. 北京：新华出版社，1999.

[5] 科普尔，布雷德坎普. 0—8岁儿童发展适宜性教育[M]. 刘焱，等译. 北京：中国轻工业出版社，2021.

[6] 克斯特尔尼克，等. 儿童社会性发展指南——理论到实践[M]. 邹晓燕，等译. 北京：人民教育出版社，2009.

[7] 林崇德. 发展心理学[M]. 北京：人民教育出版社，1995.

[8] 林勤. 基于地域文化特色的幼儿园课程的现实基础和构建——以"了不起的船政学堂"主题活动为例[J]. 教育观察，2021.

[9] 南京幼儿师范学校. 一切为儿童——陈鹤琴儿童教育文选[M]. 南京：南京出版社，1992.

[10] 齐放. 幼儿园主题活动课程理论与实践研究[M]. 长春：东北师范大学出版社，2005.

[11] 虞永平. 论幼儿园课程中的主题[J]. 学前教育研究，2002（6）.

[12] 虞永平. 学前课程与幸福童年[M]. 北京：教育科学出版社，2012.

[13] 周宗奎. 现代儿童发展心理学[M]. 合肥：安徽人民出版社，1999.

[14] 朱家雄. 幼儿园课程的理论与实践[M]. 上海：华东师范大学出版社，2010.

万千教育 学前教育类书目

书号	书名	著、译者	定价(元)
幼儿园教师教学技能与活动指导			
3423	幼儿教师须知的教育理论	刘富利 等 译	58.00
2727	从头到脚玩绘本（全彩）	董旭花 张海豫 主编	78.00
2253	理解儿童心理从绘画开始（全彩）	陈侃 著	38.00
0760	幼儿园备课·说课·听课·评课	俞春晓 等 著	42.00
9499	幼儿教师必须修炼的10项教学技能	俞春晓 著	25.00
9454	幼儿园教学诊断技巧与对策58例	王春燕 等 著	38.00
1235	幼儿园绘本美术活动创意设计（全彩）	郭莉萍 赵福云 主编	68.00
9323	幼儿园美术活动创意设计（全彩）	罗梅 赵福云 主编	56.00
0180	给幼儿教师和家长的81条美术教育建议（全彩）	李力加 著	62.00
9150	幼儿园节日活动精彩设计方案	刘洪霞 主编	35.00
0157	幼儿园优秀语言活动设计70例	郭咏梅 主编	26.00
0453	幼儿园优秀体育活动设计99例	朱清 侯金萍 主编	45.00
9892	幼儿园优秀美术活动设计99例（全彩）	陈学群 余晖 主编	58.00
9591	幼儿园优秀健康活动设计80例	范惠静 主编	38.00

9439	幼儿园优秀社会活动设计65例	伍香平 主编	25.00
9385	幼儿园优秀科学活动设计88例	董旭花 主编	35.00
幼儿园教学技能指导系列合计			**727.00**
	幼儿园区域活动指导		
3055	幼儿园自主性区域活动	邱学清 等 著	88.00
2644	幼儿园户外探索与学习（全彩）	邹海瑞 廖宁燕 等 译	48.00
2645	幼儿园户外创造性游戏与学习（全彩）	陈欢 译	58.00
1935	幼儿园户外环境创设与活动指导（全彩）	董旭花 等 著	72.00
1950	幼儿园科学区材料设计与评价（全彩）	王微丽 霍力岩 主编	60.00
1951	幼儿园生活区材料设计与评价（全彩）	王微丽 霍力岩 主编	60.00
1782	幼儿园数学区材料设计与评价（全彩）	王微丽 霍力岩 主编	60.00
1800	幼儿园语言区材料设计与评价（全彩）	王微丽 霍力岩 主编	60.00
9613	幼儿园区域活动 ——环境创设与活动设计方法（全彩）	王微丽 主编	60.00
9149	小区域，大学问 ——幼儿园区域环境创设与活动指导	董旭花 等 著	30.00
9548	幼儿园创造性游戏区域活动指导 （角色区·建构区·表演区）	董旭花 等 编著	32.00
9549	幼儿园自主性学习区域活动指导 （生活操作区·美工区·益智区·科学区）	董旭花 等 编著	35.00
0156	幼儿园区域活动现场指导艺术 ——透视38个区域故事	董旭花 等 著	38.00

……
欲了解更多图书信息，请登录：www.wqedu.com
联系地址：北京市西城区三里河路6号院2号楼213室　万千教育
咨询电话：010-65181109，65262933
*本目录定价如有错误或变动，以实际出书为准。